垄断行业企业高管薪酬激励和监管机制研究

Study on the Incentive and Supervision Mechanism of
Executive Compensation of Monopoly Industries and Enterprises

程支中 等 著

西南财经大学出版社
Southwestern University of Finance & Economics Press

中国·成都

图书在版编目（CIP）数据

垄断行业企业高管薪酬激励和监管机制研究/程支中等著.—成都:西南财经大学出版社,2022.6
ISBN 978-7-5504-5344-9

Ⅰ.①垄…　Ⅱ.①程…　Ⅲ.①垄断行业—管理人员—工资管理—研究—中国　Ⅳ.①F279.248

中国版本图书馆 CIP 数据核字(2022)第 073486 号

垄断行业企业高管薪酬激励和监管机制研究

LONGDUAN HANGYE QIYE GAOGUAN XINCHOU JILI HE JIANGUAN JIZHI YANJIU

程支中　等著

策划编辑:李晓嵩
责任编辑:杨婧颖
责任校对:雷静
封面设计:何东琳设计工作室
责任印制:朱曼丽

出版发行	西南财经大学出版社(四川省成都市光华村街 55 号)
网　　址	http://cbs.swufe.edu.cn
电子邮件	bookcj@swufe.edu.cn
邮政编码	610074
电　　话	028-87353785
照　　排	四川胜翔数码印务设计有限公司
印　　刷	四川煤田地质制图印刷厂
成品尺寸	170mm×240mm
印　　张	17
字　　数	390 千字
版　　次	2022 年 6 月第 1 版
印　　次	2022 年 6 月第 1 次印刷
书　　号	ISBN 978-7-5504-5344-9
定　　价	98.00 元

"垄断行业企业高管薪酬激励和监管机制研究"课题组

课题负责人：程支中教授（重庆师范大学　博士、教授）

课题组成员：郑景丽（重庆师范大学　博士、教授）

吴　博（重庆师范大学　学士、副教授）

陈宇科（重庆师范大学　博士、教授）

邹小燕（重庆师范大学　博士、教授）

周明适（重庆师范大学　硕士、讲师）

葛云伦（成都市审计局　博士、研究员）

伍喜林（丹棱三月饲料有限公司　博士）

课题参研人员：武丽娟（重庆师范大学　硕士生）

黄丹丹（重庆师范大学　硕士生）

前言

　　自 20 世纪 80 年代以来，世界各国对垄断行业进行了不同程度的市场化改革。"扩大内需、深化垄断行业改革"等内容被党中央文件反复提及。2013 年 11 月审议通过的《中共中央关于全面深化改革若干重大问题的决定》，明确将垄断性环节同可引入竞争的环节分开，同时强调垄断环节要靠政府有效监管来克服垄断弊端。从现实看，垄断行业实际运行中所暴露的整体效率较低、自我发展能力不足、激励过度和激励不足等问题，都直接与垄断行业企业的高管薪酬激励和监管机制有关。同时垄断行业薪酬激励和监管与财富损失间形成了递推的关系，薪酬激励和监管不合理导致垄断负效应程度加深，这也是造成社会不平等和不稳定的原因。解决这些问题须规范垄断行业企业的高管薪酬问题，以保证其收益合理、合法，形成监管垄断行业企业高管薪酬问题的完整思路，为规范中国垄断行业企业高管薪酬问题提供有效的理论框架和实践指导，使垄断行业企业能够可持续发展。这已经成为社会持续关注的重大热点和难点问题之一。垄断行业企业高管薪酬激励与监管机制是现代企业理论研究的一个前沿问题，它对于解决两权分离后垄断行业企业可持续发展，特别是企业所有者和经营者的信息不对称问题具有重要的作用。然而，如何规范垄断行业收入分配问题，怎样构建垄断行业企业高管薪酬激励和监管机制以达到深化垄断行业改革的目的，这些问题的答案尚不清晰。为此，本书立题为垄断行业企业高管薪酬激励和监管机制研究就必然是一项具有开拓性和挑战性的探索。

本书着重就垄断行业企业高管薪酬激励和监管机制进行深入的研究。本书是在研究了垄断行业企业高管薪酬激励和监管机制理论的基础上，界定垄断行业企业高管薪酬激励与监管机制的科学内涵，揭示垄断行业企业高管薪酬激励与监管机制的关系、运行机理以及企业实际业绩的评估方法，并运用 BLUP-APE 法，测算了垄断行业企业实际业绩，实证检验了垄断行业企业高管薪酬与企业业绩的相关性，通过理论和实证分析表明，与之前的业绩评估方法比较，采用 BLUP-APE 法评估企业业绩更具有明显优势。据此，本书以实际业绩为基础构建了垄断行业企业高管薪酬激励与监管机制。

本书是国家社科基金项目"垄断行业企业高管薪酬激励和监管机制研究"的研究成果。该课题是重庆师范大学程支中教授和课题组其他成员合作完成的。课题组成员优势互补，他们既有在企业从事管理工作的总经理，又有在政府部门主管审计工作的人，还有从事薪酬研究和计量模型研究的专家教授，为顺利开展该项研究打下了坚实的理论和实践基础。该课题的研究过程经历了三个阶段：第一阶段为项目的准备阶段，时间为2014年8月至2015年2月。课题组实施了第一阶段的实地调查和文献资料收集工作，并进行了项目启动前的研究方案和研究提纲的详细设计。2015年3月，课题组完成了项目的开题，包括对项目的研究方案进行了专家咨询论证、研究任务目标在课题组成员之间进行分配和分解。第二阶段为项目的详细调查阶段，时间为2015年4月至2015年10月。课题组组织实施了第二阶段数据资料的调查、收集与处理工作。通过周密、科学的调查设计，程支中教授组织临聘研究人员、研究生和课题组成员相继完成了典型调查和实地调查工作，并完成了数据的分析与处理。第三阶段为项目的研究阶段，时间为2015年11月至2018年12月。课题组成员相继展开了理论研究、实证研究和机制构建等研究工作。并且，课题组成员进行了多次集体讨论，在集思广益的基础上，形成了课题的研究总报告。同时，课题组就研究报告中的结论和政策建议部分还广泛征求了政府官员、专家学者、垄断企业和竞争企业工作人员的修改意见和建议。在此基础上，课题组又进行了多次修改，并最终完成了研究报告的定稿。

该课题在研究过程中，得到了全国哲学社会科学基金规划办公室、重庆市哲学社会科学基金规划办公室、重庆市社会科学联合会、

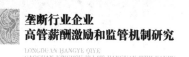

四川电力设计咨询有限责任公司、成都市审计局、西南集团、民大农牧集团公司、重庆师范大学等单位的大力支持，在此，课题组一并致谢。需要指出的是，本书中存在的缺点和疏漏由课题组负责。

"垄断行业企业高管薪酬激励和监管机制研究"课题组

2021 年 8 月 1 日

目录 MULU

第1章　总　论 ··· 1

1.1　研究的问题与背景 ·· 2

1.2　研究的目标及思路 ·· 5

　　1.2.1　现实背景分析 ·· 5

　　1.2.2　理论模型构建 ·· 5

　　1.2.3　核心观点形成 ·· 6

　　1.2.4　研究使命完成 ·· 6

1.3　研究假设与研究方法 ·· 6

　　1.3.1　研究假设 ·· 6

　　1.3.2　研究方法 ·· 10

1.4　研究主要内容及资料 ·· 12

　　1.4.1　研究内容 ·· 12

　　1.4.2　研究资料 ·· 12

第2章　垄断行业企业高管薪酬激励和监管机制的理论基础 ······· 14

2.1　研究的概念界定 ·· 15

　　2.1.1　垄断行业企业 ·· 15

　　2.1.2　高管 ·· 17

　　2.1.3　激励与激励机制 ······································ 18

　　2.1.4　薪酬与薪酬激励 ······································ 20

　　2.1.5　企业实际业绩 ·· 21

　　2.1.6　薪酬监管与监管机制 ·································· 22

2.2 研究的理论基础 ················ 24

2.2.1 垄断行业企业高管薪酬激励的理论基础 ········ 24

2.2.2 垄断行业企业高管薪酬监管的理论基础 ········ 32

2.3 研究的文献综述 ················ 36

2.3.1 垄断行业企业高管薪酬激励综述 ········· 36

2.3.2 垄断行业企业高管薪酬监管综述 ········· 45

2.3.3 垄断行业企业高管薪酬激励与监管研究述评 ····· 52

第3章 垄断行业企业高管薪酬激励和监管机制的理论框架 ······· 55

3.1 垄断行业企业高管薪酬激励和监管机制的关系 ····· 56

3.2 垄断行业企业高管薪酬激励机制的运行机理 ······ 58

3.2.1 垄断行业企业高管薪酬激励的形成机理 ······· 59

3.2.2 垄断行业企业高管薪酬激励机制的作用机理 ····· 63

3.2.3 垄断行业企业高管薪酬激励目标的实现机理 ····· 66

3.3 垄断行业企业高管薪酬监管机制的运行机理 ······ 67

3.3.1 垄断行业企业高管薪酬监管机制的形成机理 ····· 67

3.3.2 垄断行业企业高管薪酬监管的动力机制 ······· 69

3.3.3 垄断行业企业高管薪酬监管目标的实现机理 ····· 72

3.4 企业业绩评估研究综述、评估常用方法及垄断行业企业实际业绩

评估原理 ·················· 74

3.4.1 企业业绩评估研究综述 ············· 75

3.4.2 企业业绩评估常用方法 ············· 80

3.4.3 垄断行业企业实际业绩评估原理 ········· 83

第4章 垄断行业企业高管薪酬激励与监管问题的实证考察 ······· 86

4.1 垄断行业企业高管薪酬激励与监管的改革进展 ····· 87

4.1.1 垄断行业企业高管薪酬激励的改革进展 ······· 87

4.1.2 垄断行业企业高管薪酬监管的改革进展 ······· 92

4.2　垄断行业企业高管薪酬激励与监管的问题诊断 ………… 94

　　4.2.1　垄断行业企业高管薪酬激励的问题诊断 ………… 96

　　4.2.2　垄断行业企业高管薪酬监管的问题诊断 ………… 100

4.3　垄断行业企业高管薪酬激励与监管问题的成因 ………… 105

　　4.3.1　没有完善的现代企业制度 ………………………… 105

　　4.3.2　薪酬没有与实际业绩挂钩 ………………………… 106

　　4.3.3　机制自身缺陷与体制不健全 ……………………… 107

　　4.3.4　机制运行与市场环境条件不相符 ………………… 109

4.4　垄断行业企业实际业绩的测算 …………………………… 110

　　4.4.1　数据来源与变量选取 ……………………………… 110

　　4.4.2　跨层次模型分析 …………………………………… 113

　　4.4.3　实际业绩的测算结果 ……………………………… 121

　　4.4.4　稳健性分析 ………………………………………… 129

第5章　垄断行业企业高管薪酬与企业业绩相关性实证研究 … 136

5.1　研究假设 …………………………………………………… 137

5.2　数据来源与样本筛选 ……………………………………… 139

5.3　变量选取与模型构建 ……………………………………… 140

　　5.3.1　变量选取 …………………………………………… 140

　　5.3.2　模型构建 …………………………………………… 142

5.4　研究结果与分析 …………………………………………… 143

　　5.4.1　描述性统计 ………………………………………… 143

　　5.4.2　相关性分析 ………………………………………… 144

　　5.4.3　回归结果分析 ……………………………………… 146

　　5.4.4　稳健性检验 ………………………………………… 152

第6章　垄断行业企业高管薪酬激励机制设计 ………………… 160

6.1　垄断行业企业高管薪酬激励机制设计的总体思路 ……… 161

6.2　垄断行业企业高管薪酬激励机制设计的前提条件 ……………… 163

　　6.2.1　委托者的能力和自身积极性问题 …………………………… 163

　　6.2.2　垄断行业企业高管薪酬激励制度基础 ……………………… 165

　　6.2.3　垄断行业企业高管的市场化选择 …………………………… 166

　　6.2.4　准确评估垄断行业企业实际业绩及建立与薪酬激励的

　　　　　 有效联结 …………………………………………………… 169

　　6.2.5　科学甄别垄断行业企业高管的需求 ………………………… 170

6.3　垄断行业企业高管薪酬激励机制设计流程 …………………………… 171

　　6.3.1　确定薪酬战略 ………………………………………………… 171

　　6.3.2　制定薪酬激励目标 …………………………………………… 172

　　6.3.3　确定薪酬激励方向、激励强度、激励时机、激励频率和

　　　　　 激励文化 …………………………………………………… 173

　　6.3.4　垄断行业企业高管薪酬激励机制的实体设计 …………… 174

6.4　垄断行业企业高管薪酬激励机制设计的内容 …………………… 174

　　6.4.1　薪酬激励主体与薪酬激励客体 …………………………… 175

　　6.4.2　薪酬激励标的 ………………………………………………… 175

　　6.4.3　薪酬激励支付 ………………………………………………… 175

　　6.4.4　精神激励 ……………………………………………………… 185

6.5　垄断行业企业高管薪酬激励的制度安排 …………………………… 196

　　6.5.1　企业战略：建立垄断行业企业高管薪酬激励的导向 …… 196

　　6.5.2　外部竞争：确定垄断行业企业高管薪酬水平 …………… 198

　　6.5.3　内部公平：确定垄断行业企业高管薪酬结构 …………… 198

　　6.5.4　企业实际业绩：确定垄断行业企业高管业绩薪酬 ……… 200

第7章　垄断行业企业高管薪酬监管机制 ……………………………… 201

7.1　垄断行业企业高管薪酬监管目标与边界 …………………………… 202

　　7.1.1　垄断行业企业高管薪酬监管目标 ………………………… 202

　　7.1.2　垄断行业企业高管薪酬监管边界 ………………………… 203

7.2 垄断行业企业高管薪酬监管机制构建 ·················· 204

7.2.1 政府监管:建立政府对垄断行业企业高管薪酬的宏观
调控机制 ······································ 206

7.2.2 市场监管:建立垄断行业企业高管薪酬的市场监管
机制 ·· 216

7.2.3 行业监管:构建垄断行业企业高管薪酬的行业监督
机制 ·· 217

7.2.4 企业监管:建立垄断行业企业高管薪酬的权力制衡
机制 ·· 218

7.2.5 监管整合:构建垄断行业企业高管薪酬内部监管与外部
监管的协同机制 ······························ 226

7.3 垄断行业企业高管薪酬监管制度安排 ·················· 227

7.3.1 垄断行业企业高管薪酬监管基本制度和组织制度 ········ 228

7.3.2 垄断行业企业高管薪酬监管责任制度 ················ 228

7.3.3 垄断行业企业高管薪酬监督管理制度 ················ 229

7.4 垄断行业企业高管薪酬激励与监管机制的协调配合 ·········· 230

第8章 研究结论与政策建议 ····························· 233

8.1 研究结论 ······································· 234

8.2 政策建议 ······································· 236

8.3 研究展望 ······································· 239

参考文献 ·· 240

第 1 章
总论

1.1 研究的问题与背景

　　垄断行业一般集中在经济社会发展的基础性产业，涉及采矿业，制造业，电力、石油、电信、燃气及水的生产和供应业，交通运输业，仓储业，邮政业，信息传输业，计算机服务业等众多国民经济行业。这些行业提供垄断产品和服务，在国民经济中占有很高的比重。根据 2013 年第三次全国经济普查的结果，仅仅 13 个垄断行业的主营业务收入就高达 252 975.05 亿元，占当年国内生产总值（GDP）的 42.50%；2017 年，全部垄断行业的主营营业收入占到 GDP 的 48.35%。2017 年，中国上市公司高管薪酬指数报告显示，2016 年中石油名义营业利润为 6 785 625 万元，扣除垄断租金之后，其实际利润只有 3 088 958 万元，实际利润只有名义利润的 45.52%，这表明垄断优势提高了垄断行业企业高管的经营业绩水平。2017 年，电力、石油石化、交通运输等垄断行业的人均薪酬是 14.50 万元，而全国的人均薪酬仅为 6.16 万元，垄断行业人均薪酬是全国人均薪酬的 2.35 倍。垄断行业缺乏行业内部竞争，主要表现在：①垄断行业具有较高的行业进入壁垒，阻止了竞争对手和潜在对手的进入；②限制资源要素的自由流动，不利于资源的优化配置，阻碍了市场发挥对资源配置的决定性作用，影响了市场经济的正常运行，造成负的外部性，导致巨大的社会福利损失。与竞争行业相比，垄断行业凭借垄断优势获取垄断业绩，垄断行业如果凭借包括垄断业绩的表观业绩制定其高管薪酬制度，就不能真正反映企业高管的努力程度，这就不可避免地造成严重的委托代理问题，导致垄断行业的竞争活力不够、资源配置效率低下、资源得不到有效利用，从而影响垄断行业企业的可持续发展。这已成为社会关注的焦点问题及构成社会不和谐的一个重要因素。这个问题如果得不到有效解决，必将对经济发展和社会稳定产生不利影响。

　　企业是构成国家微观经济主体的细胞，其可持续发展的关键在于有效的经营管理。而处于垄断行业企业权力体系核心的高管，自然就担负起企业其

2

他职位的人员无法比拟的重任。高管是企业决策的制定者和实践者，他们能否做出正确的战略决策、能否有效地指导企业的运作，直接决定垄断行业企业能否生存和发展的问题。垄断行业企业的高管是企业核心人才中的核心，在企业中举足轻重，而垄断行业企业高管的招聘、使用及潜力的发挥无不与企业的薪酬激励和监管机制相关。因此研究垄断行业企业高管薪酬激励和监管机制问题也就成为垄断行业企业至关重要的命题。

自 20 世纪 80 年代以来，世界各国对垄断行业企业高管薪酬进行了不同程度的市场化改革，"扩大内需、深化垄断行业薪酬改革"等内容被中央文件反复提及。2009 年和 2015 年分别实施的《关于进一步规范中央企业负责人薪酬管理的指导意见》和《中央管理企业负责人薪酬制度改革方案》都对央企高管薪酬进行了限制，规定了中央管理企业高管薪酬收入不得超过在职员工平均工资的 7~8 倍，薪酬制度改革的目的主要是缓解中央管理企业经营压力，提升中央管理企业的活力和效率，有助于消除社会对中央管理企业尤其是垄断行业企业高管薪酬过高的抱怨，虽然治标不治本，但以更为变通的方式规定了高管薪酬的上限，对垄断行业企业高管薪酬起到了一定监管作用。从理论上讲，企业和高管之间的目标函数不一致和信息不对称，并且高管从事的是复杂劳动，具有难以观测的特性，这就决定了企业与高管之间的契约一定是不完备的，如果产出是高管努力程度的信号，根据高管实际创造的业绩为依据取得相应报酬，让高管拥有部分剩余索取权，从而企业与高管的目标最大程度趋于一致，这是解决委托代理问题最直接的手段，因而用高管对企业表观业绩的实际贡献（企业实际业绩）来反映高管努力程度并据此进行薪酬契约设计显得更为合理。基于上述背景，本书尝试在对垄断行业企业实际业绩进行准确评估的基础上，实证分析高管薪酬与企业业绩相关性，以此构建相应的垄断行业企业高管薪酬激励和监管机制。

实践中为了吸引、留住和激励高管，垄断行业企业与竞争行业企业一样，在薪酬激励上采取了许多措施，取得了一定效果，但由于长期受传统计划经济下"吃大锅饭"的影响，大多数垄断行业企业高管薪酬激励扭曲，薪酬确定标准与实际创造价值脱节，短期、中期和长期激励运用不充分，各行业和地区薪酬差距进一步扩大，导致企业高管大多"出工不出力"，不能充分发挥其积极性。

近年来垄断行业企业高管凭借垄断获取"天价薪酬"引起社会公众质疑，催生了以管制为主要特征的限薪令，尽管限薪令的效果有待实践检验，但需要引起高度重视的是，垄断行业通常通过其垄断优势获取垄断业绩，如果垄断行业企业在薪酬制定上以表观业绩为依据，没有考虑把垄断业绩从表观业绩中剔除出去，而垄断行业企业表观业绩虚高，以此为依据来制定企业高管薪酬制度，获取的明显是不合理的高额报酬，同时垄断行业基本是国有性质，所有者处于虚位状态，企业高管拥有较大的控制权，这又为获取隐性收入创造了条件，这就更需要对其薪酬进行严格监管。2008 年开始，凯恩斯主义又一次回归，受金融危机影响颇深的欧盟、美国等组织及国家，相应出台了政府救市方案，同时也相继制定了一系列对企业高管薪酬监管的法案。各国对企业高管薪酬管制的讨论更加广泛和深入，纷纷采取相应举措限制企业高管薪酬。事实上垄断行业企业高管薪酬激励的诸多问题结怨已久，导致各种问题和社会矛盾，金融危机成为激化原有问题和矛盾的导火索，最终在全世界范围内掀起对垄断行业企业高管薪酬管制的浪潮，因而垄断行业企业高管薪酬问题成为当前全球化背景下的一个管制热点。长期以来，社会公众对于垄断行业企业高管薪酬激励和监管机制的有效性，一直持怀疑态度，特别是与实际业绩不相称的垄断行业企业高管薪酬，成为公众集中声讨的靶标。解决不好这些问题，就会严重制约垄断行业企业的可持续发展。垄断行业企业高管薪酬激励和监管机制问题，已经成为一个迫切需要解决的重要问题，无不需要对垄断行业企业高管薪酬激励和监管机制在理论上进行深入研究和在实践中的不断完善。

因此，全面系统地分析中国垄断行业企业高管薪酬激励与监管的历史轨迹和存在的问题，准确测算垄断行业企业高管实际业绩，提出垄断行业企业高管薪酬激励与监管的整体方案，达到对高管进行有效激励和监管的目的，无疑具有时代的紧迫性。本书正是在这一背景下，选择垄断行业企业高管薪酬激励和监管这一中国比较特殊的和极其重要的命题，同时又是企业人力资源管理中矛盾较多和难度较大的问题。

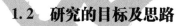

1.2 研究的目标及思路

研究目标。厘清垄断行业企业高管薪酬激励与监管机理，准确评估企业实际业绩，探索垄断行业企业高管薪酬激励和监管问题及其成因，设计垄断行业企业高管薪酬激励和监管机制，提出完善垄断行业企业高管薪酬激励和监管机制的政策建议。

研究思路。遵循由理论到实证再到政策的研究范式，研究的触角延伸到对中国企业体制环境的分析领域，努力把握垄断行业企业高管薪酬激励与监管和现有体制的内在联系，揭示建立垄断行业企业高管薪酬激励和监管机制的一般规律，再在企业实际业绩评估基础上探寻垄断行业企业高管薪酬激励机制的设计与薪酬监管机制的构建，最后提出垄断行业企业高管薪酬激励与监管的政策建议。政策研究切合中国垄断行业企业实际，使其提出的思路对策具备针对性和可操作性。因此本书沿着"现实背景分析→研究框架构建→理论分析→实证研究→核心观点形成→结论及政策建议→本书使命完成"的逻辑线索展开。具体思路如下：

1.2.1 现实背景分析

垄断行业企业高管薪酬激励和监管问题是一个系统工程，涉及政府、行业、企业、公众等多个层面和主体，研究的触角涉及改革模式、路径选择、风险控制、法律规制等方面，进而延伸到产权、治理、竞争、运营等领域，同时还应深入分析中国垄断性行业所处的体制环境。鉴于此，必须努力把控新时期垄断行业收入分配、薪酬激励和监管与现有体制的内在联系，准确评估垄断行业企业实际业绩，在此基础上探寻垄断行业薪酬激励和监管机制，从而更为有效地分配和监管垄断行业企业高管薪酬。

1.2.2 理论模型构建

建立中国垄断行业企业高管薪酬与业绩的数据及相关指标数据体系，系统梳理垄断行业企业业绩评估理论及研究方法，提出垄断行业企业实际业绩的评估模型及方法，为垄断行业企业高管薪酬与企业业绩实证分析提供理论基础和方法论，并构建垄断行业企业高管薪酬激励及监管机制。

1.2.3 核心观点形成

分析垄断行业企业高管薪酬与监管的历史演变，在建立针对实际业绩的评估模型的基础上，研究垄断行业企业高管薪酬与业绩的相关关系，以及薪酬激励与监管机制的内在联系和协调配合，发现其内在本质及其规律，为垄断行业企业高管薪酬激励和监管问题提供实证支持，并提炼出核心观点。

1.2.4 研究使命完成

在上述理论和实证分析的基础上，说明垄断行业企业高管薪酬激励和监管机制、目标与内容，提出垄断行业企业高管薪酬激励与监管的政策建议。

1.3 研究假设与研究方法

1.3.1 研究假设

1.3.1.1 自然人的人性假设

狭义的人性就是人的本质心理属性，是人区别于其他动物的属性；广义的人性是指人普遍所具有的心理属性。人性有先天性和后天性两种，是现实生活中的人所具有的全部规定性。从古到今对人性的研究颇多，1965年薛恩（E. H. Schein）将这些研究总结后归为三类："经济人"假设、"社会人"假设、"自我实现人"假设，并在此基础上提出"复杂人"假设。早期的管理学对人性的假设也是基于"经济人"的假设。本书的基本假设如下：

（1）"经济人"假设。

"经济人"假设，也称"理性人"假设，其基本内容为：每一经济主体都会在给定的约束条件下争取自身的最大收益。这有两方面的含义：一是自利性，二是最大化。任何经济主体，不论是消费者和生产者，尽管在经济中的作用不同，但经济行为的动机都是自利的，时刻关心的是他们自身的利益，不同的只是他们的约束条件①。在一定的制度下，人们利用手中的各种资源，经过合理的组合，去生产出满足自己需要的产品。

经济学对激励的研究都是以"经济人"假设出发，"经济人"假设是指个人在面对多种选择方案时，选择能够带来更大经济利益的那种方案，使其利益达到最大化，这种假设又称为 X 理论。X 理论认为人天生具有惰性，不喜欢工作并尽可能逃避，需要以薪酬激励其工作努力程度。工作的目的是获取物质报酬，市场经济活动主要体现人类自利本性。薛恩认为人性是理性的和经济性的假设源于亚当·斯密的思想。此后，西蒙和马奇提出"决策人"假设，认为人是有限理性的。组织成员的理性限度表现在：由于环境的制约和人类自身能力所限，决策能力和执行能力必然会受到限制，因此决策只能寻求相对满意解。将人的本质界定为自利和理性与现实实际情况有一定差距，人们在做决策时，除考虑经济因素外，也需要考虑社会道德、政治因素等方面。经济学家在影响人类经济行为的众多因素中，提取出最基本的因素，而这就是人的逐利动机。"经济人"假设与提倡精神追求并不矛盾，关键是要通过法律、道德和规则的约束，以及社会舆论的引导来规范高管的行为，即一方面通过增强法律、道德约束，让高管在追求自身物质利益的同时也有益于社会、至少不损害社会；另一方面改变高管的偏好及促进高管的收益结构发生变化，鼓励高管追求高尚的情操，让高管从做有益于他人、有益于社会的活动中得到快乐。垄断行业企业高管薪酬激励机制也要用来抑制人的自利性可能带来的负面效果，他必须以经济学的激励思想为基础，但基于经济人假

---

① 约束条件为外部的制度和偏好。外部的制度指的是社会的各种规则，主要是法律和道德等；自身的条件指资源和偏好，资源就是手中各种有价值的东西，偏好就是对各种物品孰优孰劣的喜好程度。

定的激励机制不能解决所有激励问题，因为企业高管除了对利益的追求之外，还存在成就动机的需要、社会安全的需要以及归属与爱的需要等，这就涉及管理学的激励理论。

（2）"社会人"假设。

20世纪30年代梅奥等人从霍桑实验中提出人是"社会人"假设，"社会人"假设的代表人物除梅奥之外，还有马斯洛、赫茨伯格和麦格雷戈。"社会人"假设的理论基础是人际关系学说，"社会人"假设为管理实践开辟了新的方向，认为人的行为动机不是对物质利益的追求，而是人的全部社会需要。人具有社会性需求，"社会人"假设强调人的归属需要，满足人的归属需要比物质报酬更能激励人的行为。企业在满足高管物质需求基础上发挥归属需要方面的激励作用，使其激励效果更佳。

（3）"自我实现人"假设。

麦格雷戈1957年进一步提出"自我实现人"假设，这种人性假定后来又被麦格雷戈称为Y理论，以区别X理论，认为人本性不会是厌恶工作的，如果给予其适当机会，他会具有发自内心地愿意承担责任和发挥自己潜力的欲望。自我实现是马斯洛的人类需求层次的最高需要，X理论强调人类比较低层次的需求，如物质需要、生理需要；Y理论则强调人比较高级的需要，如自尊需要、自我实现需要。"自我实现人"假设在企业高管行为中得到印证，但对许多企业中低层次员工而言，他们仍然把基本生活需要放在首位。因而自我实现的人性假设一般只适用于企业的高管。

（4）"复杂人"假设。

人的需求会随环境变化而相应发生改变，没有纯粹的"经济人"，没有纯粹的"社会人"，也没有纯粹的"自我实现人"，只有随时会发生变化的"复杂人"。薛恩在分析了前人理论的基础上，提出了"复杂人"假设[1]。该假设认为，随着外部环境和自身发展变化，人的需求相应发生改变，为了满足需

---

① 早期的管理学对自然人的人性假设是基于"经济人"的假设，随着社会的发展和研究的深入，这种观点在逐渐改变。管理学对自然人的人性假设的思想历程经历了从经济人到社会人和复杂人的过程（陈永忠，1996）。

求的变化，需要不断改变激励的方式和手段。

根据以上论述，本书研究中委托者、代理者、监管者、高管、利益相关者等相关主体都是基于"经济人"假设、"社会人"假设、"自我实现人"假设和"复杂人"假设的前提下。

1.3.1.2　企业人性假设

以上各种人性假设分析都是基于自然人的视角，但是激励对象不仅限于自然人，根据需要还有必要对企业或团体组织等进行激励和约束，因此需要对自然人视角进行拓展。

企业在一定程度上具有人性特征：①自然人在法律上依法拥有规定的权利和履行相应的义务，企业具有法律人格，与自然人一样拥有规定的权利和履行相应的义务，企业在法律上称为"法人"。②人的本性是自身收益最大化，同样企业的本性是投入产出最优化。③自然人在决策过程中受到自身能力、知识、信息、时间和环境等内外部因素影响，完全理性选择基本上是不可能的，只能做出有限理性决策。企业在决策过程中同样会受到来自内外部因素的影响，企业决策也一样是有限理性的。根据企业人性假设，垄断行业企业追求自身利益最大化和成本最小化，其行为受制于一定时期的制度约束①。

1.3.1.3　假定垄断行业企业实际业绩是包括高管在内所有员工共同努力的结果

高管在垄断行业企业中处于核心地位，另外，员工的努力程度也离不开高管设计的员工薪酬激励与监管机制的有效运行，这是高管与员工这个层次需要解决的问题。员工努力不努力，创造业绩大小，一定程度上讲也与高管紧密相关。因此，这个假定是合适的。

1.3.1.4　信息不完全与不对称分布假定

现代经济学能够在传统的新古典经济学基础上得到发展，很大一部分原因在于它将新古典经济学的完全信息这一假定改变成信息的不完全假设，同

---

① 参考了党曦明（2004）的相关论述。

时经济主体之间掌握的信息具有不对称性，即经济主体之间尤其是委托人和代理人之间对相关信息的掌握存在较大的差别，通常委托方掌握的相关信息没有代理方多，信息呈现不对称分布，但假定信息不对称程度不足以影响垄断行业企业契约各方执行合约的能力和合约的有效性，即存在一个机制实现激励约束相容。

1.3.1.5 垄断行业企业薪酬激励主客体与薪酬监管主客体面临着一个稀缺性的经济世界

资源的稀缺性和价值性、一定社会阶段物质财富和精神财富的有限性以及高管需求偏好的多样性和需求欲望的无限性，使垄断行业企业在普遍的利益交织中不断得到发展。

1.3.1.6 本书提出了两个假定

本书提出了两个假定：一是企业内外体制环境相对完善，在这个假定下，本书研究了垄断行业企业高管薪酬激励和监管机制如何科学、规范和合理构建的问题；二是假定垄断行业企业高管薪酬激励和监管机制与其实施所需要的环境条件是最佳匹配的，即垄断行业企业高管薪酬激励和监管机制与其实施环境的配合度最高。

以上假设仅仅是垄断行业企业高管薪酬激励和监管机制建立和运行的基础，正是基于这些假定才能更好地研究垄断行业企业高管薪酬激励和监管机制。当然，在具体的研究中，还会有其他假定，根据研究需要而定。

1.3.2 研究方法

运用恰当的方法研究经济管理问题是使研究成功的关键所在。本书采用以下研究方法：

1.3.2.1 规范分析与实证分析相结合的方法

规范分析大多数与理论和政策相关，实证分析则大多数是与数据和事实相关的分析。本书中，理论和政策部分充分体现了规范分析的基本要求和特点。在理论分析中，运用信息经济学、制度经济学、管理学等分析工具与方法。实证分析采用基本的数学工具以及统计分析方法，选取航空运输业以及电信、广播电视和卫星传输运输服务业等垄断行业为样本，与零售批发上市企业为代表的竞争行业做参照，通过相关性分析和多元线性回归分析，展开对垄断行业企业高管薪酬与企业表观业绩、实际业绩和 EVA 的相关性分析。

1.3.2.2 定性分析和定量分析相结合的方法

对垄断行业企业高管薪酬激励和监管机制研究而言，定性分析和定量分析是相辅相成的两种方法。定量分析是定性分析的前提和基础，而定性分析只有建立在定量分析的基础上，才能揭示事物的本质特征。通过建立回归模型，分别对垄断行业企业与竞争行业企业高管薪酬和企业业绩的关系进行实证分析，在此基础上进行定性分析，为垄断行业企业高管薪酬激励和监管机制的建立提供依据。

1.3.2.3 比较分析法

对垄断行业企业横向和纵向比较可在一定程度上剔除影响企业业绩的外部"噪音"，对比分析垄断行业企业与竞争行业企业高管薪酬和企业业绩相关性，并从对不同理论与实践的比较中寻找问题研究的逻辑和切入点，从而在不同体制实践的比较中研究适合中国垄断行业企业的高管薪酬激励和监管机制。为了准确把握垄断行业企业高管薪酬激励问题，本书将研究企业实际业绩、表观业绩与企业 EVA 业绩三者对高管薪酬激励影响的差异，以便更深入地研究薪酬激励机制的合理性与有效性；通过对比垄断行业企业与竞争行业企业实证分析的结果，试图找出垄断行业企业与竞争行业企业高管薪酬激励的差别所在，有针对性地对垄断行业企业高管薪酬激励机制进行构建。

1.3.2.4 自然科学的综合选择指数法选择企业高管和 BLUP-APE 法测定垄断行业企业实际业绩

本书采用自然科学与经济管理科学相结合的方法。自然科学方法论实质上是哲学上的方法论原理在各门具体的自然科学中的应用。自然科学的定量实验可以得出事物间的数量关系，定量实验往往用于寻求由量变到质变的点，寻求度的问题。本书利用自然科学的生物学选种方法，建立垄断行业企业高管选择模型，根据综合选择指数高低筛选出最适合的企业高管，解决了垄断行业如何市场化选择高管的问题，这是垄断行业企业高管薪酬激励有效发挥

的前提，也是垄断行业企业高管薪酬监管的一个关键环节。本书将垄断行业
企业表观业绩剖分为环境业绩、互作业绩和实际业绩，采用 BLUP－APE 法测
算了垄断行业企业高管实际业绩①，充分利用原始数据的有效信息剔除垄断和
其他外界环境因素对企业表观业绩的影响，力求还原垄断行业企业高管为企
业创造的"真实业绩"（本书称为"实际业绩"），把"真实业绩"与企业高
管的薪酬紧密结合。

1.4 研究主要内容及资料

1.4.1 研究内容

第 1 章，总论，主要介绍研究的问题与背景、研究的目标及思路、研究
假设与方法、研究主要内容及资料；第 2 章，垄断行业企业高管薪酬激励和
监管机制的理论基础；第 3 章，垄断行业企业高管薪酬激励和监管机制的理
论框架；第 4 章，垄断行业企业高管薪酬激励与监管问题的实证考察；第 5
章，垄断行业企业高管薪酬与企业业绩相关性实证研究；第 6 章，垄断行业
企业高管薪酬激励机制设计；第 7 章，垄断行业企业高管薪酬监管机制构建；
第 8 章，研究结论与政策建议。

1.4.2 研究资料

本书的数据资料以国家法定或权威数据为主，主要来自历年的"中国上
市企业高管薪酬指数报告"、上市企业年报、CSMAR 数据库、UNIDO 数据库、

---

① 程支中等在《财经问题研究》2010 年第 10 期中提出了基于生物学原理构建企业经营者实际业绩
评估模型，本书在其研究方法基础上提出了企业实际业绩评估方法，详见第 87~91 页。

和讯网等财经网站以及国家统计局等国家部委的官方网站公布的数据。部分数据来自权威性学术期刊，包括《管理世界》《中国工业经济》《会计研究》《经济研究》《财经研究》《金融研究》等，另外，本书还参考了经鉴定合格的省部级以上科研课题报告以及研究生的相关学位论文。本书参考的文献资料，主要是国家法律法规、报刊、相关的政策文件、权威研究报告和学术学位论文等。另有部分资料来源于实地调研。

第 2 章
垄断行业企业高管薪酬激励和监管机制的理论基础

2.1　研究的概念界定

本书研究的是垄断行业企业高管薪酬激励和监管机制，因而我们首先需要界定的是垄断行业企业的内涵，其次需要界定比较特殊的垄断行业企业，即国有垄断企业的内涵。

垄断一词最早来源于孟子的"必求垄断而登之，以左右望而罔市利"，其含义是：在交易市场上，少数处于优势地位者操纵整个市场，以最高价格出售自己的产品，以最低的价格买进其他商品，获取最大的市场差价。垄断按照经济学术语一般分为卖方垄断和买方垄断。在经济活动中，垄断是指那些具有阻碍、排斥竞争的企业或组织，并且这些组织拥有强大的实力支配或限制他人的经济活动，垄断是与自由竞争相对的概念。按其垄断成因，垄断可分为行政垄断、自然垄断和市场垄断三种类型。行政垄断是指政府依靠行政权力强制规定某一行业只允许少数几家企业进入市场经营的行为，政府通过控制市场准入所形成的垄断形式，如金融保险、石油石化、广播电视、食盐、烟草、军工等行业，其是依赖行政权力在某一经济领域所形成的特权垄断。行政垄断最根本的特点就是政府设置行政壁垒，给予行政权力支持和保护。行政垄断有政府直接行使垄断权力的"政府垄断"和政府将垄断经营权授予某一企业的"政府授权垄断"两种方式，具体表现为行业行政壁垒高。行政垄断在国外尤其在发达国家很少存在，不构成社会的主要方面，故国外对其研究极少。自然垄断理论研究最早源于穆勒（Muller，1848）对通信、运输设施有可能重复建设而造成社会资源浪费的研究。自然垄断有传统和现代两种理解，传统意义上的自然垄断是指单一企业在一定数量范围内，规模越大，单位产品的平均成本越低，有明显的规模经济效应，比如电信、电力、铁路和民航等行业，这些行业企业的资产具有专用性和排他性，体现了垄断企业对有限资源的独占或是技术资源垄断。20 世纪 80 年代以来，经济学家在弱可加性理论的基础上对自然垄断的概念进行新的界定，这就是现代意义上的自然垄断，即如果一个行业由一个企业生产整个行业的产品的成本比两个或两个以上的企业分别生产该产品的成本总和更低，企业所有有关的产量的成本都是弱增性的，这个行业就属于自然垄断行业。自然垄断行业固定资产投资比重巨大，如铁路、自来水、输电、管道天然气等基础设施和公用服务行业，其成本具有次可加性（弱增性），实际来讲，这些产业的业务是可以分解的，但并不是说，这些产业的所有业务都具有自然垄断的性质。以电信产业为例，中国电信业分为固定电话业务和移动电话业务，以及竞争业务的增值电信即互联网相关业务。与行政垄断不同，自然垄断形成主要不是依靠行政权力，从某种程度上讲，自然垄断就是一种特殊的经济垄断。市场垄断是指市场力量或技术原因导致的垄断，在市场中以自身竞争优势获取的经济优势或市场支配地位而形成的垄断状态或寡头合谋状态。西方经济理论中所涉及的垄断除特别说明以外，均指市场垄断，而中国的垄断主要是行政垄断和自然垄断两种方式，自然垄断行业也受到行政权力的影响，所以它存在行政权力垄断的影子。因此，中国的垄断实际上是行政垄断和自然垄断两种垄断相互交织的垄断，这两种垄断权力与政府之间又是密不可分的[①]。

从实证定量的角度来说，一般采用行业集中度作为界定垄断的指标。目前，在衡量垄断程度时主要采用的指标是行业集中度，衡量指标主要有绝对集中度、相对集中度和赫芬达尔指数。绝对集中度 CR_n 是指某行业中前 n 家最大企业的有关数值的行业比重，我们通常设置 $n=4$ 或 8。相对集中度是反映某行业内全部企业集中度的规模分布情况，通常采用基尼系数来衡量，其值为 0 到 1。基尼系数越大，企业占有份额分布越不均匀。如果企业规模分布完全相等，则基尼系数为 0；如果独家企业垄断整个产业，则基尼系数为 1。赫芬达尔-赫希曼指数（Herfindahl-Hirschman index，HHI）是赫芬达尔提出的反映产业集中度的综合指数，在完全竞争条件下，HHI 指数等于 0；在完全

---

① 本部分内容参考了罗宏等（2014）的论述。

垄断条件下，HHI 指数等于 1。通常行业集中度越高，企业进入壁垒就越高，市场结构也越集中，行业垄断程度亦越高。

当前，中国的经济垄断行业比较少，它们尚不构成中国垄断行业的主流，同时它们也没有因其垄断行为对社会造成负面影响，本书不对其进行研究。而自然垄断与行政垄断两种垄断形式的行业投资较大，周期较长。鉴于垄断行业中的企业几乎都是国有企业，而且它们基本上都是国有独资企业。同时，企业高管薪酬问题比较敏感，相关研究数据只能从公开资料中获取，而上市公司信息披露相对而言比较完善，上市企业数据资料最容易获取。因此本书将研究对象垄断行业主要界定为行政垄断行业和自然垄断行业，企业主要界定为国有上市企业，即国有垄断上市企业（以下简称"垄断行业企业"）。

2.1.2 高管

高管是指对企业重大经营活动具有实际经营权、决策权并能承担相应的风险，对企业发展具有控制力和影响力，对企业管理水平和经营收益负责的高级管理人员。国外的大多研究是以总经理作为高管的代表来进行研究的。国内学者在研究企业高管时主要分为三类：一是将董事长和总经理作为研究对象；二是将董事会、管理层和监事会作为研究对象；三是将总经理、副总经理等高层作为研究对象。高管与一般管理人员的区别在于：高管直接对企业经营目标负责，这些目标是涉及战略的，而一般员工只对对应部门的运作效率负责；高管从事的是复杂劳动，直接对整个企业的业绩负责，工作风险较大，而一般员工对企业的影响是局部的，工作风险相对较小。本书运用委托代理理论作为研究的逻辑起点，为避免委托人、代理人关系界限的错位，本书讨论的企业高管限定在企业的具体经营层，即本书中的高管专指高层管理人员，是对企业重大经营活动具有实际经营权和决策权的人员的总称，即主要包括首席执行官（CEO）、总经理、副总经理的具体经营团队（以下简称"高管"）。

2.1.3 激励与激励机制

2.1.3.1 激励

日本学者中松义郎在其著作《人际关系方程式》中对激励做了比较准确的阐释，他提出的关系式 $F=F\text{max}\times\cos\theta$（$0°\leqslant\theta\leqslant90°$），其中 $F\text{max}$ 表示最大潜在能力；F 表示实际发挥能力；θ 表示个人目标与组织目标的一致性程度（夹角），当 $\theta=0°$ 时，$\cos\theta=1$ 时，$F=F\text{max}$，个人的潜在能力得到最大激发，其达到最佳的激励效果，该公式清晰、直观地表述了激励过程中个人目标与组织目标的基本关系（中松义郎，1990）。激励的实质就是组织通过设计一定的中介机制，促进和改变人的行为的一种有效手段，使组织不断朝着期望的目标前进的动态过程，最终达到个人与组织目标最大限度地融合。激励按激励因素可分为外在激励和内在激励。外在激励又可分为基于当期业绩的激励和基于长期业绩的激励。当期激励包括工资、奖金、福利、津贴和在职消费等，长期激励包括股票、股票期权和退休计划等[1]。激励的基本要素包含激励主体、激励客体、激励标的、激励方式和激励环境等。总结前人经验，激励是指激励外力作用于激励客体使其产生激励内力不断循环的连续过程。激励外力主要包括推拉力和约束力，激励主体是激励外力的提供者以及激励场[2]的设计者。激励本身具有约束的意思，即规定了激励客体利用资源的范围和活动空间。

2.1.3.2 激励机制

机制按《辞海》的解释指的是机器的构造及工作原理。机制本来属于物理学术语，后来被引用到生物学、医学、经济学和管理学中。生物学和医学在研究一种生物功能时，通常需要了解生物内部结构、功能、相互关系以及内在工作原理。经济学和管理学中，机制指体系内各组成部分的结构、功能、相互关系以及运行机理。机制广泛运用于自然科学和社会科学，按照系统学

---

[1] 外在激励又可以被称为物质激励或实物激励，内在激励也称为精神激励或非实物激励，当期业绩的激励也叫即期激励，基于长期业绩的激励也可以理解成预期激励。
[2] 激励场也被称为激励环境，是激励力量存在的空间。

的观点，机制是内部组织和运行变化的规律，是保证系统运动有序的程序和力量的总和。概而言之，机制是指系统内部结构、功能及其相互结合、相互作用、相互制约的形成和运行原理，对于整个系统起着根本性和基础性的作用。激励机制就是驱动结构程序与机理的最优组合与最佳运行状态，设计激励机制的目的是增强激励与约束的作用，并持续激发激励客体的思想行为，合理运用激励和约束方式将系统内各要素有机联系起来，按照特定运行机理和规律，达到既定目标。这就需要激励主体运用多种激励和约束手段，并使其系统化并最终达到固化。这里所谓的"固化"，包含激励目标和激励手段等的固化，以及执行程序、思维和行为的固化。可以从以下三方面来理解激励机制的含义：一是以激励主体所期望的目标为依据，采取相应的激励手段和方法，使激励客体按照所期望的方向和强度，引导并将其行为固化。对这些激励手段和方法的系统构建应成为激励机制最基础的内容。二是根据激励客体的需求，要采取相应的激励手段，这样才能使激励机制有效发挥作用。三是从字面上看，"机"是指事物变化发展的原因，"制"是指制度，即大家共同遵守的行为规则。所以机制可以理解为包含事物发展变化的规律和使其正常发展的制度①。激励只有形成机制，才能持续、有效地发挥作用。激励机制是指企业组织系统中，激励主体运用多种激励手段激励和约束激励客体，引导和规范激励客体的行为并使之相对稳定，在兼顾激励客体自身利益最大化的同时也使激励主体的目标得以达成，使其与激励机制相容。激励机制可以表现为法律法规、管理办法、合同或契约等多种形式。

---

① 程国平在其博士论文《高管激励机制》中提出，对企业组织来说，激励机制可以划分为外部激励机制和内部激励机制两个不同层面。外部激励机制是指在企业内部外的用户、市场、社会公众、政府等外部利益相关者对企业的激励；而内部激励机制是指企业内部的利益相关者如所有者（股东）、企业高管、中层、基层员工的激励，诸如企业所有者（股东）对高管、高管对企业中层的激励以及中层对员工的激励。

2.1.4　薪酬与薪酬激励

2.1.4.1　薪酬

薪酬的英文是"compensation"，是补偿、回报的意思，薪酬是人力资源管理中的一个重要范畴，不同国家对薪酬概念的认识往往不同，社会、股东、管理者和员工等不同利益相关者对薪酬概念的界定也存在较大差异。从中华人民共和国成立到改革开放初，我国统一用工资来表示员工因为工作而获得的货币回报。美国薪酬管理专家马尔托奇奥将薪酬界定为雇员为完成工作而得到的内在和外在的奖励，他将薪酬划分为外在薪酬和内在薪酬[①]。概括来讲，薪酬是在雇佣关系中雇员通过为企业提供劳动而从雇主那里得到的回报，这种回报可能包括直接和间接、内在和外在的货币收入以及各种具体的服务和福利。薪酬可以分为广义薪酬和狭义薪酬，广义薪酬包括经济性报酬和非经济性报酬；狭义薪酬主要指经济性报酬。薪酬就是企业以员工为企业创造的实际业绩为依据而向员工支付的报酬。由于企业股东与高管目标函数的不一致，我们在实践中通过适当的薪酬安排来提高高管的努力程度，使高管在追求自身利益最大化的同时也能实现股东利益的最大化。

2.1.4.2　薪酬激励

薪酬激励就是指组织通过建立合理的薪酬机制，使其激励主体和激励客体的目标函数趋于一致，激发激励客体潜能，使代理成本最小化，从而实现企业价值最大化。由于中国垄断行业企业的高管薪酬披露制度不完善，许多数据无法获取，本书研究的实证部分只包括企业年报中公开披露的短期薪酬与长期薪酬，不包括在职消费与隐性收入部分，同时在职消费与隐性收入难以用定量方式来衡量。

垄断行业企业高管薪酬激励是指依据垄断行业企业的战略目标，着眼于

[①]　施廷博（2012）认为，从企业治理的角度看，高管薪酬不仅是高管因行使企业经营管理职能获得的服务对价，本质上高管薪酬更应理解为企业对高管所采取的一种激励策略，从这个角度讲，高管薪酬的核心功能应体现为薪酬对高管的激励作用。详见：施廷博 2012 年的博士学位论文《上市公司高管薪酬监管法律制度研究——美国法的考察和我国的借鉴》。

高管需求，通过必要的激励与监管手段，所形成的能够长期激发高管思想行为的相对固定化、规范化的一系列薪酬激励制度。如果用力学的观点来解释薪酬激励，薪酬激励就是通过将薪酬作为激励手段，形成组织目标实现的最大合力。薪酬激励有两个基本属性：一是激励的方向，二是激励的大小。按照前面激励机制的含义，同样可以从以下几个方面来理解高管薪酬激励机制的含义：一是采用不同的薪酬激励方式使企业高管产生不同的动机，企业高管行为也呈现出差异，表现出不同的薪酬激励效应。为了引导企业高管采取薪酬委员会所期望的行为并使之固化下来，应对企业高管采用薪酬激励组合，对这些薪酬激励组合的设计应构成薪酬激励机制的基础性内容。二是薪酬激励只有形成机制，才能持续、有效地发挥作用。

2.1.5　企业实际业绩

企业业绩[①]是包括高管在内的所有员工以及各种内外部环境因素共同作用的结果。基于此，本书将企业业绩定义为表观业绩，我们对表观业绩做进一步剖分，又可以将其分为实际业绩、环境业绩和互作业绩，对其内涵分别做以下界定：

表观业绩（apparent performance）：指企业特定时期内的经营效益，可直接采用财务报表中的总资产收益率、净资产收益率等指标表示，它是实际业绩、环境业绩和互作业绩的总和。表观业绩＝实际业绩＋环境业绩＋互作业绩＝实际业绩＋垄断业绩＋除了垄断因素外其他环境因素影响的业绩＋互作业绩。企业经营者自身努力是造成各企业表观业绩产生差异的内在原因，环境效应和互作效应是造成各企业表型业绩产生差异的外部原因。

---

① 根据中国财政统计评价司的规定，企业业绩是指企业在一定会计期间内的经营效益与经营者业绩。两者从不同角度来衡量企业业绩，企业经营效益主要从企业的运营能力、盈利能力、偿债能力、后续发展能力这些方面衡量企业在一定时期内的收益；经营者业绩更加注重于从经营者的角度切入，以经营者在企业日常生产经营管理的过程中对企业的长远发展做出的贡献来定义，即主要通过经营者在经营管理企业的过程中对企业经营、成长、发展所取得的成果和所做出的关系来体现。

实际业绩（actual performance）：指高管对企业业绩的实际作用效果，是企业表观业绩中剔除环境业绩和互作业绩影响后的业绩，是企业高管个人对企业经营效益实际贡献的部分，即高管通过自身能力充分利用资源所创造的业绩。

环境业绩（environmental performance）：环境对企业业绩的影响效果。环境因素包括企业规模、所处行业、所在地区、垄断优势等。对于垄断行业来讲，环境业绩很大部分来源于垄断业绩。

互作业绩（mutual performance）：指影响企业表观业绩的因素间互相作用所形成的业绩，互作效应可以分为加性效应、协同效应、增效效应和拮抗效应，影响表观业绩各因素间的互作可以改变表观业绩，不同于单个因素独自作用形成的表观业绩的总和。

垄断业绩（monopoly performance）：根据寻租经济学，垄断使资源配置扭曲，造成社会净福利损失和消费者损失，这些损失就是垄断行业企业凭借垄断优势获取的垄断业绩。垄断优势指的是政府赋予垄断行业在经营成本、税收政策、政府补贴、土地出让、贴息贷款、销售渠道、特许经营及特殊政策等方面的优势地位和特殊权力。这种垄断优势为垄断行业企业带来了巨额的垄断业绩①。

2.1.6 薪酬监管与监管机制

监管的意思是监视管理，它与管理不同，管理重在管与协调，而监管含有强制性措施。"监管"在学术界也被称为"规制"或者"管制"，是regulation的不同翻译。而实际上，行政部门更习惯于使用"监管"，如食品卫生监管、金融监管、电信网络监管、饲料监管和药品监管等。从本质上说，"管制""规制""监管"都是一致的，本书统一使用"监管"这个概念。监管，顾名思义就是监督管理，企业监管是由监管主体根据法律法规或者企业

---

① 对于竞争充分的企业，由于没有垄断优势，垄断业绩就为零。垄断行业的表观业绩与实际业绩之差大于竞争行业。也就是说，对于垄断行业来讲，由于存在垄断业绩，表观业绩远远大于实际业绩。

制度对某空间和时间内的监管事项行使监管权力，通常监管主体和监管对象处于不平等地位。在证券市场中，监管是指监管主体从降低证券市场风险、保护社会公众利益、维护市场稳定的目的出发，依据国家法律法规，对各种市场活动进行的监督、管理、控制与指导。在很长一段时间内，即便是欧美等成熟的资本市场，对上市公司的监管仍然主要体现在上市公司的信息披露方面。直到 20 世纪 70 年代，研究者发现，对各类投资者的有效保护仅仅依靠信息披露远远不够，还需要有完善的上市公司治理，而垄断行业企业高管的薪酬问题本身就是其企业治理中的一个核心问题。从这个角度来讲，高管薪酬监管应该属于上市公司监管的一个重要组成部分。简言之，薪酬监管的含义是各相关主体依靠权力对高管薪酬实施的直接和间接干预。

机制，简单来说就是制度化的方法。机制在任何一个系统中都起着基础性和根本性的作用。将机制的含义引申到不同领域，即产生了不同的机制。延伸到薪酬监管领域，就产生了薪酬监管机制。监管机制强调企业借助内部和外部的力量对高管行为的监管，以降低代理成本，使企业利益最大化。只有当企业的监管机制能够有效地规范高管权力时，高管的薪酬激励机制才能充分发挥作用。监管包括内部监管和外部监管，内部监管是指直接作用于企业内部的监管手段，包括董事会的构成、所有权结构等对企业激励政策产生的影响，通常涉及企业组织架构；外部监管包括市场、法律法规及政治制度等，往往带有强制性。

2.2 研究的理论基础①

2.2.1 垄断行业企业高管薪酬激励的理论基础

2.2.1.1 业绩评估理论

为激励高管努力工作，企业采取合适的薪酬激励机制，包括与业绩挂钩的薪酬支付标准，实行基于业绩的股权激励、期权激励等多种激励手段，将高管自身利益与企业利益紧密联系起来。垄断行业企业业绩除了包含高管创造的业绩外，还包含垄断业绩在内的环境业绩和互作业绩。因此，有必要对其业绩进行正确评估。

业绩评估是企业以战略目标为导向，利用数理统计方法，选择特定的指标，按照一定程序，通过定性定量方法客观评估企业在一定时期内的经营业绩。垄断在一定程度上阻碍了资本的自由流动，为操纵某种产品的市场价格创造了条件，使其价格偏离了价值轨道，商品的市场价格也就表现为垄断价格，包括垄断高价和垄断低价，垄断高价是垄断企业出售产品时高于生产价格时的价格，垄断低价是垄断企业购买生产资料时低于生产价格时的价格，垄断业绩就是通过垄断价格来实现的。同时行政垄断行业还可以阻碍其他经济成分进入，限制市场竞争，也可通过政府的政策倾斜增加垄断企业收入。因此在判断垄断行业企业业绩时，要对垄断行业企业业绩进行层层剥离，剔除垄断业绩在内的环境业绩和互作业绩，以准确测算出实际业绩。

科学地评估企业业绩，不仅为垄断行业企业高管薪酬激励的制定提供科学依据，还有利于强化对垄断行业企业高管薪酬的监管。综合国内外业绩评估的研究成果，目前两种主流的业绩评估理论是基于生产有效性的业绩评估

---

① 研究的理论基础参考了以下作者的论述：黄再胜（2016）、朱羿锟（2014）、李新建（2006）、程支中（2013）、黄丹丹（2018）等。

理论与基于行为和能力的业绩评估理论。基于生产有效性的业绩评估理论认
为，业绩是劳动者在特定时间内，进行与工作相关的职能或活动的产出结果。
这主要是通过能岗匹配，即科学选择适合岗位要求的员工从而在岗位上创造
相应价值来促使业绩增加。这种以生产有效性为基础的企业业绩评估理论，
实质上倾向于用一定时期内企业的产出与结果来代表业绩。在垄断行业企业
中，这种业绩就是表观业绩，是垄断行业企业高管、垄断以及整个市场内外
环境共同作用的结果，并不能准确代表高管对企业所做出的实际贡献①。基于
行为和能力的业绩评估理论是 20 世纪 80 年代业绩评估的主流方法，至今仍
是企业管理理论和实践研究的热点，该理论认为业绩是组织或个人为了实现
某种目标而采取的各种行为的结果②，这种结果测量主要有非判断性测量和判
断性测量。非判断性测量主要是指对抗风险程度、工作态度、离职率等的评
判；判断性测量关键在于对其行为的评估。通常来讲，没有好的过程就没有
好的结果，因此对其业绩进行评判，既要重视过程评估，又要重视结果导向。
在基于行为和能力的业绩评估理论框架下，垄断行业企业高管的工作努力程
度及其管理能力成为业绩评估的核心标准。

　　本书结合两种业绩评估理论来分析垄断行业企业的业绩。首先，从生产
有效性的角度切入，垄断行业企业的业绩是包括高管在内的所有员工在各种
外界环境因素的影响下共同创造的业绩。相对于竞争行业企业而言，垄断行
业企业由于垄断优势带来的垄断业绩对企业业绩的影响较大，垄断业绩占了
相当大的比例。其次，从行为与能力的视角出发，科学、规范和合理的垄断
行业企业高管薪酬激励机制可提升高管努力程度，使其潜能能够充分发挥，

①　查恩斯（A. Charnes）等创立了数据包络分析 DEA 方法评估多输入、多产出系统中测评单元的相
　对有效性，企业决策者只需选择出代表经营者业绩的输入输出指标体系，利用 DEA 法就可评价经
　营者的相对业绩。
②　基于行为和能力的业绩评价理论，采用一定的激励方式满足经营者需求来提高经营者积极性，增
　加企业效益。罗德（Rode）等人研究了声誉激励在改善企业生产效益上的显著促进作用，详见：
　RODE J C, MOONEY C H, ARTHAUD-DAY, et al., 2007. Emotional intelligence and individual per-
　formance: Evidence of direct and moderated effects [J]. Journal of Organizational Behavior, 28 (4):
　399-421.

从而进一步提升企业整体业绩，这就需要我们准确、客观评估垄断行业企业各类业绩。两种业绩的评估在理论实质上是高度统一的，它们分别从开源增效和节流两个方面来提高效率，从节约成本视角以及分别从过程和结果两种视角来考察业绩，最终结果可以以最终产出来衡量。垄断行业企业业绩不仅需要剔除包含凭借垄断优势取得的垄断业绩的环境业绩，还需要剔除互作业绩，最大程度还原高管对企业所做出的实际贡献，为垄断行业企业高管薪酬激励和监管机制的构建奠定基础。

2.2.1.2 委托代理理论

分析激励问题最有效和最常用的经济学分析理论就是委托代理理论，它是从经济学角度研究企业薪酬激励问题的基本框架。委托代理理论的形成最早可追溯到亚当·斯密（Adam Smith）的《国富论》和阿罗-德布德（Arrow-Debreu）的一般均衡体系。通过改变理论假设，企业理论导出了完全契约和不完全契约两条路径，为打开企业"黑箱理论"以及深入研究企业内部信息不对称和激励问题创造了条件。委托代理理论以"经济人"假设为核心，强调委托者和代理者就有关激励与监管条件事前达成一致，寻求"事前"的最佳薪酬激励与监管机制，即通过企业高管薪酬激励与监管机制的构建和运行，来激励与规范高管，使其充分发挥潜能，从而实现委托者的效用最大化。从新制度经济学的视角看，企业被认为是一系列契约组合，委托代理理论把企业看作委托者和代理者间围绕风险收入分配所做的一种合约制度安排，它的产生有以下四个基本条件：一是委托者对随机的产出没有直接的贡献。二是信息非对称，委托者很难观察到代理者的努力程度，很难掌握企业的经营信息，这样监督就会变得比较困难，想要完全获得代理者的相关信息所付出的代价是高昂的，权衡监督收益与成本来选择最佳的行动，这将决定对代理者经营行为的控制程度。三是委托者和代理者存在利益不一致，对于委托者，我们不太关注其具体经营过程，而是更关注结果，即代理者为企业创造多少业绩；对于代理者，他希望自己的付出得到肯定，而这种肯定的方式有物质上的，也有精神方面的。四是委托者与代理者所承担的责任风险不对等，企业所有者把经营权委托给代理者之后，当代理者能力达不到要求或是经营决策出现失误时，代理者的损失仅仅体现为收入的降低、职位的被更替以及声誉的降低，而委托者损失的是投入的资产，短期来讲，委托者的损失比代理者更大，委托者和代理者之间的风险和收益是不对称的。在以上四个条件之下，我们必须解决：委托者应该采取什么样的方式才能使代理者在实现其效用最大化的同时也使自己的效用得到最大化实现，即激励相容。委托代理理论是研究广泛存在于经济社会中的代理关系及其所出现的诸多问题的理论，在信息不对称的条件下它直接从契约的形成过程出发，探讨委托者如何以最小的成本去设计一种契约或机制，促使代理者努力工作，降低代理成本，最大限度增加委托者的效用。委托代理理论被认为是契约理论最重要的发展。

人的自利性、有限理性、风险回避性、不对称信息和由此产生的逆向选择及败德行为成为委托代理理论的核心思想。委托代理理论旨在分析委托者和代理者在目标、利益、动机和风险之间的博弈关系，并提供一种工具和方法，使代理者能按照委托者的目标行动，减少代理成本，在代理者目标实现的同时，也使委托者的效用得到最大化实现。解决委托代理问题的方法主要有两种，一是给予激励，二是进行监管。薪酬激励被认为是激励的最主要的方法（Ross，1973；Jensen et al.，1976）[①]。委托者的效用水平是使代理者业绩、监管业绩与代理者的薪酬激励成本、监管成本的差值达到最大。影响企业业绩的因素是多方面的，既有代理者努力程度，又有特有的外生因素、某些行业性共同因素。这样，企业业绩就不是充分统计量，因为其他企业业绩也包含着有关该企业代理者有价值的信息。因此，我们就有必要将其他企业的业绩指标引入该企业的代理者薪酬设计中，可以剔除更多的外部不确定性的影响，使代理者的薪酬与其业绩的关系更为密切，从而激励代理者努力工作，以相对业绩评估为基础的实际业绩评估确定代理者薪酬，提升了垄断行业企业高管薪酬激励设计的科学性，这就导出了委托代理理论的重要观点，

[①]　之所以采取以上两种方法解决委托代理问题，还在于 Jensen 和 Meckling 认为委托代理问题实际上是委托者和代理者两者目标函数差异、信息不对称和不确定性，导致代理者为谋求私利而损害委托者的利益，详见：JENSEN M C，MECKLING W H，1976. Theory of the firm：Managerial behavior，agency costs and ownership structure［J］. Journal of financial economics，3（4）：305-360.

即锦标理论。锦标理论主要通过薪酬对高管进行激励，这主要体现在"业绩最高者"和"业绩最低者"之间的薪酬差异。因此，对委托者来讲，我们要解决的关键问题是如何确定代理者薪酬激励契约与薪酬监管契约的方案，从正反两方面引导和规范代理者采取最佳行为，使委托者目标得以实现。但代理者从委托者处得到的薪酬至少要等于或高于代理者可以从其他委托者提供的可供选择的同类任务中获取的最低薪酬。以实际业绩作为确定薪酬的依据对建立企业高管激励机制是有效的。

委托代理理论侧重研究企业内部组织结构及企业成员之间的代理关系，垄断行业委托代理关系的特点是委托代理层次较多，代理链条长。在这个多层次的委托代理链中，除了初始委托人和最终代理人外，各层次的局中人均扮演着双重角色：它们既是委托人，同时又是代理人。这样就产生了一个基本问题即"合谋"。例如，普通员工合伙对付中层管理人员，中层管理人员合伙对付高管，高管合伙对付股东。泰若勒（Tirole，1986）建立的多个代理者模型证明，合谋的可能会给企业带来损失，并且由于多个委托者的目标往往不同，有时目标间存在矛盾，所以又引出"协调"问题。伯恩海姆和惠因斯顿（Bernbeim & Winstom，1986）发现，多个委托者之间缺乏协调将大大降低管理的效率。企业由于多层次的委托代理关系，必然会产生代理成本问题，詹森和麦克林（1976）认为，企业所有权结构要考虑的决定因素是"代理成本"。高管拥有部分企业产权，也可能存在其投入和收益不相称的情况，导致高管的潜能不能被充分挖掘。为解决这一问题，我们可让高管成为完全的剩余权益拥有者，但这又会受到其自身财富的限制。举债筹资不失为一种很好的途径，因为在投资及本人财产一定的条件模式下，高管的剩余份额会随着举债筹资部分的增加而增加。但举债筹资可能会导致另外一种代理成本，在举债筹资下，高管作为剩余权益获取者，会有更大的积极性去从事有较大风险的项目，因为他能够获得成功后的利润，并借助有限责任制度把失败导致的损失留给债权人去承受。当然，债权人也有其理性预期，这些代理成本也得由高管及其他股东来承担。垄断行业企业高管的"天价薪酬"与委托代理问题息息相关。在中国特殊的经济背景下，垄断行业企业多数为国民经济支柱性产业，如石油化工、供水供电和金融保险等，这些垄断行业企业高管多数直接由政府任命，其薪酬与企业业绩脱钩，各主体对企业高管薪酬监管力度不够，垄断行业企业资源配置效率低下、资源浪费严重，企业内部人员控制、自定薪酬等现象引起了社会各界高度关注，这也说明解决这些企业代理问题的紧迫性，而建立垄断行业企业高管薪酬激励和监管机制也是解决代理成本问题的重要途径。

2.2.1.3　人力资本理论

20 世纪 60 年代，传统资本理论受到严重挑战，舒尔茨等人针对资本同质性假设而提出了人力资本理论。舒尔茨在对经济增长原因进行探索时发现，单纯从自然资源、实物资本和劳动力的角度，不能解释生产力提高的全部原因，人们以往忽视了人力资本这个重要的生产要素。他认为人力资本是通过对劳动者的投资而形成的资本，提高对劳动者的投入就增加了劳动力的价值，从而能够为社会创造更多的财富。企业经营过程中存在物质资本和人力资本两类资本，两类资本的有机结合形成了企业的生产力。人力资本作为一种有经济效率的资本，成为现代经济增长的主要因素。舒尔茨从宏观方面论证了人力资本的重要性。随后，贝克尔将人力资本理论与收入分配理论结合起来，着重从微观角度对人力资本进行研究，弥补了舒尔茨的只注重人力资本的宏观研究的不足，比较完整的现代人力资本理论逐渐形成。

人力资本理论打破了关于资本同质性假设的传统理论，强调人力资本的异质性，这是对经济学的重大贡献。人力资本是通过教育、培训等投资形成的。人力资本投资是效益最佳的投资，它与其他资本一样，投资的目的是获取收益，人力资本的这种特性为解决垄断行业企业高管薪酬激励与监管问题提供了多种理论路径。人力资本与物质资本一样，也存在产权问题，知识、技能、经验、体力和健康等人力资本与其拥有者不可分离，其所有权属于个人，企业只能采取激励和监管机制激发人力资本的潜能，正因如此，薪酬的激励与监管问题成为一个经久不衰的课题。

周其仁认为，现代企业的最佳所有权制度安排是让人力资本所有者拥有部分所有权，企业成为"一个人力资本与物质资本的特别合约"的组合体。

知识经济社会，人力资本显得尤为稀缺和有价值，从这个视角来讲，人力资本所有者有权成为企业的股东，应该拥有企业所有者的相应权利，在分配中应该分享到除劳动补偿外的剩余收益，企业的战略目标应强调人力资本增值的目标高于财务资本增值的目标，这与张维迎的研究一致。这就正确诠释了人力资本所有者以企业劳动者和所有者两种身份来分配企业收益的问题，这个问题一直未得到合理解决，长期困扰着理论界和实践者。现代人力资本理论和马克思劳动价值理论在人力资本分享企业剩余的问题上实际是不谋而合的。人力资本也是一种资本，其形成及其产权属性决定了它可以获取企业剩余。人力资本使用效果的提升，其唯一可行途径就是满足人力资本的需求，把赋予人力资本剩余索取权作为一种长期的制度安排，构建完善的薪酬激励和监管机制，通过薪酬激励和监管机制促使人力资本使用效率及其业绩水平不断提高（舒尔茨，1990）。在垄断行业企业经营管理实践中，人力资本理论是指企业通过将员工作为资本来进行投资与管理，以期获得长期的价值回报。

2.2.1.4 团队生产理论

随着新制度经济学的兴起，企业理论研究得到进一步深化，包括不完全契约理论、交易费用理论以及产权与超产权理论等，这些为研究企业内部的分配和激励问题提供了分析工具。美国经济学家阿尔钦和德姆塞茨在1970年提出了团队生产理论。Che和Yoo从动态重复博弈的角度研究了团队生产的合作和最优激励问题，鉴于不同要素所有者在生产中的作用和价值无法准确测量的问题，企业并不是完全按照个人为企业创造的价值来量化报酬，而是以整个团队创造的价值来量化，但团队中可能会产生"不作为"问题，解决的办法就是必须设置监督者，专门监督其他成员工作状态。监督首先需要有效和监督成本比较低，监督有效就要求企业赋予监督者适当权利，比如修改合约和指挥其他成员的权利。监督成本低要使团队由于监督创造的价值高于监督所产生的新增费用。团队成员开始都是同质的，从团队成员中任意选择监督者都无所谓，但实际上这很不现实。霍姆斯特姆和泰若勒研究认为，关于监督产生的新增收益怎样在包括监督者在内的团队成员中分配的问题，由于团队成员究竟创造多少新增收益难以准确度量而显得尤为棘手，这也严重影响选择谁作为监督者的决策，所有权就逐渐显露出越来越大的价值。如果能够把最难估价的投入要素所创造的价值与所有权准确联系起来，企业高管薪酬激励问题的解决也就变得容易一些。霍姆斯特姆和泰若勒比阿尔钦和德姆塞茨对此做了更深入的分析和研究。霍姆斯特姆和泰若勒认为激励与监督相比较，激励无疑显得更为重要，并指出，可利用制度安排与要素价值贡献评估相关联的方法。垄断行业企业高管薪酬激励与监管的问题，其中的高管实质是指整个高管团队，该问题将剩余的分配与高管整个团队的实际业绩相对应。

2.2.1.5　激励理论

学者们从经济学、管理学和生物学等不同学科研究激励问题，形成了相应的激励理论。激励理论可分为内容型激励理论、过程型激励理论和行为型激励理论。内容型激励理论有需求层次理论、双因素理论、ERG 理论和场动力理论等；过程型激励理论有期望理论、公平理论和目标激励理论等；行为型激励理论有强化理论和归因理论等。需求层次理论由美国心理学家马斯洛提出，主要研究人的激励诱因与激励因素的具体内容。该理论将人类需求像阶梯一样按层次从低到高由生理需求到自我实现共分为五种，五种需求按层次逐级递升，但这种次序不是完全固定不变的，有种种例外情况。马斯洛认为，应首先满足人的迫切需求，只有当该需求满足后，后面层次的需求才能发挥激励作用。双因素理论由美国心理学家赫兹伯格于 1959 年提出。该理论把企业中的相关因素分成满意因素和不满意因素两种。不满意因素是指导致不满足的因素，如企业政策、工作条件、监督、同事关系等外在因素，满足这些因素能消除员工的不满情绪但不能增加员工的工作动力，提升其工作效率。满意因素是指可以使人得到满足且能够产生激励效果的因素，它与工作本身或工作内容相关，包括成就感、责任感、赞赏、工作晋升和员工发展等内在因素，满足这些因素就能让员工产生强烈的工作热情，激发其潜能，具有激励作用。企业高管薪酬主要由基本薪酬与业绩薪酬组成，根据双因素理论，基本薪酬仅仅是保健因素，保障人的基本生活需要，要想强激励企业高管，需要改变薪酬结构，提高业绩薪酬的比重。公平理论是亚当斯提出的，公平理论是一种社会比较过程的理论，该理论认为员工的受激励程度与他人进行比较时对自己的薪酬公平程度的感受息息相关。强化理论是美国心理学家斯金纳提出的，他认为人的行为是由外部因素控制的，该外部因素就是强化物，可以通过强化物的改变而调整人的行为。另外，海德、韦纳等人还提出了归因理论，该理论主要内容是通过分析行为结果产生的原因，对该行为人的未来进行预测。

2.2.2 垄断行业企业高管薪酬监管的理论基础

2.2.2.1 不完备契约理论

企业契约理论是科斯在 20 世纪 30 年代首次提出的，其代表人物有威廉姆森、阿尔钦、德姆塞茨、哈特、张五常和杨小凯等。企业契约与市场契约相比，表现出不完备性，它不能事先规定与契约相关的所有状态。传统的契约理论是从专业化分工的角度去思考的，假定信息是对称的和契约是完备的，接下来的工作只是监督怎样有效执行完全契约的问题，企业实际经营管理中通常不存在完全契约。企业契约不完备的原因主要有以下几个方面：一是有限理性、环境的复杂性及不确定性。信息瞬息万变、人类有限的认知能力、环境的局限等因素造成了不可能事前把与契约有关的所有可能状态全部纳入薪酬契约中，也无法准确预测未来的状况，这导致人们根本不可能完全理性地实现效益最大化。因此，有限理性、环境的复杂性和不确定性是导致契约不完备的主要原因。二是交易费用与完备契约收益的比较。契约信息的收集、谈判、博弈、签订和履行等都需要交易成本，如果交易成本远远超过其相应契约履行后产生的收益，那么某些契约条款就会被束之高阁，这也是契约不完备的重要原因。不完备契约是一个不完美的合约，当实际状态与契约状态出现偏差时，我们需要采取相应措施来修正这种偏差，剩余控制权由此产生[①]。格罗斯曼和哈特提出了剩余索取权和剩余控制权的概念。剩余索取权对委托代理双方来讲，如果其中一方是营利的，则对另一方来说就会损失，剩

---

① 张淑敏，2008. 激励契约不完备性与组织文化 ［M］. 大连：东北财经大学出版社：28-29.

余索取权配置的效率是一方所获得的收益能够充分弥补另一方的损失，效率最大化要求企业剩余索取权的安排和控制权的安排相对应。企业契约理论把企业看成是委托者和代理者之间不完备的合约，高管薪酬激励与监管契约作为企业契约的一种，也必然是不完备的。委托代理双方在订约与履约过程中就剩余控制权与剩余索取权进行了多次博弈。交易成本的高低将导致企业选择不同的薪酬契约结构。在一定的制度环境下，如果实际业绩评估信息能够以较低成本取得并且其可靠性较高，则意味着在薪酬契约中应用实际业绩评估信息的交易成本较低，企业就会对高管进行实际业绩评估，并以此构建企业薪酬激励与监管契约。

2.2.2.2　寻租理论

垄断行业企业的经营管理实践中，所有者和代理者存在不完全独立关系，贝布丘克（Bebchuk）、弗赖（Fried）和沃克（Walker，2002）就高管权力在薪酬制定和实施过程中的影响以及高管的权力寻租行为进行分析，提出了"管理权力论"，首次把管理层权力融入企业高管薪酬研究的框架中。管理层权力论认为企业高管凭借其权力进行寻租，以实现自身效用最大化，而根据实际业绩来确定高管薪酬的最优契约如果得不到有效实施，高管凭借其权力，控制或影响薪酬决策机构，获取不当额外租金，导致最优契约得不到有效实施。

寻租理论思想最早起源于 1967 年戈登·图洛克（Gordon Tullock）所写的论文《关税、垄断和偷窃的福利成本》。1974 年，克鲁格（Krueger）在探讨国际贸易保护主义政策形成原因时正式提出寻租理论。寻租理论的关键是如何界定寻租。"租金"是企业凭借其垄断地位或个人凭借其权力获取的超额回报。垄断行业企业的高管凭借其强大权力，获得了超额收益，即租金（卢西恩·伯切克 等，2009）。这是因为垄断行业企业基本都是国有企业，其企业所有者是全体人民，高管是代理人，其中存在多层委托代理关系，垄断行业最终所有者处于虚位，以及委托者的积极性不够等问题造成垄断行业企业高管自定薪酬的现象普遍存在，甚至还存在以权谋薪的情况。

垄断行业企业的高管采取直接影响或控制企业业绩的评估指标和评估的

标准、决定董事的聘任、影响高管薪酬激励的设计、编制虚假财务报告或者实施盈余管理等多种方式来获取额外的租金。高管尽管可以通过以上方式进行权力寻租，但其权力寻租行为也有一定的限制，只是这种限制在获取的额外租金导致外部"公愤"爆发时才产生（朱羿锟，2014）。寻租行为表现为经济性寻租行为和政治性寻租行为两种方式，其中政治性寻租是中国垄断行业企业比较独特的现象，是高管取得一定业绩后、晋升到党政领导岗位上"晋爵为官"。垄断行业企业高管的权力越大，其越有可能进行权力寻租，获取更多的权益，此时在高管权力的影响下，垄断行业企业高管薪酬设计不能被简单地理解为是解决委托代理问题的一个方案，其本身就是委托代理问题的一部分。

2.2.2.3　市场失灵理论

市场失灵理论认为，竞争的市场结构有利于资源的优化配置，最理想状态是完全的市场结构，但在现实实践中，不存在完全竞争市场结构。由于垄断、外部性和信息不完全等因素，仅仅依靠价格机制来配置资源无法达到帕累托最优，出现了市场失灵现象，即市场失去效率，也就是说，当市场配置资源出现低效或者是无效时，市场失灵现象就出现了，这是传统狭义的市场失灵理论。广义的市场失灵理论认为，市场不能解决社会公平和经济稳定问题。如果市场运行充分有效，那么就不需要对垄断行业企业高管薪酬进行外部监管。市场失灵与市场功效组合在一起，共同构成了市场最基本的特性。市场功效的结果存在两个方面的问题，一是信息不充分和个人在不确定条件下的决策问题；二是外部性。无论是垄断行业企业高管薪酬契约的不完备性，还是高管寻租，都表现为市场失灵。按照市场失灵理论，监管乃是为了矫正市场失灵，相关部门应依据相关的法律法规对企业采取一系列宏观调控、激励和监管举措，避免市场运行中可能带来的各种负面影响，从而达到维护社会公平、公正的目的。市场机制在任何国家任何领域都不可能是神丹妙药，很多问题都需要依靠其他非市场力量来解决。

2.2.2.4　公共利益理论

最早在管制经济学中发展起来的是"公共利益理论"，可以追溯到英国经济学家庇古在《福利经济学》一书中的论述。该理论以市场失灵和福利经济学为基础，目的是修正市场失灵，市场效率得到提高和实现社会福利的最大化。该理论认为政府作为公共利益的代表，监管乃是对公共需要的反应，其或明或暗的前提为：市场是脆弱的，如果放任自流，就会导致不公正或低效率，从而使得社会福利受损。为提高社会福利水平，监管这一特殊的公共产品就产生了。垄断行业股权"一股独大"，所有者处于虚位状态，形成严重的"内部人控制"，高管操纵薪酬决定程序，高管自定薪酬的现象普遍存在，不仅垄断行业企业高管薪酬激励效果受到严重影响，而且造成市场机制难以解决的社会公共利益和公平问题，薪酬激励机制异化为委托代理问题的一部分。这就需要我们通过监管对高管薪酬的失灵进行必要的矫正，为了保障社会公共利益，对垄断行业企业的高管薪酬进行适当的监管就势在必行。公共利益理论受到的主要挑战是，把监管者假设得过分完美。交易成本理论和垄断行业企业追求社会公共利益和提供公共产品的多目标性决定了政府监管高管薪酬也是可行的。只要信息完全并且没有交易成本，市场失灵的受损方就可以通过付出一定代价比如给予一定数量的金钱，使受益方放弃全部或者部分权力以矫正市场失灵，市场机制可以达到帕累托最优状态。政府作为宏观调控者，其强大的政治力量使其获取并传递薪酬市场失灵信息的成本能够降至最低，加之垄断行业企业的社会公共利益、提供公共产品的目标与政府（作为公共利益的维护者）高度一致，因而政府就有意愿并且也有能力对垄断行业企业高管薪酬进行监管（朱羿锟，2014）。政府监管需要进行成本分析，当监管高管薪酬的成本低于取消监管的交易成本与高管薪酬市场失灵带来的交易成本之和时，才能强化监管，反之，就应该放松监管（杨建文，2007）。

2.3 研究的文献综述

2.3.1 垄断行业企业高管薪酬激励综述

鲍莫尔（Baumol，1959）、威廉森（Williamson，1960）等人相继提出各自的高管效用模型之后，针对垄断行业企业高管薪酬激励的研究就沿着两条路径进行：一是经济学理论，以委托代理理论为代表，这种理论主要认为垄断行业企业高管薪酬契约安排应使高管目标与企业所有者的目标尽可能一致；二是管理学理论，这种理论主要认为垄断行业企业高管通过强化自身的责任心和成就动机使其与垄断行业企业所有者的目标函数得到兼容。纵观国内外相关研究状况，其对垄断行业企业高管薪酬激励的研究可以分为三个阶段：第一阶段是初始阶段。对企业高管薪酬激励问题的研究可追溯到 20 世纪 60 年代，由于当时对高管认识的局限及研究数据取得的困难，这个阶段的研究基本上是做理论层面的阐释，很少做实证研究。第二阶段是成长阶段。这个阶段为 20 世纪 80 年代到 21 世纪初，随着两权分离以及现代企业的逐步建立，企业高管薪酬激励问题成为学术研究的重要课题。美、英等发达国家从 20 世纪 80 年代开始对其垄断行业进行改革，发展中国家对垄断行业企业的改革是在随后的 10 年，垄断行业企业高管的薪酬激励改革作为垄断行业改革的一项重要内容，催生了研究方法更注重理论与实践紧密结合以及规范研究与实证研究并重。第三阶段是深化阶段。这一阶段是从 21 世纪初至今，这一阶段进一步拓展了对垄断行业企业高管薪酬激励的研究广度和深度，此阶段更注重对垄断行业企业高管薪酬激励研究的系统化和体系化。

2.3.1.1 国外垄断行业企业高管薪酬激励综述

首先是分析工具的多样化。垄断行业企业高管薪酬激励研究主要以委托代理理论为框架，在这一框架下的研究又分为两个维度。第一，机制设计问题，即规范研究。这一维度的思路主要是以正式的数学模型来进行分析，旨在解决信息不对称问题导致的激励困难，即解决企业高管的"道德风险"和"逆向选择"问题，以实现在信息不对称条件下的最优解，这一领域构成了信息经济学的主要内容。美国经济学家赫尔维茨（Leonid Hurwicz，1960）首次提出激励机制设计的概念，其后威尔森（1969）、斯宾塞和泽可梅森（1969）、罗斯（1973）等人也做出了开拓性的贡献。企业高管薪酬激励问题在实践中产生的巨大作用促使理论界对这一问题高度重视。熊彼得（Schumpeter，1954）在其划时代巨著《经济分析史》中根本没有涉及任何激励问题。新古典经济学把企业看成一种原子式企业，即把企业视为一个实现利润最大化的"黑匣子"，认为企业规模、企业内部组织效率和企业内部员工等都不存在任何问题，因而也将高管薪酬激励问题忽略掉了。墨菲（Murphy，1998）对企业高管薪酬问题的理论研究始于 20 世纪 80 年代，贝克尔等（Baker et al.，1988）[1] 认为高管薪酬激励问题是未来经济学和管理学研究中的主要增长领域。从经济学的角度来看，垄断行业企业高管薪酬激励的基本理论框架是由詹森和梅克林（Jensen & Meckling，1976）、马里斯（Marris，1964）等人所提出的委托代理理论与格罗斯曼（Sanford Grossman）、乔治·穆尔（John Moore）等人提出的不完全契约理论构建起来的。随着委托代理模型的发展，在冯-诺依曼和摩根斯坦（Von-Neumann & Morgenstern，1944）的研究基础上，经济学家们在不确定条件下利用经济人行为的工具来研究信息问题，当委托人掌握的关键信息没有代理人多，且委托人将某项任务委托给不同利益的代理人时，就产生许多代理问题，这就涉及激励问题，委托者和代理者之间的利益差异和信息不对称是导致激励问题的两个主要因素。诺贝尔奖获得者詹姆斯·米尔斯和威廉·维克（James Mirrlees & William Vickrey，1996）应用该激励机制理论的基本概念和原理，开创信息经济学领域的委托代理理论，之后委托代理理论成为激励机制设计理论的出发点。在此之后，2016 年诺贝尔奖得主本特·霍尔姆斯特伦（Bengt Holmstrom）教授主攻激励问题，不断

---

① 国外最早研究高管薪酬的学者是陶辛斯和贝克尔（Taussings & Baker），他们在 1925 年研究发现高管薪酬和企业业绩的相关性很小，这个结果与之前大家普遍的想法存在巨大差异，这个研究结果使其学者们开始对高管薪酬问题做出更深入的探究。

完善委托代理理论，其合作者包括诺贝尔奖得主梯若尔（Jean Tirole），他是继另一位诺贝尔奖得主莫里斯（James Mirrlees）之后优秀的信息经济学学者之一。委托代理理论的分析框架也称为莫里斯-霍尔姆斯特伦框架，这就足以看出莫里斯和霍尔姆斯特伦对委托代理分析框架所做的贡献。2016 年诺贝尔奖得主奥利弗·哈特教授（Oliver Hart）是不完全契约理论的奠基人之一，他和格罗斯曼（Sanford Grossman）、穆尔（John Moore）创立的不完全契约 GHM 模型是现代经济学的五个分析工具之一。从分析方法上看，集合论、拓扑学、博弈论等数学分析工具的运用越来越广泛；从使用范畴上看，产权、人力资本、信息不对称、不完全契约、偏好、最优次优和交易费用等一系列新的表达出现了。第二，"实证的代理理论"。它集中研究实践中的行业间收入差距、高管薪酬与企业业绩的关系、薪酬结构对高管决策时效的影响、业绩衡量方法与报酬挂钩问题等。国外学者对垄断的研究中比较成熟的经济理论主要有新古典经济学垄断理论、不完全竞争理论、垄断优势理论和熊彼特创新垄断理论，等等。深入研究行业间的收入差距问题是垄断行业收入分配改革首先涉及的问题之一，行业收入产生差异的原因究竟来自效率薪酬还是来自租金分享，这也是理论界和政策制定者共同关心的重要问题。效率薪酬理论认为劳动效率是薪酬水平的增函数，通过支付超过市场平均水平的薪酬可以提高劳动者的努力水平（Albrecht et al.，1998）。租金分享假说认为凭借市场势力的企业取得超额利润，使其包括高管在内的员工分享部分超额利润，从而逐渐形成以垄断部门的利润分享、垄断—非垄断两部门的分析框架。在这种分析框架下，尼克尔（Nickell，1994）等研究得出产品市场垄断在一定程度上可解释行业高薪酬现象，米勒（Mueller，1998）证明了加拿大公共部门存在租金分享的事实。埃斯特林等（Estrin et al.，1985）和普拉斯尼卡尔（Prasni-kar，1994）研究得出垄断利润对行业收入差距具有重要的影响。詹森和墨菲（Jensen & Murphy，1990）、克尔和贝蒂斯（Kerr & Bettis，1987）、韦利亚特（Veliyath，1999）、米什拉等（Mishra et al.，2000）、泰（Tai，2004）都对垄断行业间高管收入差距进行了研究。最早对高管报酬和企业绩效关系进行研究的是 Jensen 和 Murphy（1990）的《绩效报酬与对高层管理的激励》，该研究得出大型公众持股公司的绩效同企业高管的薪酬只有微弱的相关性。之后集中在高管报酬与其经营业绩的敏感性研究，不同的研究得出的结论不一致：高管报酬与企业业绩间存在相关关系但并不敏感；不同企业高管报酬的敏感性差异较大，即使在同一企业，不同高管间的薪酬业绩敏感度也存在较大差异；敏感度与合约特征有关，也与企业特殊风险相关。进入 21 世纪，对企业高管薪酬激励问题的焦点集中在是否偏离了公平的标准，这就需要我们对垄断行业实际业绩进行准确测算，使其与薪酬联结起来。从早期的成本业绩评估开始，业绩评估经历了杜邦财务分析、平衡积分卡、经济增加值、相对业绩评估等多种方法。如何剔除垄断行业的垄断优势，对其进行准确评估引起学者们的高度重视，并且他们把业绩与其报酬挂钩进行研究，得出许多实证研究结果。由于委托代理理论模型本身难以充分解释高管的薪酬激励问题，并且垄断行业企业一般存在多层次的委托代理，学者们开始尝试用更多的分析工具和理论来解释企业高管薪酬设计的问题，如边际生产率理论、信息过程理论、资源信赖理论、企业战略理论、管理者自主权理论和社会比较理论等。

其次是日益深入企业内部来解释垄断行业企业高管间的薪酬差异。学者们进一步深入垄断行业企业内部即用企业的所有权结构和治理结构来解释垄断行业企业高管间报酬的差异。不同垄断行业企业高管间在薪酬上存在较大的差别，这就需要深入垄断行业企业内部来研究高管薪酬激励的差异。研究认为，垄断行业企业所有权在一定程度上的集中能够抑制高管的自利行为，而所有权越分散，股东的监督动机和能力相应越低，就会使垄断行业企业高管薪酬与企业业绩脱钩。施莱弗和维什尼（Shleifer & Vishny，1986）、布里克利和史密斯（Brickley & Smith，1988）研究得出，机构投资者优化了垄断行业企业治理结构。西方学者中，芬格斯坦和汉姆赖克提出了 CEO 报酬确定框架。维里亚桑构造了一个高层管理人员报酬与股东回报的关系模型。博伊发现董事会对企业的控制程度越高，相应地，高管控制企业的程度越低，高管的报酬水平越低，二者的相关系数为-0.85。而詹森和墨菲则认为高管的报酬大小与企业的业绩好坏并无直接联系，英国一些学者的研究也证实了这个结论。科尼恩·佩克（Conyon Peck，1998）、韦利亚特（Veliyath，1999）、卡伦特·桑德斯（Carenter Sanders，2002）、戴利（Daily，2003）研究得出垄断行业企业高管薪酬水平受企业业绩、企业规模、社会资本、高管过去的薪酬、市场情况、董事会组成、接任方式、国际经验、企业所有权结构、企业发展状况和企业同类人员的薪酬等因素的影响。克罗尔等（Kroll et al.，1997）、塞尔特等（Cyert et al.，2002）得出垄断行业企业高管薪酬的结构受企业所有权结构、企业风险、企业战略、企业环境、高管性别、高管经营权、高管股权持有量等因素的影响。安德森等（Anderson et al.，2000）、桑德斯等（Sanders et al.，2001）研究了垄断行业企业高管薪酬激励对企业业绩、战略变革、资产重组和剥离产生的影响。

2.3.1.2 国内垄断行业企业高管薪酬激励综述

从 20 世纪 90 年代阿根廷的梅内姆政府对其垄断行业进行私有化改革开始，发展中国家也相继对垄断行业进行改革。中国垄断行业改革始于 1994 年的中国电信业，联通公司的成立打破了邮电部门政企一体的独家垄断局面。国内对垄断行业企业的高管薪酬激励机制问题的研究起步较晚，研究文献也很少。与竞争行业比较，垄断行业有其特殊性，但两者也体现出共同性。因而，我们除了要了解垄断行业企业高管薪酬激励制度的特殊性之外，也需要了解一般企业高管薪酬激励制度的运行规律，因而对国内垄断行业企业高管薪酬激励的研究概况，我们需结合一般企业高管薪酬激励的研究现状进行综述。

企业高管薪酬作为一个典型的跨学科问题，经济学、管理学、物理学、生物学和心理学等领域的学者们从不同视角对其进行研究，取得了不少研究成果。就企业高管的薪酬激励问题，国内学者主要采取以下研究方法：一是规范研究，基于机制设计、人力资本、企业治理等视角分析企业高管薪酬激励制度的合理性、高管薪酬的构成等问题。1989 年，田国强在汤敏和茅于轼主编的《现代经济学前沿专题》第一辑中介绍过机制设计理论。1996 年，张维迎在《博弈论和信息经济学》一书中讨论了委托代理问题。1998 年，刘正周较系统地研究了管理激励问题，他认为激励包括正向激励和反向约束两层含义，这两层含义对应人们"趋利避害"的行为选择机制，具有内在的统一性。他构造了一个诱导因素集合、个人因素集合和组织目标体系的三支点激励机制设计模型，同时他也对管理激励与约束的问题进行了探讨。2002 年，侯光明在《现代管理激励与约束机制》一书中指出，激励与约束问题是现代管理的核心问题之一，他从管理学的角度出发，在对激励与约束机制问题进行系统研究的基础上，建立了激励与约束理论的基本框架，提出了激励与约束机制设计的合作博弈决策方法和隐蔽违规行为的约束机制设计方法，并结合管理实践，提出了解决道德危害和逆向选择问题的激励与约束机制设计方法。黄燕东、姚先国（2012）基于回归方程的 Shapley 分解结果指出，人力资本、资本投资、所有制和技术等因素对行业收入差距有显著影响，其中人力资本对行业收入差距的贡献为 45%，所有制的贡献在 20% 以上，他们认为实施教育均等化，提高教育回报率，开放垄断行业的劳动力市场，可以有效缓解行业收入差距的扩大。顾建平（2006）、杨永东（2002）的研究表明了机构投资者能够促进企业治理结构的优化，使企业高管薪酬由企业的业绩决定。杨河清、唐军等（2004）通过对企业高管薪酬激励机制进行研究，提出建立合理有效的高管薪酬激励机制必须营造有利的环境和条件，并要建立以年薪制为主体的高管薪酬激励制度。杨宜勇（2005）指出垄断行业凭借垄断、半垄断的资源和上游产品，提供高价格的公共服务，严重侵占了国民的消费剩余，获取由市场价格扭曲带来的行业暴利，部分行业暴利转化为垄断行业高管收入，此外垄断行业的高收入还与行政权力、所有者虚位、企业治理结构不完善、反垄断法律法规滞后以及政府监管不力等紧密相关。徐传堪（1998）等认为高管薪酬主要由投资报酬、劳动报酬和风险报酬三部分组成。陈佳贵（1999）等人认为对国有企业高管的激励机制应当同物质激励、晋升激励、情感激励、控制权激励和声誉激励等非物质激励结合起来。袁凌、陈健（2003）等提出，理想的经营者薪酬体系应该由短期激励与长期激励结合，其中短期激励包括奖金和业绩薪酬，长期激励包括股权激励、管理层收购和在职消费等。李渝萍（2007）指出，国有企业高管人员的薪酬主要以基本薪酬和年终奖为主，其薪酬结构过于简单，企业高管的业绩与其收入之间不存在正相关关系，同时国有企业过于偏重精神激励和短期激励，并且隐性收入过多。王佐发（2009）在"高管薪酬制度的反思与重构"的研究中指出，我们可从公平视角对企业高管薪酬制度进行构建。李维安、刘绪光和陈靖涵（2010）认为垄断企业高管薪酬可选择同行业企业作为参照物，以此作为制定垄断企业高管薪酬的参考。丁敏（2012）结合国有垄断企业高管薪酬决定的现状与特点，分析了国有垄断企业高管薪酬的决定性影响因素，指出在国有垄断企业的高管薪酬制度中存在的主要问题，并从国有垄断企业高管薪酬决定的内容、薪酬的调控以及充分发挥高管各种非货币性动机的隐性激励作用三个方面进行高管薪酬设计。郭淑娟（2013）认为垄断企业高管有着相对高的控制权力，高管更偏向于利用权力对会计业绩进行操纵从而获取更多的业绩薪酬和在职消费等隐性薪酬。二是实证研究。实证研究主要集中在以下方面：垄断行业收入分配现状、行业收入差距、垄断行业高收入的成因、高管薪酬与企业业绩的相关性、年薪制以及股权激励等问题。张维迎（1995）通过建立模型，试图解释垄断行业企业最优委托权安排的决定因素，从激励角度证明了剩余索取权的分配问题。蔡昉（1996）通过建立模型发现垄断行业凭借垄断优势获取相应的高薪酬是造成行业收入差距的重要因素，中国的基尼系数目前已经超过了警戒线0.4，收入差距已经处于高水平，形势严峻。郭庆（2006）研究得出垄断行业的高收入来源于企业凭借垄断势力而制定的垄断高价获取垄断利润。邱小平（2005）、刘烜（2010）、王广亮（2012）通过对垄断行业企业高管的薪酬决定与调整机制研究得出了垄断行业企业高管薪酬分配制度存在高管薪酬多少与贡献大小不匹配，与竞争行业企业高管相比差距较大，薪酬结构不合理，高管薪酬与企业业绩的联系较弱、薪酬决定和调节机制错位，薪酬制度的约束机制和环境不规范等问题。刘丽娜、吴利华（2012）以工业行业为研究对象，通过行政垄断、自然垄断以及相关行业特征变量与行业收入的实证研究，证实了双重垄断对中国行业收入差距的决定性作用。陈彦玲、陈首丽（2002）和潘胜文（2009）用定量分析法从动态和静态的角度得出垄断行业高管平均薪酬水平远远高于全国平均薪酬水平，其垄断行业企业高管薪酬增速也比全国整体增速要快并且垄断行业企业高管工资外收入高，行业工资差距有逐渐扩大的趋势。余向华、陈雪娟（2010）设计了 Treatment-effects 微观计量模型，并利用 CHARLS 的微观调查数据，分析检验了行业的垄断性对中国行业间薪酬差距的影响，实证结果表明，行业的垄断性对行业间薪酬差距的影响较大而且显著，从调查数据看，校正了自选择偏差之后，就平均薪酬水平而言，垄断行业高出非垄断行业大约 39%。史先诚（2007）以产业门类为基准测算的中国行业间薪酬差异明显，并且自 1988 年以来呈现逐步上升趋势，随着产业细分，行业间薪酬差异进一步加大。实证研究表明，员工的性别、年龄和教育等人力资本特征只能解释行业薪酬差异的 60%，其余部分的差距主要源于垄断行业的租金分享，垄断行业的超额利润和超水平高福利主要源于无偿或低成本占有自然资源或是国家政策的特殊优待。岳希明、李实、史泰丽（2010）运用 oaxaca-blinder 分解方法，把垄断行业高收入分解为合理和不合理两部分，并通过实证分析发现垄断行业和竞争行业之间的收入差距为 50% 是不合理的，这种差距主要是由行政垄断造成的，目前收入统计未能反映垄断行业的高福利，以上实证结果显然低估了垄断行业高收入的不合理部分。潘胜文（2009）认为中国垄断行业并不是西方市场经济所说的纯经济性垄断行业，中国的垄断行业主要是行政垄断和自然垄断，市场垄断并没有导致社会福利的损失，所以国内学者更多聚焦在行政垄断和自然垄断领域。高明华（2010）选择了 2 310 家国内上市企业作为研究样本，发现有近 1/4 的上市企业出现激励过度问题，认为当前国有垄断企业的高管薪酬过高，高管薪酬与在职消费存在共进关系，国有垄断企业业绩提升路径应该是高激励与强监管的统一。

最优契约理论长期占据着企业高管薪酬研究的主流地位，该理论的核心是薪酬契约的有效性问题，即薪酬契约的薪酬-业绩敏感性问题。学者在研究业绩对薪酬的影响时，通常以过去业绩作为薪酬设计的基础，或者以效率薪酬来提高企业高管的努力程度，降低偷懒行为的发生概率，我们常常把这项关系称作薪酬对业绩的敏感性。我们对企业高管薪酬与企业业绩指标相关性的实证分析，得出的研究结果与国外文献差不多，并无定论，得出了三种完全不同的结论，即不相关、显著正相关和显著负相关，各自不同结论均有相应的依据和实证支持。李增泉（2000）以 1998 年 848 家上市公司的年度报表中披露的相关数据为样本进行实证研究，得出中国上市企业高管薪酬与企业业绩不相关，高管薪酬主要与企业规模紧密相关，持股制度尽管有利于提升企业业绩，但目前企业高管普遍持股比例偏低，很难发挥激励效果。魏刚（2000）以 1999 年沪、深两市 816 家上市企业为样板进行研究，得出高管薪酬和高管持股比例都与企业业绩不存在显著的正相关关系。杨瑞龙和刘江（2000）、杨汉明（2002）、李良智等（2006）、卢锐（2008）和高羽微（2017）等也得出同样的研究结果，即企业高管薪酬与企业业绩之间不存在显著的相关性。张俊瑞等（2003）、林浚清等（2003）、张俊瑞等（2003）、杜胜利（2005）、周嘉南等（2006）、薛求知等（2007）、杨静（2010）、李江波等（2010）、黄鹏飞等（2018）的研究结果则表明，企业高管薪酬与企业业绩存在显著的相关性。唐奇展和黄豪（2003）通过对 2000 年 100 家上市公司数据的分析，发现中国上市公司高管薪酬与企业业绩间存在一种负相关关系。唐跃军等（2010）研究发现企业高管薪酬与企业业绩间存在一种倒"U"形非线性关系，企业高管薪酬太低更容易导致偷懒行为的发生，这不利于企业业绩的提升，但企业高管薪酬过高可能导致过度激励从而使激励失效，同样不利于企业业绩的改善。宋常（2011）以 2005—2009 年沪、深上市企业为研究样本，得出盈余管理影响企业高管薪酬，并且企业高管薪酬与企业业绩之间存在正相关关系。刘文华、任利成（2012）采用多元线性回归模型对信息技术行业上市企业高管薪酬与企业业绩的相关性进行了分析，发现企业高管薪酬与每股收益和净资产收益率两个指标呈显著正相关，而其他业绩指标相关性不显著。这说明中国上市企业虽已建立起基于业绩评估的高管薪酬激励体系，但业绩评估指标过于单一，企业高管薪酬激励体系有待健全。研究结果的巨大差异可能是由不同的数据收集方式、统计技术、样本和指标选择等因素造成的，同时垄断行业主要源于各垄断行业的垄断业绩的差异。戴云、沈小燕（2013）实证分析发现垄断企业中薪酬差距与企业业绩具有显著的正向关系，将内生性问题纳入考虑，结论亦无实质性变化，研究结论支持了锦标赛理论而非行为理论，同时他们还发现，垄断企业薪酬差距对企业业绩的激励效应弱于竞争企业，竞争行业企业内部薪酬差距与企业业绩的倒"U"形关系在垄断行业企业中并不显著。肖娟（2015）发现薪酬差距对企业业绩有显著的正向影响，但这种影响在垄断行业要弱于竞争行业。毛剑峰（2016）等的研究发现管理层股权激励有利于股东和管理层目标趋于一致，有利于降低代理成本，最终提高企业业绩。钱明辉（2017）等利用央企微观数据实证分析，发现高管与普通员工的薪酬差距、高管团队内部的薪酬差距均有利于提高企业业绩水平。王秀芬、徐小鹏（2017）从经营风险角度探究高管薪酬激励与业绩之间关系的研究表明，对高管实施股权激励，公司的业绩会得到提升。在对企业高管长期激励方面，发达国家主要采用高管持股或大众期权模式。朱贞分析了大众期权，尹智雄结合实践探讨了中国公司高管持股制度。与企业高管薪酬激励和监管机制紧密联系的其他问题，比如要素市场、企业高管市场化选择和高管业绩评估等问题，近年来也引起理论界和实践者的高度关注，但大多数研究尚处于初始研究阶段，且这些研究主要集中在对年薪制的分析。在股权激励方面，布莱克-舒尔斯期权定价模型是期权定价理论的核心和基础，也构成高管股票期权价值理论的基础。蔡曦明和孙明泉对建立企业高管股票期权机制是否可行进行了分析；李仕明和魏立新认为应建立具有产权功能的激励机制，并且应该拓展产权范围，企业高管股权类型可以采取管理股、技术股和增量股等多种方式；胡小平分析了中国现阶段推行期权计划的问题并提出期权具体实施方案；顾勇和吴冲锋提出了如何对期权进行定价的问题；周立群、韩亮、谢轶和程国平等人探讨了期权制度实施应注意的问题。

2.3.2　垄断行业企业高管薪酬监管综述

垄断行业是典型的市场失灵领域。1960 年，赫尔维茨对监管机制设计理论进行开创性研究，其主要观点是：给定任意一个经济或社会目标，给定自由选择、自愿交换、信息不完全、分散化决策的条件，能够以及如何设计出某种机制，使经济活动参与者个人与设计者既定目标之间保持一致。垄断行业企业高管薪酬契约的构建与实施，是基于委托代理理论视角（主要是委托者通过激励供给和风险分担两个方面）来实现代理成本最小化的，从这个角度来讲，垄断行业企业高管薪酬治理本质上就是一种规范企业委托和代理双方之间利益博弈的合约行为。但在垄断行业企业高管具体薪酬实践中却受到来自政府及其他利益相关者在税收、会计和信息披露等方面政策的制约和影响（Dew-Becker，2009）。随着垄断行业企业高管天价薪酬的不断被披露，垄断行业企业高管薪酬制度存在的结构缺陷和激励扭曲（Bebchuk et al.，2004、2010；Ferrarini et al.，2009）引起了社会的广泛关注以及理论和实践界的深刻反思，也促使学界对垄断行业企业高管薪酬监管问题进行理论研究和实践探索。

2.3.2.1　国外垄断行业企业高管薪酬监管研究综述[①]

国外学者对垄断行业企业高管薪酬监管主要采取规范研究。监管者信息的缺乏导致逆向选择问题（Leob Magat，1979），通过监管者最大化垄断企业利益和消费者剩余加权平均的方法，上述问题则可以转化为一个资源配置的次优解问题（Baron Myerson，1982）。20 世纪 80 年代以来，美国、英国等发达国家的垄断行业经过若干次改革，基本上已被改造成竞争性行业，垄断行业企业的数量所剩无几，其功能定位主要是执行公共政策、提供公共产品及服务，具有公益性或垄断性特征。近年来，为了防止垄断行业企业高管薪酬过高或者不透明，美国、英国主要采取"限高"或"晒工资"等方式来进行监管。尤其在 2008 年国际金融危机发生之后，发达国家相继出台了一系列关于企业高管薪酬监管的法案，有关金融危机背景下企业高管薪酬监管的讨论愈演愈烈，企业高管监管问题成为监管的热点问题。

国外的垄断与国内的垄断不同，国外主要是经济垄断，而行政垄断和自然垄断很少。美国垄断行业企业极少，垄断行业企业在公平的市场环境和法律框架下运行，它们不仅要遵守一般法律如《美国法典》《政府企业控制法案》《政务公开法案》《政府道德法》等，而且每个企业都有自己对应的一部

---

①　该部分除了以上提的作者外，还参考了以下作者的论述：黄再胜（2016）、肖婷婷（2015）、刘燕斌（2009）、高文亮（2011）、李明甫（2009）、罗宏（2014）、林卫斌（2010）、郭建军（2016）、苏剑（2010）。

法律，对企业高管的选择任命、任职期限和薪酬确定等都有原则规定，董事会是企业的最高决策机构，企业建立了决策层（董事会）和执行层（经理层）相分离的治理架构，但其经营决策活动必须受国会或同级议会的监督。实践中，垄断行业企业董事会成员的薪酬由国会或同级议会通过的企业专项法案规定，通常参照联邦公务员的薪酬制度执行。针对政府完全控制的垄断企业，政府单独组建董事会；针对混合所有的垄断企业，政府则是通过联合组成的董事会实现间接管理；对于政府资助的垄断企业，政府方的董事数不应超过全部董事数的 25%，美国垄断行业企业高管与美国私营企业尤其是大型上市企业高管相比，其薪酬水平明显偏低。英国是现代资本主义经济和现代垄断行业企业的发源地，从 1657 年英国政府创办世界上第一家国家邮政局开始，20 世纪以来垄断行业，比如基础设施产业、基础工业、军事及航天工业等得到迅速扩张，但从 1979 年到 1997 年，经过 10 多年的私有化改革，英国目前只有英国邮政、英国广播公司等少数大型垄断企业，其所有权、经营权分别由议会和政府内阁相关部门行使，监管由企业股东管理事务局负责，企业股东管理事务局对其高管人事聘任和薪酬决定等重大决策一直起着至关重要的作用。近年来，政府不断完善和改革垄断行业企业治理结构，提高外部董事比例，增强垄断行业企业董事会的独立性。董事会专门设立薪酬委员会，负责提出垄断行业企业执行董事及高管薪酬建议方案并代表董事会直接向股东报告，但政府也可以干预甚至否决垄断行业企业不合理的高管薪酬激励方案。法国曾经是西方国家垄断行业企业较多的国家之一（刘迅 等，2011），其私有化运动并不是完全出卖企业，而是出卖部分股票，除涉及国家战略利益和公用事业的行业外，其余全部改造为竞争行业，垄断行业企业高管薪酬参照公务员进行管理（卫详云，2012）。2008 年国际金融危机发生之后，法国政府强化了对垄断行业企业高管薪酬的监管力度。2012 年法国政府正式公布了"薪酬框架管理"政策的具体细节，要求法国电力公司、法国国营铁路公司、法国邮政、法国核工业公司等政府控股公司，其高管薪酬水平不能超过本公司员工最低工资水平的 26.7 倍，最高年薪不得超过 45 万欧元，同时对企业高层的激励性股权、巨额离职费和高额补充退休金等实行更加严格的监管。德国经过 20 世纪五六十年代及两德统一后的私有化改革，特别是 1994 年至 2003 年德国政府对其垄断行业进行私有化的改革后，德国联邦级别的垄断行业企业比例已经很小，国家只能在涉及"重要的联邦利益"的情况下才可以参股，全部垄断行业企业在国民经济中所占的比重在 10% 以下。与美国不同的是，德国企业的董事会的权利较大，拥有部分企业的经营权，薪酬水平较高，以政府派驻官员组成监事会监督企业的日常经营管理，同时政府监管主要体现在高管薪酬信息披露制度的建立与完善上。近年来，德国各州议会相继出台规定，要求辖区内企业定期披露高管薪酬信息，要求披露其高管薪酬收入情况，对于个别没有公开披露高管薪酬信息的企业，会点名批评。2012 年年初，汉堡开始对垄断行业企业执行新的管理条例，规定垄断行业企业高管必须在年终总结附件中公布与业绩挂钩的收入以及与业绩不挂钩的收入。芬兰通过政府内阁经济政策委员会出台了相关指导原则，来对垄断行业企业高管薪酬进行规范与监管。日本垄断行业企业高管薪酬标准主要是依据日本董事协会制定的《经营者报酬指南》和行业董事协会制定的《干部报酬规程》确定的，企业高管平均年薪是普通员工的 5 倍左右。从 2010 年起，日本金融厅开始推行行业高管薪酬透明化，不少企业凭此降低高管薪酬，高管薪酬公开内容主要是：薪酬委员会活动报告、确定薪酬水平的方法、业绩挂钩机制、奖金决定程序、薪酬的基本方针、薪酬体系、薪酬构成及比例。受"安倍经济学"的影响，日本企业高管薪酬与业绩联动趋势明显。

2.3.2.2 国内垄断行业企业高管薪酬监管研究综述

与西方发达国家明显不同的是，垄断行业企业在中国占有相当大的比例，垄断行业企业基本上是国有企业。在垄断行业企业高管薪酬管理制度改革和实践中，为规范其收入分配秩序，促进垄断行业企业高管薪酬制度市场化改革顺利进行，并为其薪酬激励提供良好的环境条件，各主体需要不断完善其监管工作。但总的来看，相比于美、英等发达国家监管实践的丰富多彩，中国针对垄断行业企业高管薪酬实践的监管手段比较单一，亟待改革和完善。

汪贵浦（2005）分析和研究了中国电信、电力、民航和铁路四大传统垄断行业自新中国成立以来，特别是 20 世纪八九十年代改革阶段的绩效演变、管制和政策效应，并在此基础上提出了优化四大垄断行业薪酬改革与监管的政策建议。潘胜文（2008）研究发现，行政垄断是导致垄断行业企业高管薪酬远远高于竞争行业的主因，他认为消除行政垄断的长期性，政府必须强化对垄断行业企业高管薪酬方面的监管以及加大对垄断暴利的整治力度。叶青林、冷崇总（2009）认为，当前中国垄断行业企业高管薪酬管理失控，主要表现为薪酬水平过高，拉大了社会收入分配差距，其中薪酬监管缺失是薪酬管理失控的重要原因。朱羿錕（2010）通过对高管薪酬的合理性审查，开辟了诚信问责的新路径。陆铭（2010）认为解决垄断行业企业高管天价薪酬的问题应该打破垄断，引入竞争，使其垄断业绩完全转变成社会福利。刘东晓、陈震（2011）认为影响企业高管薪酬的因素主要是企业业绩、企业规模、所处行业特征等契约因素以及独立董事、两职兼任、高管薪酬信息披露制度等环境因素，提高业绩薪酬占全部薪酬的比例以及增加业绩指标的权重，是抑制高管"天价薪酬"和实现有效激励的重要路径。石恒贵（2012）研究发现政府出台国有企业高管激励型薪酬政策是否获得投资者认可，取决于实施激励带来的价值提升与代理成本间的比较，如果激励提升的价值大于其带来的成本，投资者就会对政策持支持态度，反之就持反对态度。卫志民、刘鸿娟（2014）认为，垄断行业国企高管薪酬的行业间差异和行业内差异大，垄断行业国企高管薪酬高于竞争行业，东部地区高管薪酬和内部差距都高于中、西部地区，垄断行业国企高管持股比例低，持股收益额度相对较小。此外，垄断行业国企高管薪酬管理还存在隐性福利、薪酬结构单一、薪酬信息披露制度不健全和与企业业绩关联度低等问题。为此，应把加强政府监管及宏观指导力度、完善国企高管薪酬信息披露机制、实现薪酬与企业业绩挂钩和优化薪酬结构等作为垄断行业国企高管薪酬规制体系创新与完善的主要探索方向。陈震和汪静（2014）的研究表明，优化激励机制的外部环境，督促企业建立责权利明确的股东会、董事会、经理层，并完善企业的独立董事制度。拓宽监管视角，即从债权人、股东角度出发，深入研究监管体系对高管激励的影响。陈冬华、陈信元、万华林等（2015）从中国国有企业中存在薪酬监管这一特殊制度背景出发，对上市公司高管在职消费行为进行理论分析，并对在职消费的主要影响因素与薪酬监管的经济后果进行了实证检验。检验数据表明，中国上市公司在职消费主要受企业租金、绝对薪酬和企业规模等因素的影响；由于薪酬监管的存在，在职消费成为国企高管的替代性选择，说明在职消费内生于国有企业面临的薪酬监管约束；与民营企业内生于企业的薪酬契约相比，国有企业中受到监管的外生薪酬安排缺乏应有的效率。张益霞、石大鹏（2016）基于上市企业高管薪酬过高受到广泛质疑和央企高管薪酬受到管制的背景，研究了行业垄断、薪酬管制对上市企业高管货币性薪酬的影响。结果表明，行业垄断依然会显著提高企业高管的货币性薪酬，现行的薪酬监管能够在一定程度上起到显著的约束作用，其效果也明显好于一般的企业治理因素。监事会可以显著约束高管的货币性薪酬，但是对高管持股比例、独董比例却没有起到显著的约束作用。研究提出应当推动所有制改革，逐步打破行业的垄断，促进市场的公平竞争，完善薪酬监管，加强信息披露，改革高管薪酬制度，实施股权激励，改进企业治理，明确职责和权限，完善独立董事制度和监事会制度。王子怡（2017）以 2013 年至 2015 年三年间沪、深两市 A 股主板的上市企业数据为样本进行研究，发现垄断行业上市企业管理层权力与高管薪酬呈显著正相关，管理层权力降低了薪酬业绩敏感性，管理层权力使企业高管薪酬与盈利业绩、亏损业绩呈现非对称性显著关系。

为避免垄断行业企业高管天价薪酬、不合理差距的扩大，维护社会公平，政府一直对垄断行业企业高管的薪酬确定实施严格监管（Firth et al.，2006；黄再胜 等，2009）。其监管方式是将企业高管薪酬与职工薪酬挂钩（朱克江，2003；Hu et al.，2012）。2009 年 9 月，人力资源和社会保障部会同中央组织部、监察部、财政部、审计署、国资委等单位联合颁布了《关于进一步规范中央企业负责人薪酬管理的指导意见》，文件明确规定中央企业高管基本年薪不得超过上年度企业在岗职工平均工资的 5 倍，业绩年薪不得超过基薪的 3 倍。针对国有垄断企业高管薪酬，不少省份也做出了类似的"倍数"规定。

直到 1998 年，我国才开始对垄断行业上市企业高管薪酬信息披露做出具体要求，即上市企业高管薪酬须在其年报中披露。我国 1999 年实施的《中华人民共和国证券法》中第六十一条规定了上市企业在其年报披露中应包含董事、监事、经理及有关高级管理人员的简介及其持股情况。2001 年，中国证券监督管理委员会（以下简称"证监会"）颁布了修订的《公开发行证券的公司信息披露内容与格式准则第 2 号》（以下简称《年报准则》），其中第二十六条要求披露董事、监事和高管人员的薪酬总额，金额最高的前三名董事的薪酬总额，金额最高的前三名高管的薪酬总额，以及高管薪酬确定的依据。2005 年，证监会对《年报准则》再次进行修订，要求上市企业须披露每一位现任董事、监事和高级管理人员的薪酬金额，但对每名高管薪酬契约安排的具体细节未做强制性披露要求。2007 年，上市企业须强制性披露公司薪酬委员会的履职情况，以及股权激励计划的实施情况。2012 年，证监会对《年报准则》做进一步修订，但未能对高管薪酬信息披露内容做进一步监管。

相比发达国家，中国针对上市企业高管薪酬信息披露的立法监管还十分宽松。其中，针对国有控股上市企业高管薪酬信息披露的相关规范，主要体现在《上市公司股权激励管理办法》《上市公司信息披露管理办法》以及《公开发行证券的公司信息披露内容与格式准则第 2 号》。现行法规对国有控股上市企业高管薪酬信息披露的真实性、适时性和完整性的要求还不明确。特别是，现行法规只要求国有控股上市企业在其年报中披露每名高管的薪酬金额，对于高管薪酬契约安排的具体细节，如高管薪酬结构、业绩标准和对标企业等信息则未做强制性披露要求（Li et al.，2013；Conyon et al.，2012），并且对于高管薪酬制定依据和制定程序的披露要求过于笼统（林建秀，2013）。同时，针对非上市企业高管薪酬信息披露的法律法规尚处空白（钟雪斐，2011）。非上市国有企业的信息报告仍然停留在非公开的报送制，其报送对象限定在财政部、国资委等政府部门或政府特设机构，至今没有建立对外披露信息的固定渠道（綦好东 等，2009；綦好东，2013）。中国相对宽松的监管环境使得国有企业在是否应披露更多高管信息以及以何种方式披露何种信息方面拥有很大的策略空间（黄再胜，2013）。关于监管的经济后果，利益集团假说得到了多数研究的印证。厄本和曼克（1972）、张五常（2002）研究得出：即便管理层出于良好意愿实施了监管，其结果也有可能悖其初衷。陈冬华（2005）指出薪酬管制的存在提高了在职消费水平，辛清泉（2007）得出薪酬监管加剧了过度投资的现象，陈信元（2009）指出薪酬监管提高了高管腐败的概率，王新（2009）得出薪酬监管降低了信息披露的程度。这些研究结论表明，薪酬监管影响了市场机制，增加了整个市场的交易成本，明面上管住了高管的显性薪酬，但是对其高管众多的隐性薪酬却无能为力。

2.3.3 垄断行业企业高管薪酬激励与监管研究述评

国内外学者从不同视角，采取多种研究方法，对垄断行业企业高管薪酬激励与监管做了大量工作，但国内外对垄断行业企业高管薪酬激励与监管研究方面至少在以下方面尚存不足：

2.3.3.1 忽视了中国垄断行业企业环境条件的特殊性

国内外学者比较重视对薪酬激励具体采用的方法、手段等方面的研究，但对薪酬激励与监管机制建立的环境条件的研究还不够。国外垄断主要是经济垄断，与中国垄断类型有明显差异，有关垄断行业企业高管薪酬激励与监管的理论也主要见于其他企业治理的论文中。国外研究大多集中局限在美、英等少数西方发达国家，研究的背景和数据多以美国为主，大多基于其完善成熟的市场经济环境，并且其垄断成因与中国存在较大差异，研究结论的说服力和实用性就大打折扣。

2.3.3.2 缺乏对垄断行业企业实际业绩的研究

在企业高管努力程度相同的条件下，由于垄断行业企业凭借垄断优势获取相对高的垄断业绩，其最终业绩远远超过竞争行业企业，而与业绩相对应的经营风险及财务风险，垄断行业却远远不及竞争行业。实际上这既不公平，又会导致市场失去效率和活力。与竞争行业企业相比，垄断行业企业高管薪酬凭借垄断业绩获取高额薪酬，不仅垄断行业的总体薪酬水平普遍高于竞争行业，而且垄断行业企业高管薪酬增长速度较竞争行业企业更快，即薪酬业绩曲线的斜率更大。如何确认垄断行业企业表观业绩中有多少来源于高管实际的努力，又有多少是垄断行业垄断保护的结果？传统理论对垄断行业企业高管薪酬激励问题的研究，对垄断行业业绩的分析评估方法存在较大缺陷，在此基础上构建垄断行业企业高管的薪酬激励和监管机制必然失去科学依据。

2.3.3.3 实证研究结果缺乏说服力

国内外学者对垄断行业薪酬激励与监管的研究主要集中在高管薪酬与企业业绩的相关性检验上，研究结论基本雷同，有些研究也涉及高管薪酬的其他检验，但这些检验大多没有相应的理论分析作为支撑，仅仅是数据的计算和回归。相对于国外对垄断行业企业薪酬激励与监管的研究来说，中国国内垄断行业企业的运转在很大程度上是实现高管利益的最大化，高管在垄断行业企业的实际利益或隐含利益远大于薪酬激励与监管机制带来的收益，实证分析中学者们舍弃了一些外部影响因素，包括一些关键的外部因素，特别是国有垄断性行业，实际业绩评估的内在困难使得研究结论不准确。

2.3.3.4 国内外的监管研究存在一定的共性

一是垄断行业企业高管薪酬监管目标不明确，薪酬监管边界与范围厘定不清；二是局限性产生的根本原因是没有处理好公平与效率之间的关系；三是现有学术研究大多集中在高管薪酬激励机制方面，忽视了对高管薪酬激励与监管机制协调的系统研究，难免存在断章取义、顾此失彼、穷于应付和以偏概全之嫌。当务之急是重建一种全方位的、系统的、多维的与动态的研究框架与分析范式，即以薪酬激励目标为核心，以科学、规范地设计垄断行业企业高管薪酬激励机制和为其良好运行提供适宜环境为关键，创造垄断行业企业高管薪酬激励和监管机制的顶层设计和保障实施所需的最佳环境条件，使其高管薪酬激励与监管的协调一致。

2.3.3.5 研究垄断行业企业高管薪酬激励和监管机制应注重实用性

即使有少数将垄断行业企业高管薪酬激励和监管机制结合起来的研究，也仅仅是研究监管机制对薪酬激励机制的促进作用，即监管机制对高管行为的间接作用，这些研究主要多见于对高管薪酬与企业治理互动的研究，它们检验了企业治理结构与高管薪酬以及高管薪酬与企业业绩的相关性，但很少关注垄断行业企业高管激励机制与监管机制的协调和匹配问题。实际上，薪酬激励与监管机制研究是为实践应用服务的，监管目标实际是为实现薪酬激励目标保驾护航的，最终实现委托人和代理人的目标函数一致。这就需要相关主体把握好监管的"度"。所以国内外很多薪酬激励与监管研究，包括实证

研究，都是为研究而研究，这些研究在垄断行业企业实际操作中毫无用处。本书对垄断行业企业高管薪酬激励和监管机制的研究，注重两者之间的协调平衡问题，特别注重实用性。

　　这些研究成果是本书研究的理论参照和逻辑起点，中国垄断行业企业高管薪酬激励与监管的具体国情环境是本书的研究背景，本书是在对前述研究进行必要扬弃的基础上展开符合中国现实且在新的环境条件下的对应分析。

第 3 章

垄断行业企业高管薪酬
激励和监管机制的理论框架

建立垄断行业企业高管薪酬激励和监管机制的目的就是要使高管薪酬水平与企业发展之间呈互动式的良性循环，以高管创造的实际业绩作为突破口，把测算出的实际业绩与其薪酬紧密结合起来，高管的潜能在最适宜的环境中得到充分的发挥，促使知识资本真正转化为现实的生产力，形成真正的企业市场竞争优势，高管个人目标与企业目标得到兼容，垄断行业企业和高管个人都得到良性发展。本章的主要任务是阐述垄断行业企业高管薪酬激励和监管机制的关系、垄断行业企业高管薪酬激励和监管机制的运行机理及实际业绩评估方法。构建垄断行业企业高管薪酬激励和监管机制的理论框架，为中国垄断行业企业高管薪酬激励和监管机制的设计和实施提供科学的理论体系。

3.1 垄断行业企业高管薪酬激励和监管机制的关系

解决委托代理问题的方式通常有薪酬激励机制和监管机制。薪酬激励机制利用薪酬将高管行为与企业业绩联结起来，引导高管提高努力程度，而监管机制利用各监管主体对高管行为进行有效监督，使高管行为不发生偏离，约束高管不当行为。薪酬激励机制与监管机制从正反两方面作用来引导和规范高管行为，从而实现薪酬激励与监管目标。

垄断行业企业高管薪酬激励机制是指激励主体通过薪酬激励因素与激励客体相互作用的形式；薪酬监管是监管主体通过约束因素与监管客体相互作用的形式。在企业组织中，这种相互作用的形式，既表现为一系列相互配合的激励措施和监管高管行为的制度集合（包括行为激励导向制度、激励手段集合、激励行为强度、行为持续制度、行为规范制度等），又表现为对高管行为有激励和监管作用的价值观念、文化传统、道德标准和行为准则。薪酬激励或监管高管行为的目标、引导或规范高管行为的要素，以及这些要素发挥作用的时间、条件和制度，构成了完整的企业高管薪酬激励与监管机制。从这个意义上讲，薪酬激励机制和监管机制是不可分割的连续统一体①。从理论上厘清二者之间的关系，对垄断行业企业高管薪酬激励与监管机制的构建和实施具有重要的理论意义和现实意义。

首先，薪酬激励机制和监管机制是相辅相成的。有效的监管机制有利于垄断行业企业高管薪酬激励效果的有效展现。也就是说，薪酬激励机制的运行需要有效的配套监管机制的支持。垄断行业企业与竞争性行业相比，委托代理关系层次更多，对其高管行为的监管更加复杂。相关部门需要采取多种监管路径，一方面可以监督垄断行业企业高管的行为是否越轨，另一方面可以减少代理成本提高垄断行业企业收益，达到上述目标的关键在于建立垄断行业企业高管权力的制衡机制。薪酬激励与监管机制相辅相成地发挥正反两方面的强化作用。

其次，薪酬激励机制和监管机制是对立统一的。薪酬激励机制着重引导高管行为，从正向去激励高管提高其努力程度，而监管机制是从反向去规范高管的行为，减少其道德风险、败德甚至腐败行为。从两者的作用方向去理解，薪酬激励机制和监管机制是对立的。同时，薪酬激励和监管机制的目标又是统一的，薪酬激励和监管机制本身是不可分割的，没有无监管的薪酬激励，也没有无薪酬激励的监管，否则薪酬激励目标与监管目标都很难达到。

再次，薪酬激励机制和监管机制是互补的。垄断行业企业高管薪酬监管目标是保障垄断行业企业高管薪酬激励机制的构建是科学、规范和合理的，同时也为垄断行业企业高管薪酬激励机制的实施所需的运行条件提供保障。也就是说，薪酬监管机制的目的有两个方面：一是保障造出来的子弹质量要好，即垄断行业企业高管薪酬激励机制构建出来要科学、规范和合理；二是保障好的子弹能够充分发挥作用，达到最佳的激励效果，即垄断行业企业高

---

① 樊炳清在其博士学位论文《基于上市公司治理的经营者激励约束机制研究》中提到，从经济学、管理学的角度对经营者的激励约束机制进行论述时，往往是将经营者的激励和经营者的约束作为一个问题，或者是有意不加区分地加以讨论，把经营者的激励约束问题等同于调动经营者的积极性，使其行为趋于企业所有者的要求。目前很多研究基本上只涉及企业高管薪酬激励方面的研究，对于企业高管薪酬监管方面的研究很少，企业高管薪酬激励与监管机制结合起来进行研究就更为少见了。

管薪酬激励机制要有好的运行环境。实际上，薪酬激励机制和监管机制都是改变和规范高管的行为，提高高管努力程度，强调机制设计中的激励约束相容，而不是抑制个人理性的全面管制。从这个视角上看，薪酬激励机制和监管机制是一种互补关系，企业权衡两种机制的成本与收益，最终选择一个薪酬激励机制与监管机制的最优组合。

最后，尽管薪酬激励机制与监管机制其作用方式和方向有一定差异，但其最终目的是一致的。垄断行业企业高管薪酬激励机制的激励力度越强，监管约束效果也相应越好。强激励引导高管某一特定行为的同时必定也约束了高管的其他行为，其使用的激励诱惑越大，相应地高管机会主义行为的机会成本就越大，结果是减少甚至杜绝机会主义行为的发生，强化某一特定行为，本质上说就是一种监管。同时监管本身也是一种反向的激励，也就是通常说的负激励。监管是为了更好地激励，并使激励目标得以实现。监管是企业治理的重要内容，它通过法律法规、市场约束、利益相关者等对高管进行约束，采取多种监管手段，规范高管行为，避免机会主义行为。现代企业制度是薪酬激励与监管机制的统一，薪酬激励机制是以有效的监管保证为前提的。

3.2　垄断行业企业高管薪酬激励机制的运行机理

机制的运行机理一般包括机制的形成机理、机制运作的主体、机制运作的对象、机制运作的方式以及机制运作的结果等方面。垄断行业企业高管薪酬激励机制的运行机理是指垄断行业企业高管薪酬激励形成及运行过程中，被企业所公认的薪酬激励规则，以薪酬激励高管为基础，以实现垄断行业企业高管薪酬激励目标为内在要求的各构成要素的相互联系及功能的总称。

分析激励问题必然涉及委托代理理论，委托代理视角下垄断行业企业高管薪酬激励机制的运行机理可以从垄断行业企业高管薪酬激励的形成机理、垄断行业企业高管薪酬激励的作用机理，即如何在代理人身上发挥作用、缺乏薪酬激励时代理人的行为变化以及垄断行业企业高管薪酬激励目标的实现机理等方面去阐释。

3.2.1　垄断行业企业高管薪酬激励的形成机理

垄断行业企业高管薪酬激励是由所有权和经营权的分离而产生的。企业所有权与经营权集于一身在这个层面来讲就不存在所有者对经营者的激励问题，只涉及高管对企业中层管理人员和中层管理人员对普通员工这些层次的激励问题。随着社会的发展演化，企业规模扩大，企业所有者没有更多精力来控制企业各类资源，选择更专业、更有综合管理能力的企业高管越来越迫切，而垄断行业企业委托者与代理者利益的差异、信息掌握程度的不同以及企业风险的防范与控制，都使得企业委托者需要对企业代理者进行激励，从而保证垄断行业企业委托者与代理者两者的目标函数一致。因而我们需要从委托人和代理人价值目标融合视角来分析垄断行业企业高管薪酬激励的形成机理。

第一，垄断行业企业委托代理的多层次性。两权分离使得企业高管的劳动较少地存在资本效应，他们仅仅是作为薪酬的领取者而不参与资本收益的分配，这使得企业高管的目标与企业的目标存在差异，企业高管存在机会主义的动机，这是企业激励问题产生的根源所在。

企业所有者和经营者都有各自利益，两者存在差异，所有权和经营权分离即两权分离使得企业利润分配问题变得日益复杂，新增的财富应该如何分配就成为企业既重要又关键的问题。如果企业业绩好并且利润分配得合理，作为企业所有者就有进一步投资的驱动力，会加大投资。同样企业高管也会减少偷懒行为，提高努力程度，为企业创造更多财富，形成良性循环，反之亦然。垄断行业企业基本是国有性质的，存在多层次的委托代理关系，所有者缺位导致垄断行业企业利益得不到保证。垄断行业企业目标的实现，正确的激励措施使企业所有者目标和经营者目标能够保持一致。这需要通过多个利益相关主体进行多次反复博弈，最终得到各方都肯定、认同并接受的契约。

找到利益相关者均能接受的平衡点，使垄断行业企业高管在追求个人效用最大化的同时兼顾利益相关者尤其是垄断行业企业所有者的利益，达到多方利益相容。当然利益相关者的有限理性决定了其行为应约束在一定范围内。

第二，垄断行业企业所有者和经营者掌握的信息差异。在现代企业理论中，企业被认为是一组契约的联结，这一组契约都是以利益关系为载体的。以利益关系为纽带，各利益相关者与企业共同签署各自的一份契约，从而构成了一个以企业为中心的利益相关者群体。垄断行业企业宏观环境、中观环境和微观环境变化的复杂程度逐步加深和变化速度的加快以及人的时间精力问题，所有者或者委托者与经营者所掌握的信息尤其是关键信息存在巨大差异，即信息存在不对称性。海萨尼通过引入虚拟的行为人，把不完全信息静态博弈转换成完全但不完美信息动态博弈，他凭借"海萨尼转换"可以找到非对称信息下的均衡点，即存在贝叶斯均衡。而决策是否科学准确取决于决策主体所掌握信息的程度，况且垄断行业企业存在多层次的委托代理关系，信息的不对称性问题还更突出，高管拥有的私人信息很多并且对高管有利，相对企业所有者或者委托者来说，高管有更多的谈判资本，高管与企业所有者或者委托者进行多次反复博弈，形成双方均可接受的契约。垄断行业企业高管拥有私人信息的差异才使双方的交易有达成可能；而所有者或者委托者和经营者的非对称信息的存在，使其建立垄断行业企业高管薪酬激励机制成为必需。垄断行业企业所有者和经营者的目标函数的融合问题，简单地转化为信息不对称条件下的垄断行业企业薪酬激励机制的构建问题。

第三，垄断行业企业高管存在严重的"内部控制问题"。目前垄断行业中国有资本比重过大，存在"一股独大"现象，使得所有者处于虚位状态，根本没有足够动力去监管企业高管，治理结构的架构和运作难以脱胎换骨，造成事实上的"内部人控制"，高管自定薪酬现象比较普遍。加之企业高管提供的劳动是复杂的脑力劳动，直接观察和监督复杂的脑力劳动是徒劳的，即使能够监督，付出的成本和精力与回报的价值相比较也是不划算的，唯一的解决途径是建立起垄断行业企业高管薪酬激励机制。企业通过提供恰当的激励手段，充分激发企业高管潜能并使其有效发挥。当然垄断行业企业高管薪酬激励强度大小要适度。实践中,对于激励过度和激励不足都要予以纠正,既要控制垄断行业企业高管出现的"内部控制"自定薪酬问题,又要将高管创造的实际业绩与其薪酬结合起来,建立起垄断行业企业高管实际业绩和薪酬之间稳定的函数关系,同时要严格规范垄断行业企业高管的隐形收入,发挥显性报酬的激励作用,做到控而不死、管控到位,适度而不影响垄断行业企业微观主体的经营活力。

第四,垄断行业企业各利益相关主体的分工合作。垄断行业在国民经济中占有很高比重,是国民经济的"基础设施",关系国计民生和公益事业,规模相对较大,各利益相关主体间既有分工也有合作。垄断行业企业各利益相关主体发挥自身优势,如垄断行业企业股东利用资金优势和高管利用人力资本优势,产生"杂交优势",但垄断行业企业分工和合作有着特殊性,需要进一步拓展分工和合作的广度和深度,实现自身利益最大化以及各自目标函数的兼容,不能采用暴力或者胁迫等恶劣卑鄙手段来强迫相关主体,唯一可行的途径是通过构建和实施垄断行业企业高管薪酬激励机制使垄断行业企业股东和高管的利益趋于一致。

第五,垄断行业企业风险防范与控制。风险是生产目的与劳动成果之间的不确定性或者可能性,风险表现为收益和成本的不确定性。降低风险的主要方式有风险防范和风险控制。风险防范有被动防范和主动防范两种方式。被动防范是在对垄断行业企业进行分析并预测其风险大小和类型的基础上从多项风险预案中选择一个风险相对较小的方案。主动防范是利用集聚垄断行业企业关键资源、核心能力来改善对垄断行业企业有可能带来风险的环境条件,实现减少或规避风险。垄断行业企业应该根据环境的变化趋势,准确预测风险的类型、大小和特征,利用自身核心竞争力,建立风险预警机制去防范、化解和规避各类风险。风险控制是指企业通过采取各种措施和方法,减少风险发生时造成的损失,它主要有风险分散和风险转移两种基本方式。垄断行业企业风险分散的方法是打破垄断、引入竞争,建立混合所有制是比较可行的途径,这样一来,让多个主体共同承担风险。股权多元化、经营权转移、多元化经营等实际上是风险分散的具体表现形式。风险转移是通过合同或非合同的方式将风险转嫁给其他主体。垂断行业企业是两权分离的企业，企业所有者把经营权转移出去，垂断行业企业所有者把企业经营管理交给企业高管，依靠企业高管正确的决策来避免经营管理决策的失误。企业风险与高管的行为高度相关，将高管的行为朝着股东利益的方向引导，这需要与企业高管签订合约，这种合约就是企业薪酬激励合约。对垂断行业企业高管应采取高激励、低保障的方式，从而降低或者规避垂断行业企业的风险，企业风险得以转移。

任何企业都存在风险，传统的单独所有和合伙形式的古典企业制度，由企业所有者承担无限责任，企业所有者集所有权和经营权于一身，在这种企业制度下由其独自承担风险，结果风险和收益相对集中，并且不利于资源的优化配置以及企业的迅速发展。随着社会经济的不断发展，所有权和经营权逐渐分离，有限责任制度出现，所有者不直接参与经营，只以自己的出资额对企业经营负有限责任。在这种制度下，所有者实现了风险的第一次转移，即从过去负无限责任到现在只承担有限损失，损失的补偿以企业注册的资本额为前提，其余的由社会承担，这是企业制度发展史上一次质的飞跃。这一飞跃使得企业大量筹资、股东增加和规模扩大成为可能。然而，在有限责任制度下，企业资本所有者面临的风险问题并没有得到彻底解决，而是变得更复杂了。所有者仍然要承担一定的经营风险，而并不是完全没有风险，这种风险又是自己无法直接把握的，因为实行了两权分离，企业经营管理已委托给了代理者，所有者可能要承担经营风险造成的损失，但如果要避免和降低这种风险损失又需要靠代理者的决策行为和努力工作。奈特（1921）把这种无法控制又难以预测的状态称为"不确定性"，这种"不确定性"可能因为代理者的"败德行为"的发生给所有者造成比预期更大的风险损失。环境状态无法控制，决策又是不确定的，企业的收益是一个随机变量，经营风险不可避免。对委托者来讲，风险究竟有多大，取决于风险在委托者与代理者之间的分散程度，这是激励机制所要解决的核心问题。委托者总是要千方百计减少风险的。在信息经济学的理论中，为了减少经营风险而采取共同承担风险的方式是一种较为普遍的风险转移制度。转移成功，意味着完成了"惊险的一跃"；转移不成功，如同马克思所说，毁坏的不只是产品而是产品生产者本人。实现风险向代理者转移，主要取决于两个因素，一是风险态度，二是代理者获得风险能力的途径。

企业所有权和经营权分离，使所有者和经营者的目标函数不一致，通过多次博弈达成契约，防范和规避风险的措施是赋予企业高管风险报酬，可行和最佳的方式是强化垄断行业企业实际业绩与高管薪酬的联结，以鼓励高管承担风险和获取相应的业绩薪酬，实现风险的转移。这些都是垄断行业企业高管薪酬激励问题产生的必要条件，并且具有内在的逻辑联系。

以上垄断行业企业高管薪酬激励的形成机理研究是基于委托者的价值目标，对代理者行为进行分析的。对于委托者来说，只有充分了解代理者的全部信息，针对其需求，才能"投其所好""有的放矢"地对代理者实施有效激励，满足其需求，从而使代理者从"被动干"到真正自己"主动去干"。委托者必须明白任何有效的薪酬激励机制必须兼顾代理者的目标利益，否则就会事倍功半。垄断行业企业高管薪酬激励机制的构建和实施的关键是要协调委托者和代理者的目标利益关系，使他们形成利益共同体。如果仅仅从委托者或代理者一方出发，就会导致其顾此失彼，穷于应付，委托者和代理者的目标就不能得到兼容。如果同时兼顾委托者和代理者，垄断行业企业高管薪酬激励的形成机理研究就会更深入和更具有系统性。

3.2.2　垄断行业企业高管薪酬激励机制的作用机理[①]

在垄断行业企业高管薪酬激励机制设计过程中，薪酬激励机制是一个变量，而当薪酬激励机制设计完成后，薪酬激励机制就成为一个规则，即一个确定量。委托者和代理者各自以自身利益最大化进行多次博弈，并在这个规则下去选择相应的行为，委托者根据博弈结果向代理者支付薪酬。垄断行业企业高管薪酬激励机制的实施阶段，是委托者即激励主体对代理者即激励客体采用相应的激励手段和工具，满足激励客体需求，发挥激励客体潜能的过

---

① 本部分内容参考了党曦明（2004）、程国平（2001）和程支中（2013）的论述。

程。此时薪酬激励机制不再是变量，而是被看成一个固定值。在既定的薪酬激励机制下，薪酬激励机制的运行过程也是委托者和代理者的博弈过程。此时代理者的行为空间是努力程度大小，委托者的行动空间是监管力度的强弱。

薪酬激励的一般过程是：需求→动机（内驱力）→目标的确立→满足需求→动机（内驱力）消失→新的需要，然后进入下一次薪酬激励循环。用薪酬激励模型表示为：$D = d_1 d_2 d_3$，其中，d_1 表示业绩目标达成率，d_2 表示完成业绩目标后是否给予相应的激励物，d_3 表示给予的激励物满足高管的需求程度。如果 d_1、d_2、d_3 都足够大[①]，则激励强度一定大；其中任何一个因素较小，则激励强度也相应变小。垄断行业企业高管薪酬激励机制通过作用于以下关键环节来发挥其功效：

首先是业绩目标的确立。垄断行业企业存在垄断业绩，表观业绩高不一定是高管努力的结果，以垄断行业企业高管表观业绩作为考核指标，是不科学的。剔除环境业绩和互作业绩，以实际业绩作为考核指标，才能真正反映高管的努力程度。因此，薪酬激励需要以实际业绩为激励目标，这也是动机激发循环通路的一个节点，且目标一定要合理，通过高管的努力可以完成。预期目标达成可以有效地解决生理和心理上的平衡问题。

其次是根据实际业绩目标完成情况给予相应的激励物。企业拥有的资源有限，决定了企业可能满足高管的激励物具有稀缺性，这个激励物可以是物质的，也可以是非物质的。不同的激励手段都有优点和缺点，其激励作用也各不相同。如果用来满足企业高管需求的激励手段与企业高管具有的多样性、多层次性和动态发展性的需求之间存在矛盾冲突，薪酬激励机制运行就达不到预期。不同激励物具有的激励特点：①基薪。基薪是维持高管基本生活开支，满足基本需求的部分。基薪主要依据员工资历、学历、工龄等条件事先确定，与岗位价值、潜在知识、能力等相关，具有常规性、固定性和基准性

---

① 进一步剖析，与 d_1 相关的因素是岗位要求、高管自身能力、高管能岗匹配度等；与 d_2 相关的因素是业绩目标是否清晰、业绩考核指标是否合理、业绩考核方法是否科学、企业是否有实力执行薪酬激励制度等；与 d_3 相关的因素有委托者是否了解并尊重高管的需求、高管需求是否合理等。

等特点，表现出一定刚性，而且基薪在较长时期内变动不大，是薪酬激励的基础，属于保健类因素。②风险收入或奖金。风险收入或奖金属于业绩性奖励薪酬，是基于业绩的激励，随着业绩的变动而变动，只支付给那些符合奖励条件的企业高管。与基薪相比，风险收入或奖金具有非常规性、浮动性和非普遍性等特点，具有较强的激励效果，它能引导高管行为，提高高管的努力程度。③期薪激励。期薪激励是一种递延的薪酬激励，能够延长高管薪酬激励时限达到中期激励效果。期薪设置对象一般是企业高管和其他核心员工，一般设置时限为 3~5 年，时间设置过长或过短都将减弱薪酬激励效果，期薪设置数量依据岗位重要性和业绩多少来确定。④股权激励。股权激励是一种资本化的薪酬激励，让高管在一定时期内持有本企业股权，享受股权的增值收益，并承担相应风险，促使高管为企业谋求长远利益而采取的长期薪酬激励方式，有利于企业与高管间形成"利益均沾、风险共担"的机制，对高管具有一定的长期激励作用。高管的股权收益与企业股票价格是紧密相关的，股票价格不完全是企业业绩的反映，它通常受到市场有效性和经济发展水平等因素的影响。尽管如此，股权激励有利于减少代理成本、避免高管的短期化行为和提高企业整体业绩，具有较强的激励效果。⑤精神激励。薪酬激励是提高企业高管努力程度的主要因素，声誉激励、控制权激励、晋升激励等精神激励对企业高管具有较强的激励作用，但精神激励产生的效果很大程度上以薪酬激励的有效实施为基础。鉴于它们各自的局限，我们重点思考的问题是怎样把声誉激励、控制权激励和晋升激励与薪酬激励有机结合起来，采用一定的激励组合，从而激发高管潜能，使其创造更大价值。

最后是内驱力，即高管需求被满足的程度。杨河清等（2004）研究认为，内驱力是一种力求实现需求的满足，它是作用于定向的、能强有力地促进目标完成的一种内在力量，这是动机激发过程中最核心的环节。在满足生理性需求的基础上对尊重和自我实现的需要成为企业高管从事工作的内驱力。心理学认为需求来自个体生理或心理上的缺乏，从体内平衡来说，当生理或心理缺乏或不足达到一定程度引起某种不平衡时，就产生了需求。企业高管在满足生理性需求的基础上实现更高一级需求的满足将会使得其自身心理或生理上恢复平衡。要使企业高管被有效地激励，需要明晰企业高管的需求，没有需求的人是不能被激励的，如果企业没有满足高管需求，激励就不会发生作用。当然垄断行业企业高管在不同阶段的需求也是变化的，这就需要我们权衡考虑高管在不同阶段的需求，并通过一定的激励手段和方式满足企业高管需求，提高企业高管的努力程度，保证企业高管的行为有利于企业目标的达成。激励过程的关键在于薪酬激励的手段系统与高管需求的契合度，在这个过程中薪酬激励机制的运行机理最为核心的是外在的刺激如何引致企业高管的内在心理变化，以及内在心理变化如何引致企业高管行为的变化，也就是要深入分析刺激、心理变化和高管实际行为三者在变化方向上的相关性。

以上是在假定垄断行业企业高管薪酬激励机制比较完善的前提下阐述的薪酬激励产生积极效果的运行机理。可假定企业高管在缺乏适当薪酬激励的情况下，以便更进一步了解其运行机理。缺乏薪酬激励时，高管人力资本的价值在企业中没有得到较充分的体现，高管心理失衡、消极怠工、败德、"搭便车"、损害性在职消费等现象就随之产生，影响企业的长远发展。通常高管从事的是复杂脑力劳动，我们无法通过简单观察来衡量其劳动的付出，况且监督的成本很高，最优选择是建立适合的高管薪酬激励机制，让高管自动、自发地发挥潜能，为企业创造更大价值。否则，对企业造成的损失会更大。

3.2.3 垄断行业企业高管薪酬激励目标的实现机理

垄断行业企业高管薪酬激励问题的存在是引发激励过程的诱因，激励力度强弱，激励效果如何，关键在于各种激励要素之间的安排情况。激励的基本要素是影响激励过程运行、激励效果的重要因素。基于委托代理理论，委托者是激励主体，是激励活动的发起者，代理者是激励客体，是激励作用的对象，而激励手段系统则是激励运行的工具，是贯穿激励运行的主线。这样，影响薪酬激励机制运行的关键是委托者的积极性和能力、代理者的能力以及激励手段的特性，这些在后面的研究中会详细阐述。此外，激励的外部环境是影响薪酬激励运行过程和激励效果的重要因素。激励的外部环境是激励的基本要素赖以生存的基石。同时，激励的外部环境的变迁必然引起薪酬激励机制的变革。

垄断行业企业高管薪酬激励机制目标的实现机理是以实际业绩作为制定高管薪酬激励的依据，企业采取适当的薪酬激励组合和多种激励方式，根据企业高管需求，满足其心理和生理等需求，从而使外在刺激转化为内在驱动力，引导高管行为。高管在实现自身利益的同时，企业利益也得以实现，从而达成激励目标。

3.3　垄断行业企业高管薪酬监管机制的运行机理

分析垄断行业企业高管薪酬监管机制的运行机理，我们可以从垄断行业企业高管薪酬监管机制的形成机理、垄断行业企业高管薪酬监管的动力机制和垄断行业企业高管薪酬监管机制目标的实现机理等方面去考察。

3.3.1　垄断行业企业高管薪酬监管机制的形成机理

垄断行业企业高管薪酬监管机制的形成源于垄断行业企业高管薪酬激励机制的不完善和实施运行环境的不匹配。在缔约双方势均力敌且没有外部环境施加影响的情况下，企业可以通过谈判缔结平等合约，实现帕累托最优，即最优契约设计。一方面，实际情况中缔约双方实力并不是均衡的，造成分配的不平等，偏离最优契约设计方向，薪酬契约也是不完备的。垄断行业基本是国有性质的，存在多层次的委托代理关系，所有者处于虚位状态，两权分离使得高管具有信息、管理和经营资源等优势，在企业内部形成具有普遍影响力的管理层权力，在薪酬契约谈判中具有优势，高管获取自利的薪酬契约，进而造成薪酬激励机制的扭曲。另一方面，社会公众无法对垄断行业企业高层的工作能力做出实质性的评估，特别是当垄断行业企业经营目标多元化或企业业绩部分来源于垄断优势时，分离垄断行业企业的垄断业绩与高管贡献显得尤为困难，业绩评估体系的滞后使得社会公众难以对垄断行业企业高管做出公正评估。当缺乏有效的判断标准时，社会公众只能够依据当地的平均工资对垄断行业企业高层是否得到过多的报酬做出判断。垄断行业所有者的虚位、高管严重的内部人控制，使高管薪酬契约实际上已经偏离了对等谈判的"最优"安排。对于这种偏离，企业需要适当介入高管薪酬的决定和构建，通过合理的监管机制来消除高管薪酬决定的不当影响，通过加强董事会及其董事会下薪酬委员会的独立性、提高高管薪酬信息披露的透明度、提升股东的话语权、强化实际业绩与薪酬的联结、建立必要的奖罚机制等方式，健全垄断行业企业高管薪酬激励机制和为其有效实施提供保障。

　　垄断行业企业高管薪酬激励机制的实施，需要良好的实施环境，这与其实施相应的监管密不可分，否则制定出的垄断行业企业高管薪酬激励机制只能是纸上谈兵，毫无用处。垄断行业企业高管薪酬激励机制微观环境主要是要建立相应的基础制度和完善企业内部治理结构。基础制度建设主要包括企业高管的有效筛选、岗位价值的评定、实际业绩评估等。完善企业治理涉及外部治理和内部治理。外部治理是指来自企业外部主体诸如政府、中介机构和市场等的参与、激励与监督，尤其是外部要素市场，诸如产品市场、资本市场和人才市场等对其制约监督作用。内部治理是企业内部流程所界定的利益相关者间的权责利分配和平衡关系的具体内部制度安排。有效的或理想的企业治理结构标准包括：一是应能够给企业高管以适当的控制权，能经营管理企业，发挥其潜能，为其开展创新经营留有充足的余地；二是从所有者利益出发，对高管侵害企业资产时有迅速采取行动的权利。

　　实施薪酬监管的原因主要有两种理论解释：公共利益理论与市场失灵理论。公共利益理论在于解决市场失灵、公共产品供给不足等问题，其目的在于保证自身个人利益的同时，兼顾社会公平和社会利益。市场经济要求遏制垄断，鼓励适度竞争，适当的竞争才能保证市场的活力，垄断行业企业高管薪酬激励机制必须具有一定的竞争性才能使激励变得更有效率，避免出现高管努力程度不够、搭便车等不良行为。垄断行业规模庞大，垄断行业企业基本都属于国有企业，其实质性股东是全体人民，大多垄断行业企业兼具提供公共产品、解决社会就业和关心国计民生等一系列社会责任，垄断行业企业战略目标的多元性，相比竞争行业来说，全体人民有权以所有者的身份质疑垄断行业企业的经营状况是否偏离其战略目标、企业高管薪酬激励机制与其运行环境是否匹配。鉴于此，保障垄断行业企业高管薪酬激励机制的有效运行，为其提供公平的运行环境是对垄断行业企业高管实施薪酬管制的根本原因。

3.3.2　垄断行业企业高管薪酬监管的动力机制①

　　动力是垄断行业企业高管薪酬监管的推进剂，没有动力，薪酬监管就难以进行。利益驱动是动力机制的基础和核心。利益驱动既可以强化高管行为，也可以弱化高管行为。垄断行业企业高管薪酬监管的动力机制是指垄断行业企业高管薪酬监管运行本身具有的自我约束机制，它能在效率基础上兼顾公平，从而在实现垄断行业企业高管薪酬激励目标的同时追求自身利益的一种自发性的有机体。垄断行业企业高管薪酬安排的外部性主要涉及公平问题，而薪酬监管机制的不健全则主要涉及效率问题。公平驱动和效率驱动是垄断行业企业高管薪酬监管的动力机制包含的两个主要方面。

　　第一，公平驱动。"不患寡而患不均"的公平观念扎根于中国文化。垄断行业与竞争行业一样，要求其薪酬激励不仅要关注有效性，也要顾及薪酬激励安排的公平性，这种公平性主要体现在两个方面：一是企业高管与普通员工之间的薪酬差距应保持在合理比例范围内，以尽可能规避因薪酬差距过大而引发员工的不平衡感；二是不同垄断行业和同一垄断行业的不同企业间的薪酬差距应保持在一定限度范围内。垄断行业企业薪酬激励的公平性，要求"过程公平"和"结果公平"。"结果公平"涉及对其高管薪酬的主观评估，但只有合理合法的"过程"才会产生某种"结果"。"过程公平"对激励效果同等重要，"发钱的依据"与"发钱的多少"同等重要。因此，从薪酬公平的视角看，垄断行业企业高管薪酬激励具有外部性，表现在垄断行业企业针

---

① 本部分内容参考了王晓文（2014）、黄再胜等（2016）和朱羿锟等（2014）的论述。

对高管薪酬安排不仅对整个企业各级员工的薪酬公平感产生扰动效应，而且由于垄断行业企业高管地位的特殊性，也会对社会公众收入分配公平感产生影响。一旦这种收入差距超越公众对垄断行业企业高管薪酬增长的心理认同界限，必将引起公众的不满和谴责（Mullane，2009）。收入分配差距的扩大导致公平与效率问题的激化，进而出于对"社会公平目标"的追求，对垄断行业企业高管薪酬就有了管制的驱动力，即公平驱动。王红领（2006）认为垄断行业企业基本是国企，国企产权的公有性质，使得社会公众和国企员工在企业初次分配方面具有强烈的公平偏好。黄再胜和王玉（2009）则指出，对垄断行业企业高管薪酬进行监管的主要诱因是社会公平偏好约束的强化，垄断行业企业高管身份不明晰为政府对其薪酬进行监管提供了现实条件。王晓文和魏建（2014）认为，政府对国企初次分配的"不平等厌恶"是薪酬管制的直接动力。

由于垄断行业企业高管薪酬凭借垄断优势获取垄断收益，这就要求我们在评估高管业绩时要剔除政策红利，将垄断行业高管权力关进制度的"笼子"，防止其"不当得利"，接受社会公平的检验。基于公平原则，垄断行业企业高管薪酬监管作用于以下方面，使其公平偏好目标得以实现。第一，防止高管"不当得利"。垄断行业企业高管薪酬"天价薪酬"引起社会的广泛关注，与其高管权力过大紧密相关。垄断行业企业所有者的虚位和多层次委托关系，加上委托者缺乏积极性，这些因素共同形成垄断行业企业事实上的"内部人控制"，结果导致高管"自编自导"，自定薪酬。因而，作为企业治理的子系统，企业高管薪酬监管主要由董事会与利益相关者监督、高管薪酬信息披露等组成，薪酬治理机制的有效运作是保障企业薪酬决定和实施公平合理的制度基础。监管垄断行业企业高管权力，建立权力制衡机制，使高管薪酬接受社会公平正义的检验。第二，维护薪酬激励制度的公平原则。拥有知识、管理、技能的人力资本属于异质人力资本，拥有这一资本的企业高管也是稀缺的，从广义上来看，企业高管也是企业所有者，物质资本与人力资本巧妙地组合在一起，产生杂交优势，获得单个资本无法产生的收益。无论是物质所有者，还是人力资本所有者，他们都理所当然应根据贡献多少取得相应的回报。垄断行业企业由于表观业绩中含有垄断业绩，高管如果凭借表观业绩获取报酬，与竞争行业相比，则显得极为不公平，这就需要我们根据高管实际创造的实际业绩获取相应报酬，保证薪酬分配的公平性。第三，实现高管以实际创造的业绩来获取报酬。资源划分使得垄断行业具有垄断资源的天然优势，这种优势是通过国家财政补贴扶持、制定垄断高价以及利用行政权力获取的，它以牺牲社会资源配置的效率和公平竞争为代价，垄断行业企业凭借垄断优势轻松获取垄断业绩，特别是近年来诸如电力、金融、电信、石油等垄断企业高管的过高收入，已经成为公众非议的焦点。这种把包含垄断业绩的表观业绩完全归功于企业高管的贡献明显有失"公平"，降低了社会大众对垄断行业企业高管薪酬的可接受程度。

第二，效率驱动。根据委托代理理论，企业可以被看成是一系列契约的集合。契约发挥最大效率，无非在于两个方面：一是信息成本、谈判成本、担保成本、监督成本和剩余成本最小，使其达成的契约成本最低；二是薪酬契约激励效果最大化。这就需要代理人的薪酬主要依据自身贡献或业绩而定，权力的寻租行为受到抑制，代理人的逆向选择与道德风险导致的代理问题得到有效缓解，降低代理成本。高管受到激励努力工作，为企业创造更大价值。由于垄断行业所有者的虚位和高管控制权较大的问题，各主体职能分工显得尤为重要。黄再胜和王玉（2009）认为，相比政府股东的直接干预，将垄断行业企业高管薪酬制定权交还给企业董事会下的薪酬委员会，政府股东以出资人身份参与高管薪酬治理，是更契合垄断行业企业改革的实践逻辑。实际上，垄断行业企业高管薪酬契约安排要具备代理理论中所提出的效率特征，基于效率驱动，通过作用于以下三个方面的监管达到其效率提升的目的：其一，垄断行业企业董事会及其薪酬委员会完全按照股东利益行事，企业董事会和股东的目标函数一致；其二，在垄断行业企业高管薪酬契约设计和实施过程中，准确界定国资委、企业董事会、薪酬委员会和高管各自的职能，避免职责混乱，需要我们先界定位好垄断行业谁是所有者、谁是监督者、谁是高管薪酬激励制定者、谁是具体实施者，各负其责，并将垄断行业企业高管薪酬契约制定权归属企业董事会下的薪酬委员会，建立起权力制衡机制；其三，垄断行业企业董事会及其薪酬委员会作为委托者，要有较强的能力和动力去制定企业高管薪酬契约。现代企业理论认为，企业剩余索取权与最终控制权应保持一致，最终控制权与其剩余索取权应对应，如果最终控制权与剩余索取权不一致，最终控制权就会沦为一种"廉价投票权"。这一现象体现在薪酬激励机制上，就要求薪酬制定者必须承担一定风险，并有足够的动力来履行其职责。以上三个方面的工作，如果监管出了问题，企业董事会或者薪酬委员会就有可能与高管合谋或被高管"俘虏"，最终会使垄断行业企业高管薪酬激励过程偏离最优契约方向，造成薪酬激励扭曲和效率的低下。并且，基于效率驱动的薪酬监管与激励扭曲程度成正比，扭曲程度越高，其薪酬监管的动力就越强。需要说明的是，与公平驱动薪酬监管不同，效率驱动薪酬监管主要关注企业所有者的利益，旨在通过各种监管途径，引导高管务实工作，力求企业价值的最大化。

综上所述，对垄断行业企业的薪酬管制不仅要依靠公平原则，更要依靠效率驱动，实现在保证效率的基础上兼顾公平，是垄断行业企业在特定治理环境下降低代理成本的一种制度安排，对其高管的薪酬监管是为了限制高管获得制度性红利和降低代理成本。

3.3.3 垄断行业企业高管薪酬监管目标的实现机理

垄断行业企业高管薪酬监管机制的运行机理是指在垄断行业企业高管薪酬规制过程中，被企业公认的行为规范和准则。它以规范高管行为为基础，以实现垄断行业企业高管薪酬监管目标为内在要求，以保障垄断行业企业高管薪酬激励机制的科学规范构建和有效运转为表现形式的各构成要素的相互联系及功能的总称。

一个有效的垄断行业企业高管薪酬监管机制是基于以下几个基本条件才运转起来的：一是保障高管积极参与到监管机制的条件即"参与约束"。循着伯利和米恩斯"所有权和经营权分离"的假说，20 世纪 60 年代鲍莫尔、马瑞斯、威廉姆森等人分别提出了销售收入最大化模型，即管理者在最小利润约束下谋求销售收入最大化；经理型企业模型，即管理者在最小股票价值约束下谋求企业增长最大化；经理自由处置权，即管理者在最小利润约束下谋求效用函数最大化。这些模型从不同视角诠释了企业股东与高管目标函数的不一致，都说明了企业高管可能为了个人效用的最大化而损害股东的利益。这个问题的关键在于，我们如何通过一种机制，使企业高管在一定的监管条件下，在企业高管追求自身利益的同时也有助于企业目标的实现，达到激励相容。事实上这也是可能的。信息不对称和委托者代理者间目标函数的不一致以及人的有限理性，保障高管积极参与到机制中的条件（"参与约束"条件成立）是企业高管监管机制发挥约束作用的前提。二是"激励相容约束"。保障高管在实现其利益最大化的同时达到企业利益最大化，我们在设计机制时必须考虑到代理者从接受契约中获得的收益必须大于不接受契约的收益，即实现"激励相容约束"。"参与约束"和"激励相容约束"都是委托者效用最大化所必需的约束条件。高管之所以约束自己的行为，是因为得到、保留现有"职业"的期望效用不小于其他职业选择的期望效用。"激励相容"约束表达了企业高管激励机制的作用机理。在信息不对称情况下，所有者的利益最大化必须通过调动高管追求其自身利益最大化的积极性来实现[1]。假设股东、高管都受理性支配，他们行为博弈的结果是通过建立企业高管薪酬契约，找到双方都能接受的均衡点。信息经济理论、激励监管理论、契约理论以及委托代理理论都在各自研究的领域寻找建立这个均衡点的方式，其中最被人们普遍接受的是契约方式。三是一套行之有效的监管制度和规则、高效的监管主体以及高素质的监管人才。只有上述条件完全具备，垄断行业企业高管薪酬监管机制才能灵活有效地运转起来。监管垄断行业企业高管薪酬决策主体，准确评估垄断行业企业实际业绩并与高管薪酬联结。政府通过健全法律法规体系，完善限薪令，建立垄断行业企业高管薪酬监管的长效机制，发挥税收调节作用，完善垄断行业企业高管薪酬信息的披露制度，发挥市场化监管以及行业和企业微观监管作用。为提高监管的有效性，降低监管费用，防止出现监管漏洞，建立起各监管主体间的协商机制，形成规范化的定期或不

---

[1]　本部分内容参考了樊炳清（2002）的论述。

定期的联系制度，制定规范化的协调制度以及监管资料信息共享制度，解决薪酬监管中出现的矛盾和问题，界定好各监管主体的职责、权力和利益，强化各监管主体的协调配合，形成监管合力，提高薪酬监管效率和水平，实现垄断行业企业高管薪酬监管目标。

信息不对称、要素市场的不完善、契约的不完备，使高管行为容易与其激励方向发生偏离，薪酬激励制度应从正面发挥作用，引导高管的行为，而监管机制的运行机理则是从反向作用去监督和制约有损企业利益的行为。垄断行业企业表观业绩很大程度上是凭借垄断优势取得的，对其高管的薪酬监管是为了限制高管凭借垄断业绩获取制度性红利。以实际业绩作为依据来制定高管薪酬，并保障其薪酬激励机制的有效实施，实现企业和高管目标的兼容。也就是说，垄断行业企业高管薪酬监管机制的运行机理是通过弥补垄断行业企业高管薪酬机制不健全和保障垄断行业企业高管薪酬激励机制的有效运行，在特定治理环境下降低代理成本的一种制度安排，达到在保证效率的基础上兼顾公平，实现薪酬激励与监管的目标。

3.4 企业业绩评估研究综述、评估常用方法及垄断行业企业实际业绩评估原理

加快建立市场化薪酬制度，建立与垄断行业企业高管业绩相挂钩的差异化薪酬分配办法，实现薪酬结构合理、水平适当、管理规范，形成科学的薪酬激励与监管机制，这些对于垄断行业来讲，其核心是要能准确评估其实际业绩。依据委托代理理论，要防止垄断行业企业高管不作为和搭便车行为的发生，促使垄断行业企业高管实现企业目标，本应以企业高管努力程度作为衡量标准，依据其付出的努力程度支付相应的报酬，但高管付出的劳动复杂，其努力程度难以量化，我们很难准确测定，故以企业高管努力程度作为激励

依据是不可行的。既然此种方法行不通，最优方案不具有可操作性，那么就只能选择次优方案。也就是说，尽管垄断行业企业高管努力程度难以观察和测定，但是其努力程度的结果即企业实际业绩，能够通过量化测定，所以企业表观业绩可以表示为企业高管努力程度和环境因素的函数。可见，以实际业绩作为激励标准是一种可行的次优选择。

问题的关键是，垄断行业企业表观业绩不仅包括高管能力和其努力程度两种因素共同创造的实际业绩，还包括垄断优势取得的垄断业绩在内的环境业绩以及互作业绩。垄断行业企业表观业绩好坏可能是垄断行业企业高管努力付出或付出不够的结果，也有可能是凭借垄断优势取得垄断业绩的结果，还有可能是其他环境因素和互作效应影响的结果。那么，如何过滤掉包括垄断业绩在内的环境业绩和互作业绩呢？这个问题的实质是选择何种形式的企业业绩来激励垄断行业企业高管，它涉及业绩指标选择、剔除环境和互作业绩等方面的问题。传统的度量企业业绩的两种方式是股票市场价值和财务会计利润，不过两种都有不足的地方，股票市场价值受很多因素的影响，因此它不能准确反映垄断行业企业高管的努力程度，而财务会计利润往往容易被垄断行业企业高管操纵。为克服其不足，1991 年霍姆斯特姆（Holmstrom）提出了相对业绩标准，相对业绩剔除了不可控因素或者操纵因素，能够较为准确地反映企业高管的努力程度，从而使得薪酬激励制度变得更为可靠，本书就是在相对业绩等多种业绩评估的基础上依据生物学 BLUP 法来测算企业实际业绩的。

3.4.1　企业业绩评估研究综述

学术界普遍认为，高管利益与股东利益联系起来的纽带是高管薪酬契约，基于业绩的高管薪酬契约不仅使得高管的付出得到了相应补偿，而且为高管提供了足够的动力，这样高管薪酬契约问题便转换成确定薪酬激励系数，即高管薪酬与企业业绩的关联度的问题。于是，学者们围绕企业业绩展开了广泛的研究。垄断行业存在垄断收益，与竞争行业相比，更具有业绩评估方面的复杂性。如何剔除包含垄断业绩的环境业绩和互作业绩，准确测算垄断行业企业实际业绩，为构建垄断行业企业高管薪酬激励与监管机制打下基础，这需要我们准确把握业绩评估研究动态。业绩评估就是按照企业目标设计相应的评估指标体系，选择特定的评估标准，采用合适的评估方法，对企业在一定经营期间内占有、使用、管理和配置经济资源的效果所做出的客观、公正和准确的判断。业绩评估问题的研究主要有两个方面：一是对业绩评估内容方面的研究，二是对业绩评估方法方面的研究。

3.4.1.1 业绩评估内容方面的研究

国外方面，早期的业绩评估主要是对企业的成本进行评估，成本评估有简单成本评估和标准成本评估两种类型。19 世纪，英国、美国等发达国家的铁路行业、钢铁行业等相应采取业绩计量指标，如每吨平均制造成本、每吨电耗成本、每吨煤（气）耗成本和每千米成本等。卡普兰、阿特金森（1998）认为，经济效率是通过将投入资源转化为产品或者销售收入来计量的。但这种成本计量的局限是不能够最大限度地提高生产效率。19 世纪末，科学管理之父泰勒提出了为每种产品制定人工投入、原料投入和水电耗（煤耗）的数量标准。1911 年，美国人哈瑞最早提出了标准成本制度。20 世纪初，企业规模的急剧扩大对成本评估构成了严重挑战，1917 年，唐纳森（Donaldson）为衡量企业内部不同部门的业绩而设立了投资收益率，创立了杜邦财务分析体系，并通过投资报酬率、净资产报酬率、经营利润和现金流量等指标评估其财务业绩。科利尔（Collier）和卡尔（Carl）基于杜邦财务分析体系对马来西亚艾芬银行（AFFIN Bank）1999 年至 2006 年的财务情况进行了研究，分析了亚洲金融危机的影响，以及马来西亚银行业重组对金融业绩的影响。阿尔马扎里和艾哈迈德（Almazari & Ahmed，2012）利用杜邦分析法研究发现，阿拉伯银行财务表现相对稳定，但近几年财务杠杆较低，银行减少了对债务的依赖来为其资产融资。以财务指标为核心的业绩评估指标体系存在忽视长期业绩评估的问题，20 世纪 90 年代创新型的评估指标出现了，它以企业价值最大化为目标，最具代表的是经济增加值（EVA）和平衡计分卡（BSC）。EVA 把企业的全部资本成本都纳入评估，弥补了杜邦分析法在衡量企业市场价值方面的缺陷。BSC 在企业业绩评估的内容中加入了"学习与成长""企业内部流程""客户"等方面的非财务性业绩指标。瓦玛（Varma，2008）也考虑到非经济因素，他从客户、财务、内部业务流程、创新与学习等方面对石油产业供应链的业绩做出客观评估。财务评估忽视了战略制定过程的关键问题，西蒙教授将战略评估作为评估的内容，提出了战略评估模型，按照数量、质量和无形资产指标与企业战略的重要程度排列成评估战略。马基德和威廉森（Markide & Williamson）研究了战略资产、核心能力与企业业绩的关系，提出企业业绩评估时应注重对战略资产的评估，并且他们设计了战略指数来进行具体评估。好的业绩结果必然要求有好的过程，过程评估也显得十分重要，企业开始注重对过程的评估。成本会计核算方法（ABC）就是用来分析作业成本及其对利润的影响的①。

国内方面，国内学者对业绩评估方面的研究要晚于国外，评估内容基本上是引进和吸收国外的方法。王艳和姚寅（2009）改进了杜邦分析体系并对中国非寿险业企业的经营业绩进行评估。蔡艳萍和朱红（2013）基于经济增加值构建了中小企业的业绩评估指标体系，为我国中小企业的发展和转型提供了实证参考。雷娜（2016）等将非财务因素与企业业绩 EVA 值结合，对中国农业企业经营业绩做出评估，研究发现业务创新与 EVA 创造成负相关，其原因可能是农业企业盈利能力低，创造的经营利润有限，而业务创新一般需要的周期较长，资金投入额度较大。他们的研究还显示，企业治理能力与人力资源水平对 EVA 价值创造均有不同程度的影响。此外，国内学者在业绩评估的研究中加入了"中国元素"的新内容。温素彬（2010）从企业应追求经济利益、生态利益、社会利益、和谐利益的角度切入，构建了可持续发展的企业业绩评估模式，弥补了单一的业绩评估体系缺陷。宋丽梦（2009）受到企业社会责任理论的启发，将企业社会责任这一内容加入业绩评估。何里文（2008）分析了中国公共企业业绩评估指标设计的不足，借鉴国际上流行的评估指标体系，设计了一套能综合、全面、真实反映公共企业业绩的指标体系，为提高企业业绩状况和服务水平做出一些尝试性研究。

---

① 本部分内容参考了杨水利（2011）的论述。

关于企业业绩评估的研究，在业绩评估内容上主要分为财务业绩和综合业绩两方面的研究，根据研究目的的不同选择不同的研究内容。但无论是国外还是国内对业绩评估内容的研究都是从单一的财务业绩评估转向多元化的综合业绩评估。业绩评估内容经历了由简单到复杂、由普遍到特殊、由结果到过程、由局部到综合的发展过程。可见，企业业绩是企业市场能力、资产保值增值能力、战略机会选择、核心竞争能力和可持续发展潜力等有关企业生存和发展的综合表现，仅仅考虑某一方面的内容并不能准确对企业业绩进行评估。

3.4.1.2 业绩评估方法方面的研究

国外方面，美国学者萨蒂（1973）最早提出对非定量事件进行评估的层次分析法（AHP），他将模糊数学的思想引入 AHP 中，形成了模糊层次分析法。它是一种定性与定量相结合的方法，这样对非定量事件的评估由以前的定性分析逐步转变成定量分析，较好解决了具有复杂层次结构的多指标决策评估问题。Sun C（2010）采用模糊层次分析法评估模型评估工业从业人员的业绩，使企业决策人员能够更好地理解评估过程，并提供更有效、更准确的决策支持工具。查恩斯等（Charnes et al., 1978）提出数据包络分析（DEA）评估法，该方法从实际观测投入及产出数据的角度来研究同类型生产经营部门的效率评估问题，把企业财务指标与非财务指标结合、不同评估方法有效集成与结合。霍尔姆斯特罗姆（Holmstrom, 1994）在委托代理理论基础上提出相对业绩评估法（RPE）。白曼等（Baiman et al., 1980）、戴尔曼等（Diamond et al., 1982）、霍姆斯特罗姆（Holmstrom, 1982）关于相对业绩评估理论的理论模型都认为，在评估企业经理人努力程度的过程中应该剔除与企业经理人遭遇共同影响的参照组的业绩。安特勒等（Antle et al., 1986; Gibbons et al., 1990）的研究表明，在薪酬契约中加入相对业绩信息所产生的积极效果大于其成本。EVA 是 20 世纪 80 年代在美国兴起的一种业绩评估指标，斯图尔特（Stewart, 1991）提出了经济附加值指标。陈（Chen, 2007）采用数据包络分析与平衡计分卡相结合的方法，通过业绩指数来观察中国台湾半导体产业的经营业绩。雅库布（Jakub, 2015）等使用原始数据和辅助数据来计算斯洛伐克公司的 EVA 指标和会计立法，将 EVA 分析法运用到实践中。特里帕蒂（Tripathi，2017）等分别使用 EVA 分析法与传统财务指标法对中国和印度两个国家的企业进行回归分析，发现 EVA 法具有预测印度市场增值的能力，却没有成为影响中国业绩衡量的重要业绩指标。为了更全面准确评估企业业绩，国外学者们又在业绩评估内容中加入了非财务指标。巴奇多尔等（Bacidore et al.）于 1997 年提出了修改的经济增加值（REVA），它是改进型或修正的经济附加值，REVA 是立足于股东价值创造，提高一种评估经营业绩的新方法。Bacidore 等认为，尽管 EVA 与股东的财富有着紧密的联系，将企业的价值分为两部分，一部分是企业的有形资产，包括厂房、设备和运营资产等，构成企业的经济账面价值；另一部分是企业当前和未来投资机会的净现值，它由企业战略驱动，属于无形资产。一项合适的业绩评估指标能够比较准确地度量企业经营战略对股东价值的影响，有效的企业战略至少应保证股东的最低投资回报。而 REVA 混淆了单期经营业绩与基于未来业绩预期的市场价值之间的关系从而遭到了质疑。刘（Lau，2005）等人提出一个虚拟标杆管理方案对企业供应商业绩进行评估。卡普兰和诺顿（2009）提出了平衡计分卡法（BSC），强调财务指标与非财务指标的评估，但是其不足主要是缺乏单一的关注重点。Chen 等（2011）采用平衡计分卡法对温泉酒店的经营业绩进行了评估。

国内方面，刘军琦（2001）考虑到企业财务业绩评估指标间的相互关系，运用多目标决策分析法对企业财务业绩综合评估。朱顺泉（2002）运用突变级数法，考虑各指标的相对重要性，从而不用对指标主观赋权。张青等（2002）建立了基于 ANN 煤矿企业经营业绩综合评估与排序及其影响因素之间相互关系的分析模型，解决了专家评分法等主观赋权不足的问题。蔡莉、单军（2003）从人力资本角度出发研究企业的经营业绩，通过选择目标管理法对经营者业绩进行评估。李慧（2011）使用主成分分析法构建了一个企业业绩综合评估指标体系，并利用制造业企业数据进行实证分析，发现必须努力提高制造业整体业绩，推动中国从制造业大国向制造业强国转变。李国良（2011）等采用投影寻踪模型结合免疫遗传算法，试图对企业业绩进行时序动态评估。尹惠斌、游达明（2014）利用 BP 神经网络原理建立企业突破性创新业绩评估模型，实例分析证明该评估方法可信度高，模型具有较好的泛化能力。余顺坤等（2017）基于物元可拓法并运用层级分析、分段累计等方法，从多维度评估子分公司经营业绩水平。徐广姝等（2017）建立了快递企业业绩评估模型，提出了利用数据包络分析法（DEA）和层次分析法（ANP）相结合的方法求出各快递企业中营业部的整体效率值并进行排序，验证了此方法的实用性、可操作性及优越性。

垄断行业企业高管目标与企业目标融合的最佳途径是构建和实施企业高管薪酬激励与监管机制，这就需要把垄断行业企业实际业绩与其高管薪酬激励及监管紧密挂钩，其中关键问题涉及对垄断行业企业实际业绩的准确评估，国内外研究中没有涉及对企业实际业绩的准确评估。以上业绩评估方法，可作为垄断行业企业业绩评估方法的参考，取其精华，为有效剔除包含垄断业绩在内的环境业绩和互作业绩，准确评估垄断行业企业实际业绩打下基础。

3.4.2 企业业绩评估常用方法

随着企业制度的变迁、企业理论的发展和管理理念的突破，企业业绩评估经历了由简单到复杂、由低级到高级的演进过程。企业业绩评估常用方法如下：

3.4.2.1 传统的财务指标业绩评估法（TFE）

传统的财务指标业绩评估法（traditional financial index evaluation）是一种基于会计数据的业绩评估方法，企业通过投资回报率、营业利润等一系列财务数据指标来权衡高管管理决策行为所创造的企业效益。例如，早期的"杜邦财务分析体系"就是一种传统的财务指标分析法。传统的财务指标评估法过分注重实物价值和短期的经营成果的评估，容易使其企业经营者产生短期行为，对企业实现掠夺式经营，而基本没有涉及企业可持续发展指标，很难适应企业持续发展的需要。

3.4.2.2 相对业绩评估法（RPE）

相对业绩评估法（relative performance evaluation）基于委托者对代理者

"私人信息"的需要，委托者无法充分获得代理者的"私人信息"，即使能够获得，付出的成本也很高，这就造成信息的非对称性，进而无法准确评估代理者的实际业绩。该评估方法是霍姆斯特姆（Holmstrom，1982）在委托代理理论基础上提出来的，这种评估方法也称为"相对业绩比较"。其主要内容是，对代理者进行努力程度评估时以同行业相同岗位或类似岗位人员的业绩作为参考，与之比较，达到其业绩评估的目的。相对业绩评估方法的应用对于选择可比较的参照对象尤其重要，选择的参照企业符合要求的越多，通过横向的比较，其越能剔除影响的共性因素，其结果也越准确。对于企业高管历史业绩比较的时间段越长，剔除高管能力和努力程度之外的其他因素就越逼真，通过这种纵向比较与前面的横向比较，可以比较准确地评估出企业相对业绩。

3.4.2.3　经济增加值法（EVA）

经济增加值（economic value added）由美国经济学家斯图尔特（Stewart）提出，并由美国思腾思特咨询公司提出的业绩与薪酬激励相结合的指标。经济增加值法是以股东价值为中心的业绩评估方法。经济增加值（EVA）＝税后净营业利润-资本成本＝税后净营业利润-调整后资本×平均资本成本率。EVA 值是指企业税后净利润与全部投入资本成本之间的差额，其中投入资本是企业所有筹措资金的总额，但不包括应付薪酬、应付税款、应付账款等短期免息负债，即资本总量是股东投入的资本、所有的计息负债即其他长期负债的总和。同以往的传统业绩指标比较，EVA 不仅考虑到了债务资本成本，而且考虑到了股权资本成本，具有相对比较真实地反映企业真实业绩、有利于企业内部财务管理体系的协调、揭示价值驱动的源泉和能够预防会计利润人为操控行为的发生等优势。但 EVA 仍然存在适用范围窄和资本成本的准确性不够等局限。

3.4.2.4　平衡记分卡法（BSC）

平衡计分卡法（balanced score card）是从财务、客户、内部运营、学习与成长四个维度，将企业的战略转化为具体的衡量指标的一种业绩管理体系，是"战略制导"的业绩管理系统，有效解决了制定战略和战略实施脱节的问题。该方法打破了传统的只关注财务指标的业绩考核方法，开始关注对非财务指标的评估。平衡计分卡法实现了财务指标与非财务指标、企业短期目标与长期目标、结果性指标与动因性指标、企业内部群体与外部群体、领先指标与滞后指标的协调统一。平衡计分卡法的业绩评估指标来源于企业战略，有助于企业战略的实现，但由于平衡计分卡法中指标数量过多难以建立指标体系，实施难度大成本高，也没有将企业其他重要的利益相关者考虑在内，其实际应用受到一定限制。

3.4.2.5　最佳线性无偏预测-实际业绩评估法（BLUP-APE）

与以上介绍的四种方法有所差别，本书在上面四种业绩评估法基础上提出了实际业绩评估法（actual performance evaluation，APE）。实际业绩评估是相对于表观业绩评估而言的，将企业表观业绩剖分为企业实际业绩、环境业绩和互作业绩，通过一定的数学方法将宏观经济形势，行业、地区、企业内部运行结构，以及垄断等影响企业表观业绩变化的部分环境因素剔除，最终测算出企业高管实际创造的业绩。实际业绩评估法实质上是在利用相对业绩评估法等业绩评估方法的基础上，在以比较低的成本获取可靠信息的前提下，通过构建垄断行业企业实际业绩评估模型，分层次将环境因素中对企业表观业绩影响的因素剔除，真正还原高管实际创造的业绩，从而更准确地评估由企业高管创造的实际业绩。

实际业绩比较精确地刻画出高管的努力程度，并能作为垄断行业企业高管薪酬激励依据，建立企业业绩评估指标体系。我们既要盯住利润，又不能唯利是图，更不能将资产增值等形成的"利润"等量齐观。要注意盈利能力，也要关注主营能力、成长能力、偿债能力和资产运作能力。既要考察当期的经营业绩，又要考虑高管任期内的长期业绩，以免高管为了眼前利益，牺牲企业的长远发展。我们不但要考察本企业的业绩，而且要参考所在行业的平均业绩进行评估。也就是说，通过与相关企业的业绩进行比较，更为全面地衡量企业的真正价值。简言之，过滤掉环境"噪音"等外界因素和高管人为操控因素，使高管激励所依赖的业绩尽可能地贴近其努力程度的结果。后面第5章的内容通过垄断行业企业高管薪酬与企业业绩相关性实证研究后专门就实际业绩评估方法与其他业绩评估方法比较后得出的优势做出分析。

本书吸收相对业绩评估法、经济增加值法及其他业绩评估方法的思想，力求完善它们的优点，克服它们的不足。本书还借鉴了最佳线性无偏预测（BLUP）法在生物遗传育种值估计上的思路，运用 BLUP 法构建企业实际业绩评估模型对高管为企业业绩创造的实际贡献进行测算，称为 BLUP - APE 法，从而为垄断行业企业高管薪酬激励机制的进一步研究奠定基础。

3.4.3　垄断行业企业实际业绩评估原理[①]

垄断行业企业高管实际创造的业绩是激励机制中比较重要的内容，业绩和工作是相对应的。在垄断行业企业高管努力程度很难以较低成本的方式进行评估的情况下，如何通过评估垄断行业企业实际业绩来间接评估企业高管的努力程度，并最大限度地把垄断行业企业高管薪酬与企业实际业绩关联起来，这直接影响着垄断行业企业高管薪酬激励机制发挥的效果。如果不考虑企业业绩来源，评估时会将垄断行业凭借垄断优势获得的垄断业绩误认为是高管努力的结果，进而高估了高管实际创造的业绩。因此，我们需要按照实际业绩评估来反映高管努力程度，并以此来支付薪酬，这就需要准确评估垄断行业企业实际业绩。

把观察统计到的企业业绩称为表观业绩，将表观业绩剖分为实际业绩、环境业绩和互作业绩三部分。实际业绩是由企业高管自身努力创造的业绩，环境业绩是由于环境效应形成的业绩，互作业绩是互作效应形成的业绩。企业高管自身努力是造成各企业表观业绩产生差异的主要内因，环境效应和互作效应是造成各企业表观业绩产生差异的主要外因。影响企业表观业绩的环境效应，可以分为系统性环境效应和随机环境效应两类。不同区域、不同行业、不同时间，以及不同企业资源禀赋等差异导致的业绩差异就属于系统性环境效应，或称固定环境效应。它是可以控制的，也可以通过适当的分析方法进行估计，并且我们可以对这些效应做出相应的校正。随机环境效应对企

---

① 本部分内容参考了程支中（2013）的相关论述。

业业绩的影响,可分为持久性环境效应和暂时性环境效应,虽然这类效应的影响我们不能完全控制,但可以尽量减少它的影响。

从现实来看,首先,垄断行业企业实际业绩的评估涉及业绩指标科学选择问题;其次,如何剔除环境业绩和互作业绩,只有剔除环境业绩和互作业绩才能对垄断行业企业高管实际业绩进行准确评估判断。垄断行业企业实际业绩评估的质量高低主要应考虑以下几个方面的问题:一是业绩指标的选择应将短、中、长期结合;二是业绩评估的内容应将定性和定量结合,与业绩相关的信息尽量全面;三是业绩评估的方法应该科学和严谨。因此在考虑业绩指标时,应该同时考虑短期、中期、长期业绩,还应该考虑企业可持续发展指标。业绩评估不仅要考虑一些量化的"硬"指标,还应考虑一些有利于企业长远发展的"软"指标,同时要采取科学的方法剔除环境效应。业绩评估指标、评估内容、业绩评估方法等具有一致性,这些都便于对垄断行业不同业绩类型企业进行相应比较。

关于业绩评估指标的选择,我们依据米尔格罗姆和罗伯茨(Milgrom & Roberts,1972)在《经济学、组织与管理》中提出的业绩评估五原则:信息提供原则、激励强度原则、监督强度原则、等报酬原则、棘轮效应原则,这为具体选择业绩评估指标指明了方向,要求我们在选择业绩评估指标前,首先要明确什么样的指标才是合适的,即合适的业绩评估指标应具备怎样的质量要求。这就需要业绩评估指标要反映企业战略关注点、能客观公正地反映高管努力程度以及业绩评估指标要具有可操作性。根据企业战略目标、企业不同生命周期、资源条件、行业和地区的差异,我们可选择盈利、总资产或净资产收益率、市场占有率、优质客户数、债务风险等指标作为企业业绩的评判指标,给予的权重也要根据上述条件不同而有具体的差别。

根据业绩评估原理建立垄断行业企业实际业绩评估模型,我们可采取生物学的 BLUP[①] 法剔除环境业绩和互作业绩来评估垄断行业企业高管的实际业绩，简称 BLUP-APE 法。根据 BLUP-APE 法，建立垄断行业企业实际业绩评估分析模型[②]，BLUP-APE 法能够有效利用相关行业、相关企业的信息，更有效地校正环境效应和互作效应，能够做到最佳线性无偏预测，最佳就是估计的误差最小，估计的实际业绩与真实业绩的相关性最大。就评估同一数据资料而言，BLUP-APE 法优于目前所有业绩评估方法，它充分利用了行业间、企业间同期业绩信息，消除了环境业绩和互作业绩偏差，能够比较准确地评估垄断行业企业实际业绩。

---

① BLUP 是英文 best linear unbiased prediction 的缩写，即最佳线性无偏预测。最佳是指估计误差最小，估计实际业绩值与真实值的相关性最大；线性是指估计是基于线性模型；无偏是指估计值的数学期望等于真值；预测是指预测一个个体将来作为亲本的种用价值（随机遗传效应）。它在 1948 年由 C. R. Henderson 提出，在 20 世纪 70 年代中后期开始应用于奶牛育种，在 20 世纪 80 年代中后期应用于各畜种的育种，取得了极显著的效果。
② 垄断行业企业实际业绩评估分析模型具体的构建和测算详见第 4 章。

第 4 章

垄断行业企业高管薪酬
激励与监管问题的实证考察

　　理论上，有关垄断行业企业高管薪酬激励与监管问题的认识，应放在特定环境条件下分析，理论研究终归应回到现实中。应对垄断行业企业高管薪酬激励与监管改革进展进行分析和判断，厘清目前中国垄断行业企业高管薪酬激励与监管存在的主要问题和问题产生原因，特别是关键性问题。同时，应依据业绩评估理论对垄断行业企业实际业绩进行准确测算，为分析垄断行业企业高管薪酬与企业业绩的相关性以及构建垄断行业企业高管薪酬激励与监管机制打下坚实的基础。

4.1　垄断行业企业高管薪酬激励与监管的改革进展

　　按照党的十八大提出的"实现发展成果由人民分享，必须深化收入分配制度改革"的总体要求，党中央、国务院和相关部门出台了一系列垄断行业企业薪酬改革的政策措施，取得了一定成效，尽管相对于竞争行业而言，中国垄断行业政企不分的问题仍然比较突出，特别是部分垄断行业已经形成庞大的既得利益群体，改革的阻力可想而知，改革的进展严重滞后，但是只要我们正确把握好改革总体方向，一定会取得好的成效。垄断行业企业高管薪酬激励和监管机制随着垄断行业整体改革而取得了以下进展：

4.1.1　垄断行业企业高管薪酬激励的改革进展

　　改革开放 40 多年来，中国经济社会发展取得了巨大成效，经济总量已经跃升到世界第二位。但是之前的经济改革主要是针对竞争行业，垄断行业整体改革严重滞后。除了极少数垄断行业已经启动打破垄断引入竞争机制的改革外，总体来看垄断行业的改革进展缓慢，成为阻碍经济社会发展的关键和难点领域。为此，我们需要对其进行"第二次改革"，把现有垄断行业改造成竞争行业，使市场真正发挥优化资源配置的决定性作用。垄断行业一般都是国家经济社会发展的基础产业，为经济发展和居民生活提供必不可少的产品和服务。垄断行业企业分配制度随着国家垄断行业的整体改革而进行了相应调整。经过 1956—1976 年"工资冻结 20 年"后，1978 年改革开放以来，为了激发国有企业积极性，抑制平均主义，"文化大革命"期间被废止的按劳分配制度、计件工资制度和奖金制度得以逐步恢复。1979 年国务院颁布了《关于扩大国营工业企业经营管理自主权的若干规定》，国企获得了一定的经营自主权和部分分配权。1981 年起，以《关于实行工业生产经济责任制若干问题的意见》等文件的实施，国家和企业的分配关系得到确立，国企员工收入与个人贡献开始挂钩，但由于奖金额度不大，且其收入与企业总体经营的业绩好坏仍然没有紧密联系起来。1984 年党的十二届三中全会通过的《中共中央关于经济体制改革的决定》颁布，才使企业员工工资和奖金与企业效益更好地结合起来。1985 年国务院颁布了《关于国营企业工资改革问题的通知》，标志着第三次全国性的工资改革的全面展开，国家将工资决定权逐渐下放给企业，开始实行"工效挂钩"①，基本实行了"国家宏观调控、分级分类管理、企业自主分配"的工资分配制度。20 世纪 90 年代中国企业改革的方向是建立现代企业制度。1993 年以后，国有企业改革的思路就由放权让利转向了企业制度创新。1998 年以后，政府特别关注国有企业的公司改制。1999 年，中国共产党第十五届中央委员会第四次会议通过的《中共中央关于国有企业改革和发展若干重大问题的决定》对于国有大中型企业的公司化改制提出了一些新要求。2001 年之后，政府先后制定了《上市公司治理准则》和《中华人民共和国证券法》（以下简称《证券法》），并且修改了《中华人民共和国公司法》（以下简称《公司法》）和《中华人民共和国破产法》（以下简称《破产法》）。2003 年 10 月召开的中共十六届三中全会强调对垄断行业要放宽市场准入，引入竞争。2007 年，党的十七大再次提出"深化垄断行业改革，积极引入竞争机制，加强政府监督和社会监督"的任务。2008 年以来，我国

---

① 工效挂钩是将企业薪酬总额增长与企业的经济效益增长紧密联系起来，由政府相关部门核定企业薪酬总额基数、经济效益基数和挂钩比例（两基数、一比例）。

将深化垄断行业改革每年都作为重要内容写入中央政府工作报告，国家发展和改革委员会也出台一系列政策文件来推进垄断行业改革。这为垄断行业企业高管建立薪酬激励和监管机制提供了契机。其薪酬制度变迁的动力由开始的政府供给主导推动逐步转变为企业自身需求诱导，变迁的驱动力量主要来自企业自身的需求。企业薪酬制度变革由过去政府行政力量的全面推动逐步转变为政府宏观指导、企业根据市场竞争环境的变化自主地制定，由此市场驱动的谈判工资制、体现贡献的业绩薪酬制、基于对人的知识和技能而支付薪酬、以岗位为基础的体现内部公平和外部竞争性的薪酬制以及奖金的模糊发放和岗位技能工资制得到广泛的应用，真正意义上的薪酬制度改革实践拉开了序幕。

知识经济的到来、中国加入世界贸易组织（WTO）、全球化的竞争、竞争行业的改革迫使垄断行业企业薪酬由过去平均主义的简单薪酬支付逐渐转变为与环境、组织的战略目标相适应的薪酬体系。企业努力通过吸纳、维系和激励合适人才以达到赢得并保持企业竞争优势的目标。回顾垄断行业企业薪酬制度改革的历程，我们可以看到有三条变化轨迹，从中可以得到相关启示。第一条是垄断行业企业薪酬制度改革主体及其推进方式的转变。从 1978 年至今，垄断行业企业薪酬制度改革经历了以下过程：政府直接主导薪酬制度改革（直接对企业薪酬制度进行改革）→对企业薪酬制度改革间接干预（制定企业薪酬制度改革总体方向、原则和政策）→企业薪酬制度自主决策（政府充当社会管理者或国有资产管理者的角色，通过经济、法律以及某些必要的行政手段，为规范垄断行业企业薪酬制度提供正常运行的条件和环境）。从这一变化轨迹中，可以得到相应启示：随着经济、政治、技术和文化等环境的变化，企业、政府应重新明确自身定位，在垄断行业企业发展、国家经济的腾飞中发挥应有作用。第二条是垄断行业企业薪酬制度改革内容和范围的深化。从 1978 年至今，垄断行业企业薪酬制度改革经历了以下过程：改革内容，只涉及纯物质报酬内容→逐步扩展为涵盖全面薪酬及其相关的配套制度；改革范围，国有企业→集体企业→包括垄断行业在内的所有类型企业。从这一变化轨迹中，我们可以得到相应启示：垄断行业改革内容和改革范围要深化扩展。改革内容要涵盖包括高管在内的所有员工报酬的各个方面，并将薪酬制度改革与其他相关制度配套；改革范围要淡化乃至取消不同企业的界限，为各种所有制企业公平竞争提供良好环境条件。第三条是垄断行业企业薪酬制度改革功能定位的调整。从1978年至今，垄断行业企业薪酬制度改革经历了以下过程：忽视或夸大企业薪酬制度改革的作用→与企业整体战略匹配并服从于企业整体改革。从这一变化轨迹中，可以得到相应启示：垄断行业酬制度改革的定位要调整，要用全面、系统、协调和可持续的观点来认识和把握垄断行业企业薪酬制度改革，着眼于整个社会历史发展的大局，立足于完善现代企业制度、实现垄断行业企业战略目标的高度，着手于薪酬及相关制度等方面的配套改革，落脚于薪酬机制创新和调动全体员工的积极性以及促进垄断行业企业可持续发展。

随着战略薪酬、自助薪酬、宽带薪酬、全面薪酬、谈判薪酬和总报酬模型等薪酬新思想、新理念在实践中的应用，它们对垄断行业企业高管传统薪酬实践造成很大冲击。环境的改变要求企业战略不断做出调整，并要求企业对其传统薪酬激励体系做出反应，垄断行业企业高管现代薪酬激励体系的重构和实施显得尤为紧迫，以环境分析为依据的垄断行业企业战略性薪酬激励机制是实现垄断行业企业战略的有力支撑。近年来垄断行业企业薪酬激励制度改革取得的新进展，在微观和宏观层面都有体现。

微观层面改革进展主要体现在以下方面：①对垄断行业企业高管的激励逐步转变为满足高管多层次需求的综合激励。垄断行业企业高管薪酬激励实践中，关注垄断行业企业高管的高层次需求。中国垄断行业企业对高管引进了欧美等西方发达国家的总报酬模型，除了常规的工资、业绩薪酬外，还采取提供良好的工作环境、培训并结合控制权激励、声誉激励、晋升激励和情感激励等多种激励方式，大大提升了垄断行业企业实际业绩。②严格控制垄断行业企业在职消费和隐性收入，充分发挥显性薪酬的激励作用。垄断行业企业高管的在职消费和隐性收入较多，在职消费和隐性收入对显性薪酬有较强的替代作用，这势必将影响垄断行业企业高管薪酬激励的有效发挥。垄断行业企业根据环境条件的变化，开始注重控制和规范垄断行业企业高管的在职消费和隐性收入，显性薪酬的激励措施也逐渐发挥作用。③垄断行业企业市场化改革取得明显进展，打破了平均主义思想。垄断行业企业表观业绩很大程度上是凭借垄断取得，高管薪酬与实际业绩基本没有衔接。目前垄断行业企业深化改革取得一定进展，薪酬改革的市场化程度得到提高，按劳分配和按业绩分配得到逐步落实，逐步冲击着平均主义思想观念。④垄断行业企业高管薪酬激励机制建立的基础工作得到强化。垄断行业企业高管薪酬激励机制的有效发挥，必须做好坚实的基础工作，企业战略目标规划、组织架构设计、工作分析、高管的市场化选择、业绩评估等基础工作在垄断行业企业的深化改革中得到逐步落实，为垄断行业企业高管薪酬激励机制的实施创造了必不可少的条件。

宏观层面改革进展主要体现在以下方面：①正确界定了政府、市场和企业在构建垄断行业企业高管薪酬激励机制上的职能，为垄断行业企业高管薪酬激励机制的有效实施创造了良好的内外环境。中华人民共和国成立以来，国家对垄断行业企业高管薪酬激励制度进行了渐进式的改革，使其与所处的环境条件匹配，尽管在企业高管的选拔任命、高管自定薪酬等方面还存在诸多问题，但国家主要着眼于宏观方面，尤其是在党的十八大后，针对垄断行业企业高管薪酬激励不足或过度问题，围绕增强垄断行业企业经营活力，形成有利于"市场决定"的运营环境，国家通过税收、财政和限薪等手段对垄断行业企业薪酬进行宏观调控，逐步体现出市场对资源配置起的决定性作用，正确处理好政府、市场与企业之间的关系，实行"市场机制调节、企业微观决策、国家宏观监控"，为垄断行业企业高管薪酬激励机制的有效运行提供良好的运作环境。②制定垄断行业企业高管薪酬法律法规，为垄断行业企业高管薪酬激励机制的运行保驾护航。2004 年，国资委出台《中央企业负责人薪酬管理暂行办法》；2009 年，人力资源和社会保障部会同中央组织部、监察部、财政部、审计署、国务院国资委等单位联合下发了《关于进一步规范中央企业负责人薪酬管理的指导意见》；2010 年，国家发展改革委员会制定了《关于 2010 年深化经济体制改革重点工作的意见》，提出了改革国有企业尤其是垄断行业工资总额管理制度；2014 年，中央全面深化改革领导小组第四次会议审议《中央管理企业主要负责人薪酬制度改革方案》；另外，《中华人民共和国公司法》和《中华人民共和国证券法》上规定的企业负责人薪酬确定的程序公平、内部公平、外部公平、信息公开披露制度、控制在职消费、消除灰色收入和规范高管合法的劳动报酬权益等方面，为垄断行业企业高管薪酬激励机制的构建和运行创造了良好的法律法规环境。从薪酬制度本质看，垄断行业高管薪酬制度更加注重高管薪酬与一般员工薪酬的差异化；从制度原理来看，垄断行业企业高管薪酬更加注重高管薪酬与企业业绩的挂钩；从制度结构来看，垄断行业企业高管更加注重高管薪酬与企业可持续发展的结合；从制度依据来看，垄断行业企业高管薪酬制度更加注重高管业绩的考核。③外部要素市场的完善，规范了垄断行业企业高管薪酬分配秩序。资本、经理和产品等要素市场的逐步健全，垄断行业企业高管的市场化选择，实际业绩的准确评估，高管价值的理性回归，政府对垄断行业企业薪酬激励的宏观调控和企业的微观决定紧密结合，有利于规范垄断行业企业高管薪酬分配秩序，促进社会公平正义。

4.1.2 垄断行业企业高管薪酬监管的改革进展

改革开放以来，中国垄断行业改革亦在探索中前行，垄断行业企业高管薪酬监管改革相应也取得好的进展（戚聿东，2013）。垄断行业企业高管薪酬监管改革主要经历以下三个阶段：①导入期（1952—1978 年）：企业高管的任命实行行政化任命，相应地，企业高管薪酬统一由政府监管，高管薪酬基本上停留在行政工资的阶段，政府对企业员工收入总额和薪酬增长速度实行了严格限制，造成普遍吃"大锅饭"，企业几乎没有什么自主权。②搁置期（1978—1992 年）：这一阶段的改革围绕着垄断行业的外围进行，"先增量后存量""先易后难"的改革思路使得处于市场经济重点、难点、焦点领域的垄断行业被搁置起来，基本没有触及垄断行业改革的实质。这个阶段竞争行业企业逐步实行"放权让利"、承包制和租赁制等改革，成为自主经营、自负盈亏的企业法人。竞争行业企业高管薪酬制度也相应从单纯的工资支付向薪酬激励的方向转变，这在一定程度上打破平均主义，抑制了吃"大锅饭"现象。

虽然企业在总体上仍未摆脱统一的等级工资制度，但随着奖金津贴补贴的恢复以及工效挂钩工资的实施，且国家为防止竞争性国有企业过度分配引发国有资产流失，相继采取了奖金税、工资总额同经济效益挂钩的措施以及工资调整税等手段，调节包括高管在内的薪酬水平。竞争行业企业薪酬的变革对垄断行业企业薪酬改革形成一定压力，促使垄断行业企业高管薪酬也逐步适应环境的变化。③启动期（1992 年至今）：电力、通信、石油、石化、民航、城市燃气、有线电视、机车车辆制造等垄断行业正式拉开了以"政企分开""政事分开"为核心的改革序幕，通过政企分开、事企分开、纵向拆分、横向拆分、引入行业外资本等改革措施，垄断行业改革取得一定进展。垄断行业企业在不断实践的过程中逐步建立起了现代高管薪酬制度。自 1992 年起，国有垄断企业高管薪酬制度开始由过去国家干部式的月薪制，向职业经理式的年薪制转变，其主要监管方式就是将高管薪酬和其他员工薪酬的差距控制在一定范围内，这种方式凸显了市场调节与政府监管相结合，兼顾了薪酬支付效率性与公平性，从而更好地将垄断行业企业高管的切身利益与其企业的经营业绩相结合。国务院国有资产监督管理委员会在 2003 年颁布《中央企业负责人经营业绩考核暂行办法》，进一步明确国有企业薪酬制度改革方向是实行年薪制，并把短期薪酬激励为主的措施逐渐转变为短期与中长期薪酬激励相结合，同时开始逐步推行股权激励制度。这样，高管的薪酬形式不仅有基本工资、年度奖金等短期激励手段，更有股权激励或 EVA 分红计划等中长期激励手段，现代企业高管薪酬制度初步建立。与此相适应，垄断行业企业高管薪酬监管也取得一定进展。企业薪酬监管法律法规也逐渐出台，为垄断行业企业高管薪酬激励监管提供相关的法律依据。2006 年颁布的《中华人民共和国破产法》第三十六条试图将高管薪酬与公司经营风险关联起来，该法指出，企业管理应当追回高管利用职权从企业获取的非正常收入和侵占的企业资产。2010 年，中国银监会颁布《商业银行稳健薪酬监管指引》，厘定了高管薪酬的延期支付比例、延期支付锁定期和薪酬追回条款等制度，应对高管薪酬与风险承担不对等问题。2009 年 4 月，财政部对金融机构高管薪酬有所回应，发布了限制 2008 年国有金融机构高管薪酬水平、薪酬与业绩联动机制以及缩小同业平均薪酬水平差异。对高管经营业绩的考核，实行年度考核与任期考核相结合、结果考核与过程评估相统一、考核结果与奖惩相挂钩的原则，并由国资委依据考核结果对企业负责人实施奖惩和任免。同样地，金融危机爆发之初，人力资源和社会保障部会同中央组织部、监察部、财政部、审计署、国资委等单位就有所回应，2009 年 9 月联合发布了《关于进一步规范中央企业负责人薪酬管理的指导意见》；2014 年 8 月国家又颁布了《中央管理企业负责人薪酬制度改革方案》，试图规范央企高管薪酬结构和水平、薪酬支付、补充保险和职务消费以及监督管理等事项。垄断行业监管方面应该采取可持续发展目标的业绩标准，以推进垄断企业长期目标和实现可持续性发展。

4.2 垄断行业企业高管薪酬激励与监管的问题诊断

　　垄断行业企业为了适应环境的改变进行了一系列改革并取得了一定进展，目前改革已进入深水区，改革的难度和瓶颈逐步显露，企业需要在更大程度上对垄断行业企业资源进行重新配置，这势必触及更多人的根本利益，造成更大冲突和摩擦，改革遇到的阻力和问题就会越大。这不仅需要改革者的勇气和决心，还需要化解来自利益受损者的阻力。本书通过分析垄断行业企业高管薪酬激励与监管的问题，为其构建和实施科学合理的垄断行业企业高管薪酬激励和监管机制打下基础。

　　垄断行业企业高管薪酬激励和监管机制有其自身特点，在垄断行业企业实际经营管理实践中，最大的问题是垄断行业企业高管薪酬激励与监管机制两者间产生了不协调的问题，造成垄断行业企业高管薪酬与监管设计和运行的系统性不足，单一机制发挥效果不佳。具体表现如下：第一，思想认识上出现偏差。由于没有深刻理解垄断行业企业高管薪酬激励和监管机制的内涵和本质，管理者没有辩证看待两者之间的关系，顾此失彼，导致在构建和运行垄断行业企业高管薪酬激励和监管机制时出现偏差。第二，目标不能集中统一。垄断行业薪酬激励与监管机制在实质上的目标是一致的，只是它们采取的手段和方式不同而已，在理论上和实践上，人们把两者的目标对立起来，造成两者各自为政，不能形成合力，目标不能集中统一。第三，缺乏信息共享机制。信息共享包括事前、事中、事后的信息共享，形成信息共享机制。实践中管理体制、信息技术手段、相关主体的动力上的问题，导致信息共享机制没有建立起来，薪酬激励与监管对其信息掌握的程度有差异，出现不协调问题。第四，时间上不同步。薪酬激励与监管机制的构建和运行出现不同步的现象，造成薪酬激励措施与监管措施的不协调。薪酬激励制度与监管机制的不协调，导致企业重个体性、轻协同性，忽视其监管机制可能存在严重的内部人控制等问题，最终造成薪酬激励与监管目标不能实现。

　　垄断行业企业高管薪酬激励与监管机制是一个庞大的系统工程，关系到政府、行业、企业、公众等多个层面和主体，涉及薪酬激励模式、路径选择、风险控制、监管体系、法律规制等方面，进而延伸到产权、治理、竞争、运营和价格等领域。同时，我们还应深入分析中国垄断行业所处的体制和制度环境，鉴于此，必须努力把握新时期中国垄断行业企业高管薪酬激励涉及的主体、内容、体制和制度环境间的内在联系，揭示中国垄断行业企业高管薪酬激励的一般规律，并且，再在此基础上探寻垄断行业企业高管薪酬激励与监管机制，并注意垄断行业企业高管薪酬激励的风险控制和法律规制等问题。依据系统理论，系统整体功能的强化需要系统内各个要素的整体改进，协同配合。有效的薪酬激励机制本身具有一定的监管功能，有效的薪酬监管则为薪酬激励提供运行的条件。薪酬激励与监管机制的有效运行要求两者协调一致，如果两者关系不协调，薪酬激励与监管机制的运行将受阻，机制运行就会偏离方向；如果其中一方过弱，与木桶理论类似，相对较强一方也不能发挥应有作用，薪酬激励与监管机制的目标无法达成。因此，薪酬激励与监管机制力求协调一致。

4.2.1 垄断行业企业高管薪酬激励的问题诊断

垄断行业改革在发达国家已经有 30 多年的历史，中国垄断行业改革始于 1994 年中国联通的成立。21 世纪以来，中国电信、电力、民航的分拆重组使其垄断逐渐被打破，继续推进和深化垄断行业改革势在必行。垄断行业企业高管薪酬激励也随着垄断行业的整体改革而取得了一定进展和成效，但与竞争行业企业的改革相比，其在深度和广度方面还显得不够，中国垄断行业企业高管薪酬激励问题成为当前改革的热点和难点，垄断行业企业高管薪酬激励存在以下几方面问题：

4.2.1.1　垄断行业企业高管薪酬激励机制需要打破垄断、引入竞争，创造在保证效率的基础上兼顾公平的环境条件

中国垄断行业企业高管薪酬经过市场化改革，其薪酬激励市场化程度得到进一步提高。但总体来说，垄断行业企业高管薪酬激励改革的范围还比较狭窄、层次还比较低，垄断行业企业实际运行中所暴露的整体效率较低、自我发展能力不足、价格体系扭曲、结构调整缓慢、资源消耗过度等问题，这些都与垄断范围过广、垄断程度过深，从而薪酬激励作用根本无法发挥有关。现有垄断行业企业高管薪酬激励改革研究，大多是基于国外的体制环境而展开的，这些分析所得到的结论能否成功应用到中国新时期垄断行业企业高管薪酬激励改革，仍然存在较大的疑问。因此在新的历史时期，更进一步深化中国垄断行业企业高管薪酬激励改革，需要打破垄断引入竞争，创造在保证效率的基础上兼顾公平的环境条件，规避改革风险，以实现社会的公平正义。

4.2.1.2　对垄断行业企业高管薪酬激励的宏观调控难度加大

垄断行业顽疾和问题较多，积累时间较长，垄断行业企业高管薪酬激励改革关系到多个主体，需要整合的内容繁多，体系复杂，逻辑上能否协调一致成为薪酬改革的首要难点。各垄断行业初始条件、市场化程度、技术经济特征差别较大，设计出适合普遍的垄断行业，又能考虑到具体行业特殊性的薪酬激励机制，难度不小。同时垄断行业企业高管薪酬激励机制改革必然涉及各阶层利益的调整，深化垄断行业企业高管薪酬激励改革必然会遭到既得

利益集团的压力，需要采取利益补偿的"赎买"方式换取改革方案的成功实施。总体上来讲，在垄断行业，政企尚未彻底分开，缺乏商业化的运营环境，垄断行业进入壁垒过高，行业内难以形成有效竞争，垄断国有资本"一股独大"比较严重。垄断行业企业一般存在多层次的委托代理关系，信息传递过程中不仅会出现累积性的信息损失，而且垄断行业企业通常是追求多元化目标，这些无疑增加了垄断行业企业高管薪酬激励的宏观调控难度。

4.2.1.3　垄断行业企业高管薪酬激励机制的形成存在合谋问题和委托者积极性不高等现实困难

根据青木昌彦提出的制度博弈均衡理论，博弈的主体在于利益相关者。各利益相关者根据自身目标函数最大化原则形成各自的行动策略组合，各方作为行动主体，都有各自的利益诉求和行为特征，各方以自身最有利的行动组合作为博弈方式，在中国具体的现实环境条件下进行反复多重博弈，最后形成比较均衡的行动组合。这是各方妥协的结果，达成结果需耗费大量时间成本和物质成本，产生交易费用，一旦达成就具有动态相对稳定性，垄断行业企业高管薪酬激励制度是以这些均衡行动组合为基础的，同时垄断行业企业存在多重委托代理关系，与竞争行业企业相比具有特殊性。另外，垄断行业企业还存在两方合谋压制第三方问题，合谋导致设计的垄断行业企业高管薪酬激励机制失去其科学性和公平性原则，同时由于垄断行业基本是国有性质的，与竞争行业企业相比，其所有者是全体人民，初始委托者处于虚位，导致其根本没有积极性去激发设计和构建科学的薪酬激励机制。

4.2.1.4　盲目照搬国外垄断行业企业高管薪酬激励模式，脱离中国具体的现实环境导致激励效率低下

中国垄断行业企业高管薪酬激励有其特殊性，垄断行业企业高管薪酬激励机制的构建必须依据中国的现实环境，即根据中国的宏观环境、中观环境和企业内部环境，采用国内外先进的薪酬激励工具和方法，在此基础上设计出科学的垄断行业企业高管薪酬激励机制。同时，垄断行业企业高管薪酬激励机制的有效实施也需要最适合的体制环境，与体制环境匹配度高，即配合力高，其实施效果就好，反之实施效果就不理想。如果不顾中国具体的现实

条件完全盲目照搬国外薪酬激励模式，势必造成其激励机制不科学以及与实施所需的环境条件不匹配，不仅激励成本高，而且激励效果较差。

4.2.1.5　垄断行业企业高管激励扭曲问题严重

垄断行业企业高管要站在企业所有者角度，在实践中要坚持古典的边际生产力工资理论。首先高管要为企业创造实际业绩，这样才有"分好财富"的基础，而很多垄断行业企业高管凭借垄断经营创造的业绩而不是根据自身创造的实际业绩就获得了较高薪酬，远远超过竞争行业高管的收入，薪酬激励过度的问题严重。相反，也有些垄断行业企业高管为企业创造了巨大价值，而没有得到相应的薪酬回报，造成高管的心理极度失衡，"褚时健事件""于志安事件"等事件的发生，反映了对垄断行业企业高管激励不足的严重后果。导致激励扭曲的原因主要是垄断行业企业高管薪酬激励的市场化导向严重不足①。

4.2.1.6　垄断行业企业高管薪酬与实际业绩的联系不够紧密

垄断行业企业凭借资源、政策等垄断来获取高额业绩，垄断行业企业高管根本不需要付出努力就能获取良好的表观业绩，高管所获得的报酬与自身的努力没有明显的相关关系，甚至有的垄断行业企业亏损而高管还能获得较高的薪酬。由于垄断行业企业会计报表上的业绩是企业的表观业绩，垄断行业企业的表观业绩进一步被分成包括垄断业绩在内的环境业绩、互作业绩和包括高管在内的所有员工共同努力创造的实际业绩。我们如果想准确评估出垄断行业企业高管的实际业绩，就需要剔除环境业绩和互作业绩。由于在现实中很多测算方法都存在缺陷，准确评估其实际业绩存在一定难度，这种缺

---

① 2017年12月26日发布的《中国上市企业高管薪酬指数报告（2017）》中的数据显示：从激励情况来看，在研究的2 829家上市企业中，激励过度的企业有707家，激励适中的企业有1 415家，激励不足的企业有707家，其中高管薪酬指数最小值是中国联通的0.05。从时间上看，2012年国有控股企业薪酬指数均值为71.38，2015年为75.99，2016年为138.47，这反映出国有控股企业高管薪酬的增长速度快于企业业绩的增速。详见：高明华等所著的《中国上市公司高管薪酬指数报告（2017）》。高管薪酬指数是高管薪酬与贡献的匹配度，该指数过高、过低都反映出薪酬与贡献不匹配，数值越居中反映高管薪酬与贡献越匹配。从上面数据可以看出国有控股企业高管薪酬激励过度与不足并存，尤其值得关注的事实是国有控股企业激励不足现象呈现出增长趋势，反映出高管薪酬偏离了其对企业的贡献，企业高管动力明显不足。

陷的存在弱化了垄断行业企业高管薪酬与高管实际业绩联系的紧密性。

4.2.1.7　垄断行业企业缺乏薪酬激励的基础条件和配套制度

垄断行业企业高管薪酬激励的有效建立和实施需要基础条件和配套制度作为保障。垄断行业企业高管薪酬机制构建应按"垄断行业企业内外部环境分析→垄断行业企业战略制定→组织架构设置→岗位价值评估→垄断行业企业高管筛选→业绩剖分及评估→垄断行业企业高管薪酬激励机制建立"的逻辑顺序，每一环节都有相应的基础工作和配套制度，上述基础工作和配套制度做得不好，会严重影响垄断行业企业高管薪酬激励机制构建的科学性，同时垄断行业企业高管薪酬激励的实施也需要基础条件和配套制度作为保障。垄断行业企业高管薪酬激励机制的构建和实施需要高管的科学选择、高管的需求确定、考核周期和考核指标的设定、实际业绩的准确评估以及实际业绩与薪酬的有效挂钩等基础条件和相应配套制度。

4.2.1.8　垄断行业企业高管薪酬激励制度忽视其配套监管机制，存在自定薪酬问题[①]

根据委托代理理论中委托代理产生的条件，即委托者和代理者的信息不对称性以及委托者代理者的目标函数的不一致，垄断行业企业存在多层次的委托代理问题，所有者的虚位和垄断行业企业治理结构的不完善造成"内部人控制"的问题尤其突出，垄断行业企业高管对企业的人、财、物具有绝对的发言权，存在自定薪酬问题[②]。无论企业是营利还是亏损，垄断行业企业高管都能为自己制定过高的薪酬[②]。垄断行业企业高管薪酬激励制度基本上是围绕如何提升高管的努力程度而进行的，却忽视了另外一个至关重要的监管问题。鉴于垄断行业有其委托代理链条长和所有者虚位等特殊问题，必然要求

① 改革开放以来，中央管理企业负责人薪酬制度改革取得积极成效，对促进企业改革发展发挥了重要作用，同时也存在薪酬结构不合理、薪酬监管体制不够健全等问题。要从我国社会主义初级阶段基本国情出发，适应国有资产管理体制和国有企业改革进程，逐步规范国有企业收入分配秩序，实现薪酬水平适当、结构合理、管理规范、监督有效，对不合理的偏高、过高收入进行调整（节选自2014年8月18日习近平总书记在中央全面深化改革领导小组的第四次会议讲话）。
② 吴育辉、吴世农（2010）通过对2004—2008年中国上市企业前三名高管的薪酬水平进行实证研究，结果表明中国上市企业高管在薪酬制定方面存在明显自利行为，这减弱了薪酬制度的激励作用。

机制的建立能约束高管不当行为。只有同时充分发挥垄断行业企业高管薪酬激励和监管两方面的作用，才能激励垄断行业企业高管努力工作，实现高管目标函数和企业目标函数的一致。

4.2.1.9　垄断行业企业高管薪酬激励机制构建和实施存在不小的阻力

中国市场经济体制还不完善，目前处于体制和生产方式的双重转轨时期，公民的各种认知、心理与情感还停留在旧体制和旧的生产方式上，调整和打破需要较长的时间。垄断行业企业高管薪酬激励的敏感性和复杂性决定了克服各种阻力的艰巨性，比如权利阻力、文化阻力、惯例阻力和市场阻力。

上述问题既有源自企业微观层面的，也有来自企业外部宏观层面的，这些问题不是短期形成的，而是长期积累的结果，对垄断行业企业高管薪酬激励机制建立和实施造成重大影响，这都需要我们准确把握微观层面和宏观层面存在的主要问题。企业微观层面问题主要通过企业本身加以控制和解决，而宏观层面则需要政府、行业、市场通过薪酬激励制度的改革，有计划、有步骤地逐步加以解决。实践中我们要力图避免两种严重错误的做法：一是认为对于垄断行业企业高管薪酬激励机制完全由企业自定，国家完全放任不管，加之企业治理结构不完善，造成事实上的"内部人控制"状态；二是认为对于垄断行业企业高管薪酬激励机制，企业完全没有决策权，完全由企业外部来决定。这两种极端做法都是完全错误的，要正确界定好政府、市场、企业各自的职能，充分发挥市场的决定作用，建立在国家宏观调控下企业自主决策的新型企业高管薪酬激励机制。

4.2.2　垄断行业企业高管薪酬监管的问题诊断

垄断行业企业高管薪酬监管是监管者对垄断行业企业高管薪酬实践执行相关规则或原则情况进行监督、评估和指导。监管的理论发展演化，经历了公共利益理论、监管俘虏理论、监管经济理论和监管激励理论。诺贝尔经济学奖得主拉丰和梯若尔引入信息不对称作为基本前提条件，利用契约理论的分析手段，提出了新监管经济学，他们认为监管者和被监管者之间存在信息不对称和目标函数不一致，存在委托代理问题产生的基本条件，这就需要我们在委托代理框架下着手研究监管者与被监管之间的博弈关系。监管者应设计垄断行业企业某种契约激励被监管者，使被监管者自身利益在得到最大化的同时也能保证社会福利最大化目标的实现。

垄断行业企业高管薪酬监管的目标主要是弥补市场失灵的缺陷，使各种资源要素得到合理流动，资源得到最优配置，实现垄断行业企业经济目标和有效解决外部性问题。按照政策的目的和手段方式的不同，监管一般可以分为直接监管和间接监管两种类型。直接监管是为了解决垄断、外溢性、信息不对称等市场失灵问题，相关部门通过制定相关法律法规，直接介入被监管者的决策而实施直接干预行为。间接监管并不直接干预被监管者的决策，而是对不公平竞争行为实行制约，为各经济主体创造公平的竞争环境。

尽管垄断行业企业高管薪酬监管改革取得了一定成效，但其与垄断行业企业其他改革相比还存在着许多现实问题，涉及政府层面、市场层面、产业层面和企业层面，具体表现在以下几个方面：

4.2.2.1　代表所有者的监督者缺位

垄断行业企业所有者对垄断行业的监管主要体现在两个方面：一是作为政府职能部门对其经济行为进行监管，充当监督管理的角色；二是作为垄断行业企业所有者，对企业拥有所有权，充当股东的角色。作为垄断行业所有者的全体人民却没有真正参与垄断行业企业高管薪酬的制定，也没有相应的监督机构或者监督者在高管薪酬激励机制形成之初进行监督，国资委作为国有垄断行业的直属主管机构，它所承担的不仅是出资人的身份，它还配合政府出台宏观或其他方面的政策，所以它并不能真正代表全体的出资人。虽然薪酬激励制度形成后，国资委会引入诸如注册会计师事务等社会监督机构对其进行审计和监督，但这是一种事后控制机制，而并没有从源头上对其进行事前控制。垄断行业企业的业绩很大部分是凭借垄断优势取得，由此决定它的收入分配不能按照竞争行业企业的方式进行。垄断行业企业高管的薪酬激励机制从形成、制定到最后的运行都应受到出资人的相应监督，缺乏所有者监督的垄断行业企业高管薪酬激励机制很难获得社会公众的肯定。

4.2.2.2　垄断行业和竞争行业的企业高管薪酬激励机制构建和运行的环境有失公平

随着中国市场经济的逐步完善，我国在营造企业高管薪酬激励机制的内外部环境条件上取得了一定成效，但目前垄断行业和竞争行业企业高管薪酬激励机制构建和运行的环境仍然有失公平，这就需要相关部门强化监管机制。政府应该首先清晰明确垄断行业的战略定位，除了涉及国计民生和有关国家安全的行业外，都应打破垄断、促进竞争，实现"第二次改革"，将这些行业全部改造成竞争行业，使市场真正发挥资源优化配置的决定性作用，最终为垄断行业和竞争行业企业高管薪酬激励机制创建相对公平的内外部环境。

4.2.2.3　对垄断行业企业高管分配收入的宏观调控仍然需要强化

垄断行业基本上是国有企业，所有者的"虚位"导致股权监管机制极度弱化，加之信息的不对称性、企业治理结构的不完善、外部资本市场和经理人市场的不成熟等诸多原因，国资委对垄断行业企业的控制，表现出在行政上"超强控制"和在产权上"超弱控制"两种极端方式，双方多重博弈的结果是使部分高管利用行政上的"超强控制"转移经营风险，推卸经营失败责任，同时他们又利用产权上的"超弱控制"，垄断行业企业高管成为真正的"内部控制人"，自定薪酬问题严重。他们不是依据垄断行业企业高管为企业创造的价值，而是凭借垄断取得的业绩随意给自己制定过高收入，其薪酬水平与价值度、贡献度严重背离，与普通员工和其他竞争行业企业相比，其薪酬增长过快，拉大了垄断行业内高管与普通员工间的薪酬差距以及垄断行业和竞争行业间的行业薪酬差距。加上各种不合理的职务消费、隐性收入和灰色收入，垄断行业企业高管和垄断行业与竞争行业企业间差距有的甚至超过10倍以上。国家应根据深化垄断行业企业高管薪酬改革的要求，在保障垄断行业企业高管薪酬微观决策权的基础上对分配收入进行宏观调控。

4.2.2.4　垄断行业市场监管条件较薄弱并缺乏相应的基础保障

与市场经济国家相比，中国社会主义市场经济体制还有待完善，表现出来就是要素市场发展相对滞后，行业垄断和地区封锁依然存在。而企业薪酬激励机制的充分发挥一个关键要件是要素市场的完善性，垄断行业企业也不例外。而中国资本、经理和产品等要素市场的不健全使其垄断行业企业高管薪酬激励机制运行缺乏有效运行的市场监管条件。

与经营管理好企业必须做好相应的制度、标准和流程等基础工作一样，垄断行业企业高管薪酬监管也同样离不开最基础的工作，目前垄断行业企业高管薪酬监管在基础保障方面存在很多问题：垄断行业企业高管的任命行政化、垄断行业企业实际业绩未能准确评估、实际业绩未与高管薪酬有效挂钩，等等，相应薪酬激励就缺乏依据，导致垄断行业企业高管薪酬激励机制的构建和运行缺乏基础保障。

4.2.2.5　垄断行业企业高管薪酬监管构建存在各种阻力

中国垄断行业政企不分的现象较为严重，政府监管机构与垄断行业之间存在着一种特殊的关系，这种特殊关系已经逐步演变成一种更加特殊的利益共同体即"政企同盟"。结盟者一方为监管机构，另一方为被监管企业。这个"政企同盟"有足够的垄断能力和权力资源，影响政府决策的渗透力、甚至直接的决断力，打着所谓"合法"旗号掠夺高额垄断业绩的同时，还极力阻碍公平竞争所需的市场博弈规则的建立①。同时任何一项改革都会对利益进行调整，利益的受损方必然要阻挠，加上垄断行业企业受传统的"吃大锅饭"思想、高管行政任命色彩严重不能有效筛选和实际业绩评估本身的内在困难，垄断行业企业即使有比较合适的高管薪酬激励机制，也会受上述因素影响，对垄断行业企业高管薪酬监管造成巨大的阻力。

4.2.2.6　隐性收入监管重视程度严重不够

无论政府是对垄断行业企业高管薪酬的宏观调控，还是通过税收政策调节垄断行业企业高管薪酬，其目的都是控制高管的薪酬水平。这些措施也确实起到了抑制高管薪酬的作用，但这仅仅针对的是高管的显性收入。更为致命的问题是垄断行业企业高管的控制权收益弥补了其显性薪酬的不足，而以往的研究仅仅停留在加强第三方机构的监督和社会公众监督上，但实施效果

---

① 余晖在《中国工业经济》2000 年第 1 期上发表的《受管制市场里的政企同盟——以中国电信产业为例》中提出来的。

不理想，主要原因是高管控制权收益脱离了监管视线。垄断行业企业高管薪酬监管应该显性收入和隐性收入并重，切实将隐性收入纳入监控视野，构建剔除垄断行业企业政策红利的监管机制，使垄断行业企业高管薪酬真正与其实际业绩相匹配。

4.2.2.7 以短期临时性限薪措施为主，缺乏长效的监管机制

2008 年国际金融危机爆发，国家为此出台了"限薪令"，可谓非常时期的无奈之举。无论是薪酬最高限额监管还是按高管与一般员工薪酬倍数监管，就监管手段而言，都是以如何限制企业高管薪酬为核心的监管思路，注重限制，忽视引导监管，相对看重短期成效，轻视长远效果，美国的金融机构薪酬政策监管方案、法国金融业监察员的设置等长期监管措施并没有引起应有的关注。薪酬监管只是为了制约垄断企业高管滥用权力，而为垄断行业企业高管薪酬激励机制的规范构建和提供良好的实施环境保驾护航，这就需要系统地运用调节工具组合，建立长效的监管机制。

4.2.2.8 缺失监管协同性

基于垄断行业企业高管薪酬的复杂性，各监管主体需要采取多种监管工具和手段，发挥监管协同作用。但是仅仅监管主体之一的政府监管就政出多门，对垄断行业企业监管的权力没有集中在一个专门的政府部门，而是财政部、国家发展和改革委员会、国资委、行业主管部门都对其监管，形成部门与部门之间职责不清，各行其是。现有监管工具不能发挥协同作用，甚至监管工具间还存在冲突，发生监管内耗。孤立地看，不仅个体具有合理性，而且可能互补的这些监管如果不具有协同性，任何一个机制均可能被架空。没有监管机制的协同作用，任何监管手段均可能功亏一篑。这些都是在高管人力资本化条件下，增强各主体监管协同性和有效性亟待解决的课题。中国垄断行业企业高管薪酬监管脱胎于政府统一管制，惯性思维使得企业注重以行政方式限制高管薪酬水平，往往是"头痛医头，脚痛医脚"，缺乏顶层设计和系统性，不能适应垄断行业企业高管薪酬激励的复杂性和动态性，垄断行业监管机制明显已经滞后于现代企业高管薪酬制度。

4.3　垄断行业企业高管薪酬激励与监管问题的成因

垄断行业企业高管薪酬激励与监管机制存在问题，其原因是多方面的，既有现代企业制度原因，又有薪酬制度设计的原因，还有机制和体制原因。

4.3.1　没有完善的现代企业制度

薪酬激励问题是伴随现代企业的出现而产生的，以所有权和经营权两权合一为特征的古典企业，不存在对经营者的激励问题。进入 20 世纪以后，随着生产社会化发展和市场竞争的日趋激烈，企业规模的扩大，经营管理的复杂多变，过去那种企业所有者与经营者合二为一的做法已经不适应新的环境，于是旧时集所有权和经营权于一体的"企业主企业"便逐渐演化成"经营者控制型企业"，企业控制权转入企业经营者手中。伯利和米恩斯的"所有权和控制权分离"，概括了现代企业的本质特征，奠定了现代企业理论的基石。治理结构作为现代企业制度的核心和关键，对国有大中型企业进行公司制改革，公司制是现代企业制度的一种有效组织形式。企业实际经营管理实践中可能发生偏离企业利益最大化的行为，激励和监管就成为防止偏离这种行为的必要手段。由此，在现代企业中，激励与监管被赋予重大的理论价值和实践意义（朱克江，2002）。现代企业制度建设主要包括产权制度的明晰、企业高管的市场化选择、岗位价值的评定、业绩考核与评估等方面。垄断行业基本上是国有企业，国有企业产权的最终所有者是全体人民，全体人民是企业的初始委托人，垄断行业企业委托代理关系具有特殊性，其实质是一种全体人民、政府或政府代表与企业经营者三者之间特殊的双层委托代理，即从初始委托人全体人民到国家权力中心的自下而上的授权链，以及从权力中心到最终代理人企业员工自上而下的授权链（杨水利，2011）。这种双层委托代理通常缺乏效率，缺乏效率的根源是终极委托人所有者地位的虚置，从而使这种委托代理缺乏严格的委托人指向代理人的监督机制（杨红炳，2006）。需要进一步明晰产权制度，除关系国家安全的行业外，引入民营资本，实现混合所有制是一种可行的途径。垄断行业企业高管很多是行政任命的，激励要发挥作用必须是以高管能胜任其本职工作为前提条件，这就需要市场化选择高管。

垄断行业企业因产权的虚置、高管的行政任命和企业治理结构的不规范，严格来讲不算真正的公司制，至少可以说现代企业制度还不完善。垄断行业企业改革中存在的路径依赖，使得企业高管薪酬激励与监管机制基本上沿袭改革前的模式，即软激励与软监督并存。在这种情况下，表现为行政上的超强控制与产权上的超弱控制并存，企业和高管之间博弈的结果，是高管利用行政上的超强控制转嫁经营风险，逃避经营责任，同时有利用产权上的超弱控制形成内部人控制，追逐高管自身利益，损害企业权益（杨水利，2011）。现代企业制度的不完善，导致垄断行业企业高管薪酬决策与监管机制失灵等问题产生。

4.3.2 薪酬没有与实际业绩挂钩

国内外对于高管薪酬与企业业绩的相关性进行了大量的研究，国内外研究基本上得出高管薪酬与企业业绩间呈现出正相关、不相关甚至负相关的不同结论，由于数据的可得性、研究内容和业绩方法等存在不同之外，最为重要的一点是垄断行业还存在垄断业绩的存在，其相关性研究是基于垄断行业的表观业绩，各企业垄断业绩大小不同使其得出的结论千差万别。高管薪酬与企业业绩联结有利于企业业绩的提升的观点在经历一场复杂的认知变迁之后，已经成为普遍共识。无数实践和实证研究表明，垄断行业企业高管薪酬的增长速度和幅度与企业业绩增长没有关联性，甚至截然相反。这是由于垄断行业企业基本是国有企业，具有行政垄断和企业性的双重特征，政府干预与行业垄断严重干扰了业绩与高管薪酬的相关性。垄断行业企业高管的努力程度、能力和风险态度等变量受到信息、时空的限制而很难及时、准确地用简单的考核指标来衡量。企业在所有权与经营权分离的情况下，无法直接观察到高管是如何工作的，而只能观测到另一些变量，即企业的产出或业绩，但至少这种变量是由高管的努力程度、内外部环境决定的。所有者应该以高管自身努力创造的业绩为依据来对高管进行奖罚，引导高管行为，通常企业报表上反映出的业绩是表观业绩，包含有环境业绩和互作业绩的"噪音"，通过什么方法和手段来消除企业表观业绩中的"噪音"，是垄断行业企业在实践中面临的一个非常棘手的问题。垄断行业企业实际业绩评估的困难导致垄断行业到目前为止基本没有这方面的工作，实际业绩评估体系的滞后使得我们难以对垄断行业企业高管做出公正的评估，故高管薪酬激励机制构建就没有合理依据。垄断行业企业高管薪酬与企业实际业绩没有挂钩，导致垄断行业企业高管薪酬激励机制扭曲、监管失去方向等问题的发生。本书采用最佳线性无偏预测（best linear unbiased prediction，BLUP）建立垄断行业企业高管实际业绩评估模型，以准确评估垄断行业企业高管的实际业绩，为科学、规范和合理地设计垄断行业企业高管薪酬激励与监管机制打下基础。

4.3.3　机制自身缺陷与体制不健全

进入新的历史时期，中国的经济结构发生了重大调整。企业原有的薪酬与监管制度被打破，原有的薪酬与监管制度失去了合理存在的环境，造成现有的薪酬激励与监管机制的缺陷。这一切要求我们应对原有的薪酬与监管制度进行改革，因为企业高管薪酬激励与监管机制的建立和运行还在一定程度上受到原有体制的束缚。

4.3.3.1　薪酬激励与监管机制本身存在缺陷

由于垄断行业企业所有权属于全体人民，所有者处于虚位状态，这就造成委托者没有积极性去制定企业高管薪酬激励机制，形成严重的企业内部控制问题，垄断行业企业高管薪酬激励决定机构本该为董事会下的薪酬委员会，由于高管行为导致薪酬委员会受到高管的控制，其独立性势必影响垄断行业企业高管薪酬激励机制的决定，造成薪酬激励机制的不公平、不规范和不合理。监管机制也是如此，监管主体的独立性、职能界定模糊以及监管主体自身外部监督等方面的问题，使其构建的监管机制本身就存在缺陷，对高管行为的监管失控，造成高管隐性收入失控、重短期临时性限薪措施、轻长效和内生机制等监管问题。

4.3.3.2 体制缺陷

（1）政府行政体制缺陷。国家对于垄断行业所具有的双重身份未进行明确的职权划分。首先，垄断行业基本上都是国有企业，产权最终属于全体人民所有，国家行使行政权力，采用税收形式参与其分配；同时以企业所有者的身份代表全体人民行使产权权力，征收垄断行业企业税后利润。国家集双重职能于一体，职权模糊。其次，从垄断行业的主管部门看，其相应的政府管理机构，既是行业的管理者，又是经营者，依然采用的是计划经济下的管理模式。作为政府直属特设机构，国资委同时具有监督和管理两种职能，难以很好地履行职责。最后，国资委的定位和权责不够清晰，缺乏完善的预算机制，导致垄断行业企业资本经营预算中的收支不能进行合理决策和严格管理（王哲琦，2014）。法律法规的不健全、高管的行政任命、要素市场的不完善、众多行政化的监管流于形式等多种因素，致使企业难以形成良好的薪酬激励和监管机制。

（2）企业体制缺陷。企业体制是指形成企业组织的基本经济关系，它包括企业内部体制和企业外部体制。企业内部体制表现为企业的治理结构及一系列的制度安排。企业的外部体制则是企业的市场环境，它表现为企业与企业、企业与市场以及社会各方面的基本交换方式，是国家经济体制的微观表现形式。外部体制是指来自企业外部主体诸如政府、中介机构和市场等参与的激励与监督。内部体制是企业内部流程所界定的利益相关者间的权责利分配和平衡关系的具体内部制度安排。在西方理论界，对经营者薪酬激励的研究，总是假设制度为既定，并始终在这一前提下讨论问题。事实上，成熟的市场经济环境、规范的法人治理结构等这些制度的问题，西方发达国家已经基本解决，这些问题自然较少出现在其理论研究中。而中国具体的现实情况是，这些方面的问题恰恰比较突出，对比经营者薪酬激励制度安排来说，显然更为重要（朱克江，2002）。

完善企业体制涉及外部体制和内部体制。企业外部监管体制主要是法律监管和市场监管。法律监管的核心是强化企业治理，实现依法治企，消除企业治理行政化；市场监管的核心是健全市场体系，促进自我约束，市场监管也是建立在法律基础上的（杜雯翠，2016）。有效的或理想的企业内部监管体制标准包括：一是能够给企业高管以适当的控制权经营管理企业，发挥其潜能，为其创新性地开展创新经营留有充足的余地；二是从所有者利益出发对高管侵害企业资产时有迅速采取行动的权利。

4.3.4　机制运行与市场环境条件不相符

垄断行业企业高管薪酬激励和监管机制的构建和运行两者既相互联系，又有较大的区别。对于机制构建，我们只需要对少数关键人进行协调，它更注重一种思维理念和效能，根据企业薪酬与监管的相关理论和企业的实际，凭借薪酬制定与监管的工具和方法，构建起适合企业高管实际的薪酬激励与监管体系。而企业高管薪酬激励与监管的运行需要协调众多部门和人员，它更注重具体行动过程，需要我们在行动中动用较多的资源，凭借更好的管理方式提高薪酬激励与监管机制运行的效率。

垄断行业企业高管薪酬激励机制的运行需要适宜的市场环境条件。但目前资本市场、产品市场、经理市场等要素市场不完善，各种要素不能够得到自由合理流动，市场机制不能充分发挥作用，资源得不到最优配置，激励效率不高，造成高管努力程度不够、搭便车、败德甚至腐败行为的发生。垄断行业企业高管薪酬激励和监管机制的运行明显与市场不符。市场环境条件的不匹配，使得对企业高管进行薪酬激励与监管的任务更加艰巨，激励与监管的难度和成本也明显增加。市场环境的规范和完善，是企业正常生产经营和获得正当利润的必要条件，可以使企业对高管的努力程度做出客观评估，可以说是实施有效监督的前提。垄断行业企业高管薪酬激励机制有效的一个关键条件是市场的充分有效。科学、规范、合理的薪酬激励机制设计并不能保证机制能够顺畅运行，企业应该对不利的市场环境进行控制，创造与垄断行业企业高管薪酬激励相匹配的市场环境，使其产生最佳的激励效果。

有关垄断行业企业高管薪酬激励与监管机制的问题诊断，薪酬激励与监管机制的问题成因主要是实际业绩评估困难，薪酬激励机制缺乏制定依据，监管失去方向，导致薪酬激励与监管制度本身存在问题，同时激励机制的运行需要良好的环境条件，但其背后深层次的问题实质上是薪酬激励与监管机制存在的体制障碍。这就要求我们在解决薪酬激励与监管问题之前，不妨先理顺企业的体制方面的问题。因而，要从中国具体的实际出发，根据一定的体制和垄断行业特点去设计具有中国特色的企业高管薪酬激励与监管制度，同时又要从解决问题的迫切性出发，根据现实需要加快推进企业体制的改革步伐，为建立有效的企业高管薪酬激励与监管机制积极创造条件。通过垄断行业企业高管薪酬激励与监管的问题诊断及成因分析，激励与监管机制必须集中解决好以下问题：一是如何使委托者积极地去选拔和激励高管；二是如何选择称职的高管；三是如何使称职的高管在激励和监管机制的协调配合下，能够选择合乎委托者目标取向的行为，真正为自己的经营决策承担风险（朱克江，2002）。

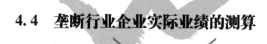

4.4 垄断行业企业实际业绩的测算

4.4.1 数据来源与变量选取

4.4.1.1 数据来源与样本筛选

利用跨层次模型进行两水平数据结构分析，需要两个不同层次原始数据结构，按照中国证券监督管理委员会（以下简称"证监会"）2012年上市公司行业分类标准，本书选取以下5个行业作为研究样本：①煤炭开采和洗选业；②电力、热力生产和供应业；③航空运输业；④电信、广播电视和卫星传输运输服务业；⑤零售批发业。5个行业2007—2017年共11年的所有A股上市公司数据主要来源于国泰安数据库（CSMAR）。基于数据有效性的考虑，依据以下条件对初始样本进行筛选：①剔除主要研究变量相关数据严重缺失的样本；②剔除同时发行的B股和H股的上市公司样本；③通过色诺芬数据库、上市公司年报以及和讯网等财经网站对缺失的数据进行补缺；④为消除极端值对研究所造成的影响，对数据进行上下 1% 的 Winsorize 缩尾处理。根据以上条件筛选，本书最终获得了 184 家样本上市公司的 2 024 个样本观测值。

4.4.1.2　变量选取

（1）因变量。

企业业绩（ROA）：企业业绩是衡量企业业绩时的常用指标，它可以分为市场业绩指标和会计业绩指标。基本的会计业绩指标有总资产收益率（ROA）和净资产收益率（ROE）等，市场业绩指标包括公司股票报酬率等，由于中国股票市场机制不健全，投机性较强，基于企业市值的指标并不能很好地反映企业的真实业绩。净资产收益率指标容易受到操纵，因此本书选择了总资产收益率来衡量企业表观业绩，以 ROA 来表示，计算方法为总资产收益率＝净利润/总资产平均余额。

（2）自变量。

根据张祥建等（2010）、刘世全（2013）、李晓梅（2015）等的研究，结合垄断行业企业实际，本书选取的自变量主要分为企业和行业两个层次来选取。

企业层次自变量：

高管年龄（AGE）：高管年龄使用各企业高管团队年龄的平均值表示。

高管任职年限（TENU）：高管任职年限根据高管任职开始日期和任职结束日期，经过简单计算得到高管任职的年数。

企业规模（SIZE）：关于企业规模的衡量目前有两种计算口径，一是企业总资产，二是企业主营业收入。本书采用企业总资产来衡量，回归时使用企业总资产的自然对数。

董事会规模（BOARD）：董事会规模以上市企业年报披露的董事会成员的人数来衡量。

股权集中度（TOP）：股权集中度以上市企业年报披露的第一大股东持股比例来衡量。

企业成长性（GROW）：企业成长性衡量通常采用公司市场价值与资产账面价值的比值，研发费用占总资产价值的比重，由于国内资本市场不够成熟，缺乏这两方面的数据，本书采用营业收入增长率来衡量公司的成长性，计算方法为营业收入增长率=（当年营业收入-上年营业收入）/上年营业收入。

行业层次自变量：

行业垄断度：行业垄断度采用行业赫芬达尔指数（HHI）来衡量，计算方法为各行业企业的营业收入占行业营业总收入之比的平方和。HHI 的取值为 0~1，HHI 越接近于 1，行业垄断程度越高，HHI 越接近于 0，垄断程度越低，竞争越激烈。

行业景气度（PRO）：本书参考了陈武朝（2013）的方法来计算行业景气度。具体计算方法为：首先计算每个行业中当年所有企业 ROA 中值，记为 M_1；其次计算每年内各行业 ROA 中值的中值，记为 M_2；最后计算 M_1-M_2，若 $M_1-M_2>0$，则表示行业景气度较高，将其记为 1（pro=1），否则记为 0。

上述各变量的定义及符号说明如表4-1所示。

表 4-1　变量定义及符号说明

变量	变量名称	变量符号	变量定义
因变量	总资产收益率	ROA	总资产收益率
自变量	高管年龄	AGE	高管团队年龄平均值
	高管任职年限	TENU	高管团队任职年限平均值
	企业规模	SIZE	总资产的自然对数
	董事会规模	BOARD	董事会总人数
	股权集中度	TOP	第一大股东的持股比例
	企业成长性	GROW	营业收入增长率
	行业垄断度	HHI	企业营业收入占所在行业营业总收入之比的平方和
	行业景气度	PRO	行业景气=1，行业不景气=0

4.4.2　跨层次模型分析

4.4.2.1　描述性统计

在企业层面，5 个行业 184 家上市企业样本的业绩指标 ROA 的最小值为-0.19，最大值为 0.18，均值为 0.03，标准差为 0.05，不同行业间企业资产盈利情况有较大差异；高管年龄为 41.67～56.90；股权集中度最小值为10.16，最大值为 74.82，均值为 38.86，标准差为 16.13，说明样本整体股权集中度较高且不同企业间存在较大差异。在行业层面，HHI 最大值为 0.81，最小值为 0.07，均值为 0.28，标准差为 0.31，行业间垄断程度差距很大，且不同行业间该指标差异较大。对企业层面和行业层面的变量进行描述性统计的结果如表 4-2 所示。

表 4-2　跨层次结构描述统计表

等级	变量	样本数	平均值	标准差	最小值	最大值
Level 1	AGE	2 024	49.88	3.02	41.67	56.90
	TENU	2 024	3.30	1.06	0.83	6.82
	SIZE	2 024	22.64	1.47	19.78	26.46
	BOARD	2 024	9.64	2.29	5.00	17.00
	TOP	2 024	38.86	16.13	10.16	74.82
	GROW	2 024	0.10	0.24	-0.49	1.05
	ROA	2 024	0.03	0.05	-0.19	0.18
Level 2	HHI	5	0.28	0.31	0.07	0.81
	PRO	5	0.40	0.55	0.00	1.00

4.4.2.2　跨层次模型

根据本书的研究目的和数据特性，本书使用跨层次线性回归模型对影响企业表观业绩的变异因素进行分析，将数据分为两层，第一层为企业层面的特征变量，第二层为行业层面的特征变量。本书研究使用的工具为 HLM6.02软件，跨层次线性回归模型分为三个：零模型、不包含第二层预测变量的两层模型、包含第二层预测变量的两层模型。

（1）零模型。

使用跨层次线性回归模型首先要对模型的适用性进行检验。因此，我们首先构建一个各层方程都不含自变量的零模型，根据零模型的回归结果，可以判断高管特征和企业表观业绩间的关系在不同行业之间是否有显著差异，并以此确定本书所搜集的数据结构是否适合做跨层次分析。本书构建零模型如下：

第一层：

$$\text{ROA}_{ij} = \beta_{0j} + \varepsilon_{i\,j} \tag{4-1}$$

第二层：

$$\beta_{0j} = \gamma_{00} + u_{0j} \tag{4-2}$$

将式（4-2）带入式（4-1）中得到混合模型为

$$\text{ROA}_{ij} = \gamma_{00} + u_{0j} + \varepsilon_{i\,j} \tag{4-3}$$

上式中，i 表示企业，j 表示行业，ROA_{ij} 表示从属于第 j 个行业中的第 i 个企业的表观业绩，β_{0j} 表示第 j 个行业企业的平均表观业绩，γ_{00} 表示总体企业的平均表观业绩，$\varepsilon_{i\,j}$ 表示企业层面的随机误差项，并且满足 $\varepsilon_{i\,j} \overset{iid}{\sim} N(0,\ \sigma^2)$，$u_{0j}$ 表示行业层面的随机误差项，并且满足 $u_{0j} \overset{iid}{\sim} N(0,\ \tau_{00})$，$\text{cov}(\varepsilon_{i\,j},\ u_{0j}) = 0$。

当零模型的运行结果显示 u_{0j} 方差显著时，说明数据结构适合使用跨层次分析方法，若不显著，则仅需使用传统的 OLS 回归法。通过计算组内相关系数，其计算公式为

$$\rho = \frac{\tau_{00}}{(\tau_{00} + \sigma^2)} \tag{4-4}$$

式（4-4）可以说明企业表观业绩总变异中行业层面特征变异所解释的比例。其中 σ^2 表示企业层面的变异程度，τ_{00} 表示行业层面的变异程度。根据科恩（Cohen，1988）所建议的判断准则，$0.059 > \rho \geqslant 0.01$ 说明行业之间的组间差异为低度关联强度，$0.138 > \rho \geqslant 0.059$ 说明行业之间的组间差异为中度关联强度，$\rho \geqslant 0.138$ 说明行业之间的组间差异为高度关联强度。换言之，当 ρ

$\geqslant 0.059$ 时，表示造成企业表观业绩的组间变异是不可忽略的，此时应该使用跨层次线性回归模型进行分析。并且，ρ 值越大，说明行业层面的变异对企业表观业绩的作用越大。

以下通过 HLM 软件对零模型进行回归分析，回归结果如表 4-3 所示。

表 4-3　零模型回归结果

固定效应	系数	标准误差	T 值	自由度	P 值
截距项 γ_{00}	0.039 691	0.005 804	6.839	4	0.000
随机效应	方差成分	标准误差	方差占比	自由度	P 值
组内方差 σ^2	0.002 17	0.046 57	87.50%	—	—
组间方差 τ_{00}	0.000 31	0.011 61	12.50%	4	0.000
离异数（-2LL）	-6 649.165 658	—	—		

由零模型回归结果可以看出，所选样本行业的总体企业平均表观业绩为 $\gamma_{00} = 0.039\ 691$，且该结果在 1% 的水平下达到统计意义上的显著。组间方差 $\tau_{00} = 0.000\ 31$，且卡方检验的结果显示组间方差是显著的，且在 1% 的水平下达到统计意义上的显著，表明企业表观业绩的总变异 0.002 48 中，属于行业之间的差异为 0.000 31，样本中各企业的表观业绩存在显著的行业间水平差异。此外，组间方差 $\sigma^2 = 0.002\ 17$，依据相关系数式（4-4），计算得到 $\rho = 12.5\%$，达到中度关联程度，其中 12.5% 来自行业层面的变异，这属于不可以忽略的组间方差，同时结果显示零模型的信度为 0.935，接近于 1，表明样本具有代表性，且不受测量误差的影响。因此，本书不能使用一般的回归模型进行分析，必须考虑到组间差异特性。

（2）随机效应模型。

构建模型如下：

第一层：

$$\mathrm{ROA}_{ij} = \beta_{0j} + \beta_{1j}(\mathrm{AGE}_{ij}) + \beta_{2j}(\mathrm{TENU}_{ij}) + \beta_{3j}(\mathrm{SIZE}_{ij}) + \beta_{4j}(\mathrm{GROW}_{ij})$$
$$+ \beta_{5j}(\mathrm{BOARD}_{ij}) + \beta_{6j}(\mathrm{TOP}_{ij}) + \varepsilon_{ij}$$

（4-5）

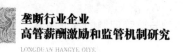

第二层:

$$\beta_{0j} = \gamma_{00} + u_{0j} \qquad (4\text{-}6)$$

$$\beta_{1j} = \gamma_{10} \qquad (4\text{-}7)$$

$$\beta_{2j} = \gamma_{20} \qquad (4\text{-}8)$$

$$\beta_{3j} = \gamma_{30} \qquad (4\text{-}9)$$

$$\beta_{4j} = \gamma_{40} \qquad (4\text{-}10)$$

$$\beta_{5j} = \gamma_{50} \qquad (4\text{-}11)$$

$$\beta_{6j} = \gamma_{60} \qquad (4\text{-}12)$$

混合模型为

$$\mathrm{ROA}_{ij} = \gamma_{00} + \gamma_{10}(\mathrm{AGE}_{ij}) + \gamma_{20}(\mathrm{TENU}_{ij}) + \gamma_{30}(\mathrm{SIZE}_{ij}) + \gamma_{40}(\mathrm{GROW}_{ij}) +$$
$$\gamma_{50}(\mathrm{BOARD}_{ij}) + \gamma_{60}(\mathrm{TOP}_{ij}) + u_{0j} + \varepsilon_{ij} \qquad (4\text{-}13)$$

上述公式中,i 表示企业,j 表示行业,ROA_{ij} 表示从属于第 j 个行业类型中的第 i 个企业表观业绩;β_{0j} 表示层一回归模型的截距项,即第 j 个行业企业的平均表观业绩;γ_{00} 表示全部企业平均表观业绩。将层二设定为 $\beta_{ij} = \gamma_{i0}$,使企业层面各自变量对表观业绩具固定效应,也就是这 5 个行业的斜率相同,皆为 γ_{i0}。ε_{ij} 表示企业层的随机误差项,并且满足 $\varepsilon_{ij} \overset{iid}{\sim} N(0, \sigma^2)$;$u_{0j}$ 表示行业层的随机误差项,并且满足 $u_{0j} \overset{iid}{\sim} N(0, \tau_{00})$,$\mathrm{cov}(\varepsilon_{ij}, u_{0j}) = 0$。第二层回归模型没有加入任何自变量,但是考虑了行业间的差异。通过 HLM 软件分析得到回归结果,现将随机效应模型回归结果和零模型回归结果比较呈现如表 4-4 所示。

表 4-4 零模型和随机效应模型回归结果

项目	零模型	随机效应模型
固定效应		
ROA 截距项 γ_{00}	0.039 691 ***	0.039 711 ***
AGE 截距项 γ_{10}		0.000 454 **
TENU 截距项 γ_{20}		0.000 826 *
SIZE 截距项 γ_{30}		0.002 866 ***
GROW 截距项 γ_{40}		0.039 053 ***

表4-4(续)

项目	零模型	随机效应模型
BOARD 截距项 γ_{50}		0.000 860 **
TOP 截距项 γ_{60}		0.000 526 ***
随机效应		
组内方差 σ^2	0.002 17	0.002 03
组间方差 τ_{00}	0.000 31 ***	0.000 16 ***
离异数（-2LL）	-6 649.165 658	-6 710.652 887

注：这里的 *** 代表 $p<0.001$，** 代表 $p<0.01$，* 代表 $p<0.05$。

由表 4-4 可知，随机效应模型的检验结果显示 $\gamma_{00} = 0.039\ 711$，且在 $p < 0.001$ 的水平上显著，这表明企业层面各特征指标对表观业绩的总平均水平有显著性影响，其中代表高管团队的特征指标高管团队平均年龄和平均任职年限的参数分别为 $\gamma_{10} = 0.000\ 454$，$\gamma_{20} = 0.000\ 826$，均显著。这表明高管团队平均年龄和平均任职年限均与企业表观业绩成呈相关关系，高管团队平均年龄越大，企业表观业绩越高，高管团队平均任期越长，企业效益越好。企业规模系数为 $\gamma_{30} = 0.002\ 866$，且均在 $p < 0.001$ 的水平上显著，表明企业规模越大，企业表观业绩越好，这与大多数学者研究一致。企业成长性指标系数 $\gamma_{40} = 0.039\ 053$，在 $p < 0.001$ 的水平上显著，表明企业成长性与企业表观业绩呈正相关关系。企业治理结构指标董事会规模的参数为 $\gamma_{50} = 0.000\ 860$，且在 $p < 0.01$ 的水平上显著，这表明董事会规模与企业表观业绩呈正相关关系，第一大股东持股比例参数 $\gamma_{60} = 0.000\ 526$，在 $p < 0.01$ 的水平上显著，说明第一大持股比例与表观业绩成正相关关系，这些都是固定效应的回归系数。从随机效应的协方差分析来看，随机效应模型的组内方差为 0.002 03，组间方差为 0.000 16，这说明表观业绩总变异 0.002 19 中有 0.002 03 是由企业层面的变量引起的，其余的 0.000 16 可以被行业层面的变量解释。

在表 4-4 中比较零模型和随机效应模型可以发现，加入企业层面变量后估计的企业总体平均表观业绩 $\gamma_{00} = 0.039\ 711$，零模型 $\gamma_{00} = 0.039\ 691$，两者基本一致，这说明引入企业层变量，引起的行业层面的截距项变异很小，可以忽略不计；随机效应中，零模型的组内方差为 0.002 17，随机效应模型的组内方差为 0.002 03，组内方差缩减了 6.45%，这表明企业表观业绩组内方差有 6.45% 可以被层一中自变量解释；零模型的组间方差 $\tau_{00}=0.000\ 31$，随机效应模型的组间方差 $\tau_{00}=0.000\ 16$，组间方差缩减了 48.39%，意味着引进协方差可以减少第一层结构约 48.39% 的变异程度。

（3）完整模型。

完整模型即模型中第一层为完整模型，第二层也为完整模型，换言之，第一层中包含了研究的企业层面自变量，第二层包含了研究的行业层面变量，并且第二层的结果变量为第一层的回归系数，可具有随机效应。此外，结合前面分析及数据的可操作性，将层一自变量斜率设定为固定效应，而不考虑随机效应。构建完整模型如下：

第一层：

$$\text{ROA}_{ij}=\beta_{0j}+\beta_{1j}(\text{AGE}_{ij})+\beta_{2j}(\text{TENU}_{ij})+\beta_{3j}(\text{SIZE}_{ij})+\beta_{4j}(\text{GROW}_{ij})+$$
$$\beta_{5j}(\text{BOARD}_{ij})+\beta_{6j}(\text{TOP}_{ij})++\varepsilon_{ij} \tag{4-14}$$

第二层：

$$\beta_{0j}=\gamma_{00}+\gamma_{01}(\text{HHI}_j)+\gamma_{02}(\text{PRO}_j)+u_{0j} \tag{4-15}$$
$$\beta_{1j}=\gamma_{10} \tag{4-16}$$
$$\beta_{2j}=\gamma_{20} \tag{4-17}$$
$$\beta_{3j}=\gamma_{30} \tag{4-18}$$
$$\beta_{4j}=\gamma_{40} \tag{4-19}$$
$$\beta_{5j}=\gamma_{50} \tag{4-20}$$
$$\beta_{6j}=\gamma_{60} \tag{4-21}$$

混合模型为

$$\text{ROA}_{ij}=\gamma_{00}+\gamma_{10}(\text{AGE}_{ij})+\gamma_{20}(\text{TENU}_{ij})+\gamma_{30}(\text{SIZE}_{ij})+\gamma_{40}(\text{GROW}_{ij})+$$
$$\gamma_{5\,0}(\text{BOARD}_{ij})+\gamma_{60}(\text{TOP}_{ij})+\gamma_{01}(\text{HHI}_j)+\gamma_{02}(\text{PRO}_j)+u_{0j}+\varepsilon_{ij} \tag{4-22}$$

上述公式中，i 表示企业，j 表示行业，ROA_{ij} 表示从属于第 j 个行业类型中的第 i

个企业表观业绩；β_{0j} 表示层一回归模型的截距项，即第 j 个行业企业的平均表观业绩；γ_{00} 表示全部企业平均表观业绩。将层二设定为 $\beta_{ij} = \gamma_{i0}$，使企业层面各自变量对表观业绩具固定效应，也就是这 5 个行业的斜率相同，皆为 γ_{i0}。ε_{ij} 表示企业层的随机误差项，并且满足 $\varepsilon_{ij} \overset{iid}{\sim} N(0,\sigma^2)$；$u_{0j}$ 表示行业层的随机误差项，并且满足 $u_{0j} \overset{iid}{\sim} N(0,\tau_{00})$，$\mathrm{cov}(\varepsilon_{ij},u_{0j})=0$。第二层回归模型加入行业层面自变量，通过 HLM6.02 软件，可以得到完整模型的检验结果，现将完整模型与其他模型整理汇总以供比较，结果见表 4-5。

表 4-5　逐步跨层模型回归结果

项目		零模型	随机效应模型	完整模型
固定效应	截距项	0.039 691 ***	0.039 711 ***	0.027 094 ***
层一	AGE 截距项 γ_{10}		0.000 454 **	0.000 454 **
	TENU 截距项 γ_{20}		0.000 826 *	0.000 826 *
	SIZE 截距项 γ_{30}		0.002 866 ***	0.002 884 ***
	GROW 截距项 γ_{40}		0.039 053 ***	0.039 053 ***
	BOARD 截距项 γ_{50}		0.000 860 **	0.000 860 **
	TOP 截距项 γ_{60}		0.000 526 ***	0.000 526 ***
层二	MONO 系数 γ_{01}			0.013 837 ***
	PRO 系数 γ_{02}			0.022 775 ***
	随机效应			
	组内方差 σ^2	0.002 17	0.002 03	0.002 03
	组间方差 τ_{00}	0.000 31 ***	0.000 16 ***	0.000 02 ***
	离异数（-2LL）	-6 649.165 658	-6 710.652 887	-6 703.836 274

注：这里的 *** 代表 $p<0.001$，** 代表 $p<0.01$，* 代表 $p<0.05$。

从表 4-5 可知，完整模型的截距项 $\gamma_{00} = 0.027\,094$，这表示各企业特征处于平均水平时，竞争行业 2007 年的企业平均表观业绩。从固定效应回归结果我们可以看出：在加入行业层面自变量后，企业层面各个自变量对表观业绩的影响仍旧显著，且各自截距项与随机效应模型保持一致。行业层次的变量 HHI 的系数 $\gamma_{01} = 0.013\,837$，且在 $p<0.01$ 的水平上统计显著，这表明行业垄断变量与企业表观业绩呈正相关关系；PRO 系数 $\gamma_{02} = 0.022\,775$，且在 $p<$

0.001 的水平上统计显著，这表明行业景气程度与企业表观业绩成正相关关系，垄断程度越高，行业越景气，企业表观业绩越大。从随机效应回归结果来看：完整模型的组间方差 $\tau_{00} = 0.000\ 02$，随机效应模型的组间方差 $\tau_{00} = 0.000\ 16$，组间方差缩减了 87.5%，意味着引进行业层面变量可以减少第二层结构约 87.50% 的变异程度。比较完整模型行业层面自变量与企业层面自变量，我们发现行业业层面自变量系数大于企业层面自变量系数，这说明行业垄断程度和行业景气程度对企业表观业绩的影响较大。因此，利用 BLUP-APE 法剔除影响表观业绩的行业和企业层面因素，测定企业经营的实际业绩是完全有必要的。

4.4.2.3　稳健性检验

为验证研究结论的可靠性，将因变量企业表观业绩的替代指标更换为净资产收益率，重新进行逐步跨层分析，检验结果如表 4-6 所示。

表 4-6　ROE 业绩逐步跨层分析模型结果

项目		零模型	随机效应模型	完整模型
固定效应	截距项	0.075 142 ***	0.075 200 ***	0.055 855 ***
层一	AGE 截距项 γ_{10}		0.000 522 *	0.000 265 *
	TENU 截距项 γ_{20}		0.001 934 *	0.001 934 *
	SIZE 截距项 γ_{30}		0.004 037 **	0.000 522 ***
	GROW 截距项 γ_{40}		0.102 908 ***	0.102 908 ***
	BOARD 截距项 γ_{50}		0.001 905 **	0.001 905 **
	TOP 截距项 γ_{60}		0.000 909 ***	0.000 909 ***
层二	MONO 系数 γ_{01}			0.016 861 *
	PRO 系数 γ_{02}			0.031 003 ***
随机效应	组内方差 σ^2	0.018 8	0.018 07	0.018 07
	组间方差 τ_{00}	0.003 5 ***	0.003 6 ***	0.001 9 ***
	离异数（−2LL）	−2 274.820 683	−2 304.042 932	−2 296.514 991

注：这里的 *** 代表 $p<0.001$，** 代表 $p<0.01$，* 代表 $p<0.05$。

零模型分析得到的组间相关系数，根据式（4-4）得

$$\rho = \frac{\tau_{00}}{(\tau_{00} + \sigma^2)} = 0.15695 > 0.059$$

组间差距较大，不容忽略，故本书采用净资产收益率作为企业表观业绩替代指标，该数据结构仍然需要使用跨层次模型进行分析。对比表 4-6 和表 4-5 的结果，各系数符号一致，且结果仍旧是显著的，结论均未发生改变，这证明以上的分析结果是稳健的。

4.4.3　实际业绩的测算结果

4.4.3.1　BLUP 法原理

BLUP 法即最佳线性无偏预测法，属于混合线性模型的应用之一，由亨德森（Henderson）在 1948 年首先提出，该统计方法其中一个重要应用是在生物学育种值估计上，它可以同时估计固定效应（如系统环境效应）和育种值。本书使用的 BLUP 法是按照最佳线性无偏的原理，通过混合模型方程组法（MME 法）求解或估计线性混合模型中的固定效应向量和随机效应向量。一般的混合模型可由下式表示：

$$Y = X\beta + Z\nu + e$$

其中，Y 为 n 维观测值向量，β 是一个 p 维固定效应参数向量，X 是固定效应的 $n \times p$ 系数矩阵，Z 是随机效应的 $n \times q$ 系数矩阵，ν 是平均数为 0，方差-协方差矩阵为 $G\sigma^2$ 的 q 维随机效应参数向量；e 是平均数为 0，方差-协方差矩阵为 $R\sigma^2$ 的不能观察的 n 维随机向量；G 和 R 为已知的矩阵。该模型中既有随机效应，又有固定效应，是混合模型。混合模型 BLUP 法是在最小二乘法的基础上稍加修改得到的，我们只需将 k 值加入最小二乘法的一个子阵中，即：

$$\begin{bmatrix} X'X & X'Z \\ Z'X & Z'Z+k \end{bmatrix} \begin{bmatrix} \hat{\beta} \\ \hat{\nu} \end{bmatrix} = \begin{bmatrix} X'Y \\ Z'Y \end{bmatrix} \tag{4-23}$$

上述矩阵的展开为

$$
\begin{bmatrix}
\bar{n} & n_1 & n_2 & \cdots & n_p & n_{.1} & n_{.2} & \cdots & n_{.q} \\
\bar{n}_{1.} & n_{1.} & 0 & \cdots & 0 & n_{11} & n_{12} & \cdots & n_{1q} \\
\bar{n}_{2.} & 0 & n_{2.} & \cdots & 0 & n_{21} & n_{22} & \cdots & n_{2q} \\
\vdots & \vdots & \vdots & \ddots & \vdots & \vdots & \vdots & \ddots & \vdots \\
\bar{n}_{p.} & 0 & 0 & \cdots & n_{p.} & n_{p1} & n_{p2} & \cdots & n_{pq} \\
\bar{n}_{.1} & n_{11} & n_{21} & \cdots & n_{p1} & n_{.1}+k & 0 & \cdots & 0 \\
\bar{n}_{.2} & n_{12} & n_{22} & \cdots & n_{p2} & 0 & n_{.2}+k & \cdots & 0 \\
\vdots & \vdots & \vdots & \ddots & \vdots & \vdots & \vdots & \ddots & \vdots \\
\bar{n}_{.q} & n_{1q} & n_{2q} & \cdots & n_{pq} & 0 & 0 & \cdots & n_{.q}+k
\end{bmatrix}
\begin{bmatrix}
\mu \\ \hat{\beta}_1 \\ \hat{\beta}_2 \\ \vdots \\ \hat{\beta}_p \\ \hat{v}_1 \\ \hat{v}_2 \\ \vdots \\ \hat{v}_q
\end{bmatrix}
=
\begin{bmatrix}
\bar{Y} \\ Y_{1.} \\ Y_{2.} \\ \vdots \\ Y_{p.} \\ Y_{.1} \\ Y_{.2} \\ \vdots \\ Y_{.q}
\end{bmatrix}
\tag{4-24}
$$

式中的 k 用一般形式表示为 $k = \sigma_e^2 / \sigma_v^2$，由于 k 值不易求出，但由于该混合模型正规方程组中的系数矩阵为降秩矩阵，有无穷多个解，这时增加约束条件 $\sum_{i=1}^{p} \hat{\beta}_i = 0$，利用高斯迭代法便可得到 β 与 v 的唯一解：

$$
\hat{Y} = \hat{\mu} + \hat{v} \tag{4-25}
$$

通过式（4-25）即可获得育种值的最佳线性无偏估计值（BLUP 值），其中 $\hat{\mu}$ 为总体均值的估计值。

4.4.3.2 构建实际业绩评估模型

实际业绩测定中，利用生物学上表型值原理和育种值评估方法（BLUP 法），我们将企业表观业绩剖分为实际业绩、环境业绩和互作业绩，将表观业绩中的环境业绩和互作业绩剔除，得到更加准确反映企业经营成效的实际业绩。因此，利用 BLUP 法原理，建立表观业绩的混合模型，将影响企业表观业绩的因素分为行业层面和企业层面两个水平，行业层面为固定效应，企业层面为随机效应，建立混合模型如下：

$$
Y = X\beta + Zv + e \tag{4-26}
$$

其中，Y 为企业表观业绩 ROA 观测值，β 是反映行业层的固定效应向量，X 是 β 的关联系数矩阵，v 是反映企业层的随机效应向量，Z 是 v 的关联系数矩阵，e

是随机残差。该混合模型的方程组为

$$\begin{bmatrix} X'X & X'Z \\ Z'X & Z'Z+k \end{bmatrix} \begin{bmatrix} \hat{\beta} \\ \hat{v} \end{bmatrix} = \begin{bmatrix} X'Y \\ Z'Y \end{bmatrix} \tag{4-27}$$

这里，$C = \begin{bmatrix} X'X & X'Z \\ Z'X & Z'Z+k \end{bmatrix} = \begin{bmatrix} C_{11} & C_{12} \\ C_{21} & C_{22} \end{bmatrix}$，则 C 为系数矩阵，其中 C_{11} 为

固定效应部分，即环境业绩部分，C_{12} 和 C_{21} 为固定效应和随机效应混合部分，反映与企业表观业绩相关的因素间交互造成的互作业绩，C_{22} 为随机效应部分，反映企业层通过高管努力创造的业绩。则实际业绩估计值为

$$\hat{Y} = \hat{\mu} + \hat{v} \tag{4-28}$$

其中 $\hat{Y}$ 为实际业绩估计值，$\hat{\mu}$ 为预测企业实际业绩总体均值估计值，$\hat{v}$ 为企业层随机效应向量估计值。

4.4.3.3　实际业绩测定结果

根据上述方法，在 GenStat 软件中运行得到实际业绩估计值，由于数据体量过大，仅选取各行业部分企业的实际业绩估计结果，表 4-7 至表 4-11 分别为 5 个行业部分企业实际业绩估计值，表 4-12 至表 4-16 分别为相对应的企业表观业绩。计算各行业所测实际业绩在表观业绩中所占的比例，并将结果进行描述性统计如表 4-17 所示。

表 4-7　煤炭开采与洗选业实际业绩估计值

年份	靖远煤电	冀中能源	西山煤电	露天煤业	兰花科创
2007	0.019 635	0.016 513	0.016 591	0.030 327	0.015 289
2008	0.034 217	0.031 275	0.031 592	0.037 434	0.026 151
2009	0.017 572	0.013 464	0.017 575	0.033 966	0.018 405
2010	0.017 493	0.017 378	0.017 182	0.040 206	0.016 127
2011	0.018 641	0.014 116	0.013 848	0.040 206	0.018 203
2012	0.016 993	0.010 174	0.007 873	0.039 704	0.014 525
2013	0.014 425	0.004 814	0.004 913	0.020 972	0.007 544
2014	0.010 172	-0.000 692	0.001 293	0.010 117	-0.000 143

表4-7(续)

年份	靖远煤电	冀中能源	西山煤电	露天煤业	兰花科创
2015	0.003 759	0.001 314	0.000 718	0.008 573	−0.000 967
2016	0.004 751	0.000 647	0.001 493	0.013 431	−0.006 364
2017	0.010 879	0.004 196	0.005 656	0.027 142	0.004 634

表4-8　电力、热力生产和供应业实际业绩估计值

年份	深圳能源	皖能电力	太阳能	建投能源	韶能股份
2007	0.025 262	0.003 368	0.003 763	0.019 396	0.003 889
2008	0.012 621	0.000 286	0.003 134	0.002 362	−0.004 542
2009	0.024 414	0.003 028	0.002 913	0.003 319	0.001 506
2010	0.017 714	0.004 106	0.002 361	0.000 965	0.002 422
2011	0.011 962	−0.001 891	0.000 342	0.000 327	0.003 188
2012	0.011 192	0.006 697	0.001 893	0.003 142	0.005 203
2013	0.016 572	0.026 671	0.001 856	0.018 703	0.008 063
2014	0.019 365	0.021 794	−0.000 372	0.033 025	0.009 405
2015	0.011 292	0.026 684	0.006 309	0.031 846	0.010 596
2016	0.007 365	0.013 801	0.006 631	0.020 863	0.015 677
2017	0.003 487	0.000 917	0.007 474	0.003 143	0.014 951

表4-9　航空运输业实际业绩估计值

年份	深圳机场	南方航空	东方航空	白云机场	上海机场
2007	0.018 651	0.002 892	0.000 964	0.006 877	0.018 744
2008	0.007 144	−0.006 762	−0.020 335	0.009 159	0.009 099
2009	0.015 407	0.000 684	0.000 822	0.008 055	0.007 688
2010	0.016 939	0.006 755	0.005 991	0.008 807	0.014 004
2011	0.011 145	0.005 472	0.004 627	0.010 964	0.014 883
2012	0.008 634	0.003 114	0.002 889	0.012 455	0.015 431

表4-91(续)

年份	深圳机场	南方航空	东方航空	白云机场	上海机场
2013	0.006 569	0.001 876	0.001 611	0.015 258	0.016 856
2014	0.003 329	0.001 491	0.002 297	0.016 685	0.017 041
2015	0.006 823	0.003 130	0.002 731	0.016 776	0.018 247
2016	0.007 051	0.003 435	0.002 503	0.012 529	0.019 185
2017	0.007 877	0.003 660	0.003 175	0.011 356	0.024 406

表 4-10　电信、广播电视和卫星传输运输服务业实际业绩估计值

年份	中信国安	电广传媒	天威视讯	北讯集团	歌华有线
2007	0.002 639	0.002 513	0.005 768	0.009 487	0.007 718
2008	0.002 957	0.001 539	0.005 229	0.009 513	0.006 135
2009	0.005 016	0.001 245	0.005 498	0.010 376	0.005 954
2010	0.002 195	0.004 051	0.006 131	0.003 482	0.004 009
2011	0.001 301	0.005 115	0.007 236	0.002 328	0.002 657
2012	0.001 319	0.004 383	0.008 061	0.001 783	0.003 019
2013	0.000 99	0.003 071	0.008 689	0.000 162	0.003 875
2014	0.001 495	0.002 214	0.008 492	-0.005 083	0.005 756
2015	0.002 809	0.002 119	0.009 279	0.000 752	0.005 075
2016	0.001 351	0.001 913	0.009 536	-0.002 494	0.005 085
2017	0.001 571	-0.000 914	0.007 592	0.001 604	0.005 252

表 4-11　零售批发业实际业绩估计值

年份	神州数码	供销大集	中成股份	英特集团	合肥百货
2007	-0.076 542	0.007 426	0.015 343	0.009 382	0.023 914
2008	-0.076 541	0.017 085	0.015 091	0.011 076	0.023 845
2009	0.071 281	0.015 102	0.010 358	0.013 841	0.032 963
2010	0.070 755	0.008 248	0.002 838	0.014 254	0.034 612

表4-11(续)

年份	神州数码	供销大集	中成股份	英特集团	合肥百货
2011	0.031 893	0.006 514	−0.003 652	0.041 937	0.039 939
2012	0.008 272	0.004 489	0.010 553	0.014 053	0.029 058
2013	0.017 681	0.003 628	0.014 817	0.014 147	0.026 607
2014	0.053 101	0.003 151	0.015 387	0.009 901	0.023 669
2015	0.019 017	−0.014 712	0.022 165	0.010 126	0.016 907
2016	0.009 428	0.006 047	0.019 443	0.011 039	0.016 623
2017	0.011 882	0.007 417	0.016 345	0.008 472	0.012 361

表 4-12　煤炭开采与洗选业表观业绩

年份	靖远煤电	冀中能源	西山煤电	露天煤业	兰花科创
2007	0.101 689	0.093 677	0.093 173	0.133 824	0.086 702
2008	0.177 214	0.177 417	0.177 417	0.165 185	0.148 297
2009	0.091 004	0.076 382	0.098 668	0.149 883	0.104 371
2010	0.090 596	0.098 584	0.096 489	0.177 417	0.091 302
2011	0.096 541	0.080 078	0.077 766	0.177 417	0.103 225
2012	0.088 007	0.057 714	0.044 213	0.175 205	0.082 34
2013	0.074 708	0.027 308	0.027 593	0.092 544	0.042 783
2014	0.052 683	−0.003 921	0.007 262	0.044 645	−0.000 783
2015	0.019 466	0.007 453	0.004 033	0.037 832	−0.005 426
2016	0.024 605	0.003 672	0.008 369	0.059 269	−0.036 097
2017	0.056 342	0.023 801	0.031 763	0.119 768	0.026 279

表 4-13　电力、热力生产和供应业表观业绩

年份	深圳能源	皖能电力	太阳能	建投能源	韶能股份
2007	0.079 275	0.010 976	0.012 938	0.061 823	0.013 011
2008	0.039 608	0.000 933	0.010 773	0.007 531	−0.015 192

表4-13(续)

年份	深圳能源	皖能电力	太阳能	建投能源	韶能股份
2009	0.076 615	0.009 87	0.010 015	0.010 581	0.005 037
2010	0.055 588	0.013 382	0.008 116	0.003 078	0.008 102
2011	0.037 542	−0.006 153	0.001 177	0.001 043	0.010 665
2012	0.035 121	0.021 826	0.006 509	0.010 017	0.017 404
2013	0.052 005	0.086 925	0.006 382	0.059 632	0.026 972
2014	0.060 771	0.071 028	−0.001 285	0.105 283	0.031 466
2015	0.035 436	0.086 965	0.021 697	0.101 538	0.035 444
2016	0.023 112	0.044 978	0.022 796	0.066 521	0.052 441
2017	0.010 942	0.002 987	0.025 695	0.010 021	0.050 015

表 4-14　航空运输业表观业绩

年份	深圳机场	南方航空	东方航空	白云机场	上海机场
2007	0.121 857	0.024 729	0.009 098	0.043 061	0.107 542
2008	0.046 679	−0.057 785	−0.191 937	0.057 35	0.052 202
2009	0.100 665	0.005 848	0.007 765	0.050 432	0.044 108
2010	0.110 673	0.057 764	0.056 571	0.055 143	0.080 345
2011	0.072 818	0.046 797	0.043 688	0.068 646	0.085 369
2012	0.056 383	0.026 633	0.027 284	0.077 986	0.088 533
2013	0.042 916	0.016 045	0.015 215	0.095 535	0.096 708
2014	0.021 752	0.012 747	0.021 689	0.104 467	0.097 771
2015	0.044 579	0.026 772	0.025 788	0.105 038	0.104 691
2016	0.046 071	0.029 372	0.023 637	0.078 448	0.110 069
2017	0.051 462	0.031 297	0.029 983	0.071 105	0.140 023

表 4-15 电信、广播电视和卫星传输运输服务业表观业绩

年份	中信国安	电广传媒	天威视讯	北讯集团	歌华有线
2007	0. 030 058	0. 027 863	0. 048 749	0. 101 872	0. 072 992
2008	0. 033 695	0. 017 069	0. 044 181	0. 102 155	0. 058 019
2009	0. 057 147	0. 013 805	0. 046 457	0. 111 414	0. 056 306
2010	0. 025 003	0. 044 916	0. 051 801	0. 037 386	0. 037 918
2011	0. 014 822	0. 056 716	0. 061 141	0. 025 137	0. 025 124
2012	0. 015 023	0. 048 604	0. 068 116	0. 019 146	0. 028 554
2013	0. 011 275	0. 034 049	0. 073 423	0. 001 719	0. 036 656
2014	0. 017 035	0. 024 546	0. 071 755	−0. 054 552	0. 054 431
2015	0. 032 127	0. 023 492	0. 078 408	0. 008 072	0. 047 992
2016	0. 015 394	0. 021 175	0. 080 582	−0. 026 791	0. 048 094
2017	0. 017 897	−0. 009 951	0. 064 151	0. 017 222	0. 049 672

表 4-16 零售批发业表观业绩

年份	神州数码	供销大集	中成股份	英特集团	合肥百货
2007	−0. 191 234	0. 019 174	0. 038 481	0. 023 341	0. 056 703
2008	−0. 191 935	0. 044 254	0. 037 856	0. 027 556	0. 056 548
2009	0. 173 417 0	0. 039 134	0. 025 984	0. 034 433	0. 078 159
2010	0. 177 417 1	0. 021 372	0. 007 125	0. 035 461	0. 082 068
2011	0. 079 965	0. 016 878	−0. 009 162	0. 104 333	0. 094 699
2012	0. 020 743	0. 011 632	0. 026 474	0. 034 961	0. 068 916
2013	0. 044 332	0. 009 401	0. 037 169	0. 035 179	0. 063 087
2014	0. 133 152	0. 008 163	0. 038 599	0. 024 631	0. 056 121
2015	0. 047 685	−0. 038 116	0. 055 603	0. 025 127	0. 040 088
2016	0. 023 641	0. 015 667	0. 048 767	0. 027 462	0. 039 416
2017	0. 029 794	0. 019 174	0. 041 003	0. 021 077	0. 029 312

表 4-17　实际业绩/表观业绩统计表

行业	均值	标准差	最小值	最大值
煤炭开采和洗选业	0.173	0.026	0.109	0.227
电力、热力生产和供应业	0.301	0.020	0.249	0.344
航空运输业	0.142	0.030	0.106	0.208
电信、广播电视和卫星传输运输服务业	0.099	0.011	0.088	0.118
零售批发业	0.399	0.019	0.337	0.450

　　测算的实际业绩在其对应的表观业绩进行比较分析（见表 4-17），5 个行业实际业绩与企业表观业绩所占比例从大到小排序依次为：零售批发业平均为 0.399，电力、热力生产和供应业平均为 0.301，煤炭开采与洗选业平均为 0.173，航空运输业平均为 0.142，电信、广播电视和卫星传输运输服务业平均为 0.099。理论上，测算的实际业绩是剔除了行业垄断等环境因素所取得的业绩，对应各行业最低和最高的 HHI 指数，零售批发业 HHI 指数最低为 0.06，电信、广播电视和卫星传输运输服务业 HHI 指数最高为 0.85。笔者观察发现：企业实际业绩要小于企业表观业绩，且行业垄断程度越高，该行业内企业所测得实际业绩在表观业绩中所占比例越小，这与理论是一致的。垄断行业企业中，垄断业绩提升了企业表观业绩水平，该表观业绩水平既包括高管的努力，也包括外部种种环境因素的影响，特别是垄断优势的影响。此外，行业的垄断程度越大，垄断业绩所影响的企业表观业绩增量就越大，与企业实际业绩的差距就越大，此时使用企业表观业绩作为高管业绩考核指标是不科学的。因此，应该选择用企业实际业绩代替企业表观业绩更为准确。

4.4.4　稳健性分析

　　为验证研究结论的可靠性，本书将因变量企业业绩的替代指标更换为净资产收益率，其他变量指标保持不变，使用 GenStat 软件估算 ROE 业绩的实际业绩，表 4-18 至表 4-22 展示了实际业绩估计值的部分结果，表 4-23 至

表4-27展示了与实际业绩相对应的部分表观业绩值。

表4-18 煤炭开采与洗选业实际业绩估计值

年份	靖远煤电	冀中能源	西山煤电	露天煤业	兰花科创
2007	0.033 631	0.031 027	0.035 692	0.058 646	0.036 598
2008	0.047 233	0.064 154	0.070 812	0.071 325	0.056 677
2009	0.027 344	0.031 695	0.042 396	0.073 255	0.040 948
2010	0.027 281	0.040 119	0.041 423	0.095 994	0.034 575
2011	0.029 666	0.037 676	0.037 98	0.087 896	0.035 751
2012	0.043 304	0.025 548	0.023 683	0.071 652	0.032 296
2013	0.034 468	0.012 489	0.014 145	0.037 311	0.016 621
2014	0.025 699	−0.001 592	0.003 909	0.019 087	−0.000 332
2015	0.006 171	0.003 057	0.002 318	0.015 524	−0.002 347
2016	0.007 425	0.001 631	0.004 862	0.022 381	−0.018 356
2017	0.016 873	0.010 527	0.018 119	0.041 987	0.012 252

表4-19 电力、热力生产和供应业实际业绩估计值

年份	深圳能源	皖能电力	太阳能	建投能源	韶能股份
2007	0.041 749	0.005 139	0.014 554	0.044 963	0.008 458
2008	0.025 174	0.000 566	0.013 477	0.005 718	−0.010 681
2009	0.043 719	0.005 542	0.012 801	0.007 883	0.003 626
2010	0.029 127	0.008 897	0.009 342	0.002 742	0.005 717
2011	0.020 683	−0.005 153	0.001 649	0.001 204	0.007 197
2012	0.019 161	0.018 441	0.009 524	0.012 124	0.011 773
2013	0.027 274	0.052 999	0.009 626	0.062 338	0.016 878
2014	0.033 958	0.036 343	−0.002 375	0.073 014	0.018 199
2015	0.024 482	0.042 134	0.021 129	0.062 825	0.019 288
2016	0.016 763	0.022 813	0.015 693	0.044 098	0.027 651
2017	0.010 114	0.001 603	0.017 631	0.007 232	0.025 972

表 4-20　航空运输业实际业绩估计值

年份	深圳机场	南方航空	东方航空	白云机场	上海机场
2007	0.021 154	0.019 592	0.037 314	0.011 884	0.026 482
2008	0.008 536	−0.071 653	0.080 883	0.014 896	0.013 063
2009	0.017 666	0.005 898	0.033 732	0.015 412	0.010 287
2010	0.019 443	0.030 017	0.074 979	0.015 999	0.017 645
2011	0.015 306	0.022 684	0.048 246	0.017 901	0.018 584
2012	0.012 559	0.013 528	0.028 721	0.018 393	0.019 075
2013	0.010 253	0.008 858	0.017 377	0.020 576	0.020 901
2014	0.005 486	0.007 709	0.026 215	0.022 694	0.021 317
2015	0.008 179	0.014 196	0.029 213	0.023 015	0.023 112
2016	0.008 441	0.015 191	0.021 599	0.022 239	0.023 359
2017	0.009 468	0.015 514	0.026 298	0.018 424	0.026 975

表 4-21　电信、广播电视和卫星传输运输服务业实际业绩估计值

年份	中信国安	电广传媒	天威视讯	北讯集团	歌华有线
2007	0.009 187	0.013 233	0.010 853	0.042 138	0.015 128
2008	0.009 963	0.009 306	0.010 852	0.042 138	0.012 516
2009	0.015 703	0.007 599	0.010 945	0.042 138	0.012 076
2010	0.006 784	0.022 227	0.011 777	0.007 963	0.010 765
2011	0.004 113	0.027 878	0.014 713	0.006 521	0.008 593
2012	0.004 478	0.025 206	0.015 312	0.006 343	0.008 841
2013	0.003 433	0.009 752	0.015 938	0.000 448	0.010 717
2014	0.004 421	0.006 369	0.015 468	−0.014 752	0.014 794
2015	0.007 646	0.006 884	0.018 608	0.001 995	0.009 548
2016	0.005 096	0.006 689	0.019 183	−0.009 025	0.009 355
2017	0.006 072	−0.003 518	0.015 265	0.005 929	0.009 746

表 4-22　零售批发业实际业绩估计值

年份	神州数码	供销大集	中成股份	英特集团	合肥百货
2007	0.115 933	0.010 687	0.013 436	0.039 802	0.048 517
2008	0.091 948	0.024 407	0.014 434	0.050 414	0.055 119
2009	−0.056 516	0.019 782	0.009 576	0.064 289	0.076 411
2010	0.137 344	0.020 514	0.002 598	0.066 911	0.077 044
2011	0.072 025	0.020 067	−0.003 723	0.130 145	0.075 523
2012	0.016 634	0.010 048	0.014 365	0.048 096	0.051 866
2013	0.058 491	0.010 296	0.027 934	0.047 531	0.047 608
2014	0.137 344	0.009 654	0.033 223	0.032 934	0.041 605
2015	0.042 279	−0.040 773	0.039 106	0.035 617	0.029 602
2016	0.056 235	0.006 809	0.029 878	0.039 656	0.030 325
2017	0.079 705	0.013 076	0.026 393	0.035 239	0.023 744

表 4-23　煤炭开采与洗选业表观业绩

年份	靖远煤电	冀中能源	西山煤电	露天煤业	兰花科创
2007	0.160 384	0.154 244	0.170 802	0.226 731	0.184 142
2008	0.225 255	0.318 909	0.338 882	0.275 748	0.285 173
2009	0.130 403	0.157 564	0.202 892	0.283 208	0.206 029
2010	0.130 106	0.199 442	0.198 239	0.371 121	0.173 966
2011	0.141 481	0.187 298	0.181 759	0.339 813	0.179 877
2012	0.206 518	0.127 004	0.113 345	0.277 005	0.162 498
2013	0.164 381	0.062 085	0.067 693	0.144 247	0.083 627
2014	0.122 559	−0.007 883	0.018 708	0.073 792	−0.001 665
2015	0.029 431	0.015 198	0.011 094	0.061 268	−0.011 773
2016	0.035 408	0.007 953	0.023 267	0.086 528	−0.092 351
2017	0.080 466	0.052 333	0.086 711	0.162 323	0.061 636

表 4-24　电力、热力生产和供应业表观业绩

年份	深圳能源	皖能电力	太阳能	建投能源	韶能股份
2007	0.141 103	0.018 444	0.054 628	0.149 428	0.031 541
2008	0.085 084	0.002 033	0.050 586	0.019 004	−0.039 761
2009	0.147 762	0.019 892	0.048 047	0.026 199	0.013 503
2010	0.098 442	0.031 934	0.035 066	0.009 112	0.021 291
2011	0.069 904	−0.018 531	0.006 188	0.004 002	0.026 803
2012	0.064 761	0.066 188	0.035 748	0.040 293	0.043 844
2013	0.092 181	0.190 224	0.036 107	0.207 172	0.062 854
2014	0.114 772	0.130 444	−0.008 915	0.242 654	0.067 776
2015	0.082 745	0.151 212	0.079 306	0.208 774	0.071 832
2016	0.056 656	0.081 883	0.058 902	0.146 553	0.102 976
2017	0.034 182	0.005 752	0.066 178	0.024 035	0.096 714

表 4-25　航空运输业表观业绩

年份	深圳机场	南方航空	东方航空	白云机场	上海机场
2007	0.134 394	0.138 792	0.171 197	0.068 398	0.148 613
2008	0.054 238	−0.507 621	0.371 121	0.085 738	0.073 308
2009	0.112 256	0.041 786	0.154 782	0.088 705	0.057 728
2010	0.123 545	0.212 615	0.344 043	0.092 084	0.098 989
2011	0.097 258	0.160 711	0.221 377	0.103 032	0.104 267
2012	0.079 805	0.095 843	0.131 788	0.105 867	0.107 042
2013	0.065 153	0.062 755	0.079 735	0.118 427	0.117 293
2014	0.034 861	0.054 614	0.120 297	0.130 621	0.119 535
2015	0.051 969	0.100 579	0.134 047	0.132 468	0.129 686
2016	0.053 634	0.107 626	0.099 116	0.128 001	0.131 084
2017	0.060 162	0.109 917	0.120 674	0.106 044	0.151 379

表 4-26　电信、广播电视和卫星传输运输服务业表观业绩

年份	中信国安	电广传媒	天威视讯	北讯集团	歌华有线
2007	0.061 042	0.079 673	0.062 625	0.253 399	0.092 437
2008	0.066 204	0.055 981	0.062 625	0.253 399	0.076 476
2009	0.104 342	0.045 713	0.063 143	0.253 399	0.073 791
2010	0.045 077	0.133 706	0.067 973	0.047 885	0.065 778
2011	0.027 338	0.167 715	0.084 919	0.039 214	0.052 506
2012	0.029 754	0.151 626	0.088 377	0.038 146	0.054 023
2013	0.022 809	0.058 665	0.091 992	0.002 694	0.065 382
2014	0.029 373	0.038 312	0.089 277	−0.088 68	0.090 393
2015	0.050 805	0.041 413	0.107 414	0.011 997	0.058 344
2016	0.033 861	0.040 246	0.110 719	−0.054 242	0.057 162
2017	0.040 345	−0.021 052	0.088 108	0.035 655	0.059 551

表 4-27　零售批发业表观业绩

年份	神州数码	供销大集	中成股份	英特集团	合肥百货
2007	0.313 257	0.038 521	0.045 455	0.113 499	0.140 018
2008	0.248 454	0.087 975	0.048 837	0.143 762	0.159 095
2009	−0.152 693	0.071 302	0.032 394	0.183 325	0.220 552
2010	0.371 121	0.073 928	0.008 795	0.190 804	0.222 381
2011	0.194 621	0.072 331	−0.012 627	0.371 121	0.217 989
2012	0.044 948	0.036 216	0.048 598	0.137 151	0.149 689
2013	0.158 049	0.037 113	0.094 516	0.135 538	0.137 415
2014	0.371 121	0.034 799	0.112 395	0.093 915	0.120 097
2015	0.114 242	−0.146 961	0.132 295	0.101 546	0.085 443
2016	0.151 955	0.024 541	0.101 078	0.113 082	0.087 531
2017	0.215 374	0.047 131	0.089 287	0.100 488	0.068 535

　　计算各行业所测实际业绩在表观业绩中所占的比例，并将结果进行统计，

如表 4-28 所示。采用 ROE 进行稳健性分析，结果与上述采用 ROA 测算的实际业绩进行的分析结果略有不同，但趋势一致，这表明研究结论是稳健的。

表 4-28 实际业绩/表观业绩统计表

行业	均值	标准差	最小值	最大值
煤炭开采和洗选业	0.186	0.045	0.038	0.259
电力、热力生产和供应业	0.270	0.042	0.137	0.333
航空运输业	0.176	0.030	0.141	0.233
电信、广播电视和卫星传输运输服务业	0.161	0.012	0.136	0.178
零售批发业	0.302	0.036	0.203	0.382

第 5 章
垄断行业企业高管薪酬与
企业业绩相关性实证研究

5.1　研究假设

国外的理论和实践都证明了以竞争行业企业业绩为依据制定高管薪酬激励的可靠性。中国经济体制转轨时期，市场经济不成熟、垄断行业企业内部和外部治理制度的不完善、委托代理链较长以及垄断行业企业所有者处于虚位的状态，导致垄断行业企业高管"内部人控制"的问题较严重，高管自定薪酬现象普遍存在，垄断行业企业表观业绩除了实际业绩外，还有包括垄断业绩在内的环境业绩和互作业绩，不能准确反映企业高管努力程度。"内部人控制"问题使得高管通常凭借垄断业绩来获取虚高的薪酬，垄断业绩增加了表观业绩，使其垄断行业企业表观业绩与高管薪酬呈现出正相关关系。竞争行业企业不存在垄断业绩，与垄断行业企业相比，其实际业绩更接近于表观业绩，其反映高管的管理才能和努力程度更准确，竞争行业企业表观业绩与高管薪酬的相关性程度更高。鉴于此，本书提出以下研究假设：

假设 1a：垄断行业企业表观业绩与高管薪酬存在正相关关系。

假设 1b：与竞争行业企业相比，垄断行业企业表观业绩与高管薪酬相关性更低。

EVA 体现了所有资本是有成本的核心理念，垄断行业企业凭借政策、权力等垄断优势获取部分资本，与竞争行业企业比较，垄断行业企业资本使用效率较低，EVA 相对较低，同时 EVA 适用范围有限，金融等垄断行业以 EVA 作为业绩考核指标具有一定缺陷，与竞争行业企业相比，垄断行业企业 EVA 业绩与高管薪酬相关度没有竞争行业企业高。2010 年 1 月，国资委发布《中央企业负责人经营业绩考核暂行办法》，规定放弃传统的净资产收益率（ROE）指标，采用经济增加值（EVA）指标作为对央企负责人的业绩进行考核的指标。《中央企业负责人经营业绩考核暂行办法》颁布后，垄断行业企业高管开始注重企业资本的运作效率，通过各种措施提高 EVA，提升高管薪酬与企业 EVA 的匹配度。据此，本书提出以下假设：

假设 2a：垄断行业企业 EVA 业绩与高管薪酬存在正相关关系。

假设 2b：与竞争行业企业相比，垄断行业企业 EVA 业绩与高管薪酬相关度更低。

最优契约理论认为，企业高管薪酬应该与企业业绩挂钩，建立以业绩为依据的高管薪酬激励机制。垄断行业企业由于存在较多的垄断业绩，与竞争行业比较，垄断业绩放大了其高管的努力成果，垄断行业企业高管凭借垄断优势的表观业绩获取薪酬，就会造成垄断行业企业高管虚高的薪酬，显得既不合理，又不公平，而且更为致命的是造成垄断行业企业高管薪酬激励制度的效果较差。我们应剔除包括垄断业绩在内的环境业绩与互作业绩，真正建立以实际业绩为基础的垄断行业企业高管薪酬激励机制。之前垄断行业企业高管薪酬即使与企业业绩挂钩，也是与表观业绩挂钩，由于垄断行业企业表观业绩与实际业绩的差距跟竞争行业相比多出了垄断业绩，与竞争行业企业相比，这种操作降低了垄断行业企业实际业绩与高管薪酬的相关关系。因而，本书提出以下假设：

假设 3a：垄断行业企业实际业绩与高管薪酬存在正相关关系。

假设 3b：与竞争行业企业相比，垄断行业企业实际业绩与高管薪酬相关度更低。

以 EVA 为基础建立起来的企业高管薪酬激励机制，将股东价值提升作为企业业绩评价标准，显示出一定优势，但它并没有把垄断行业的环境业绩和互作业绩考虑在内，只关注资本数量的大小，忽视了企业资本的构成和来源。垄断行业企业实际业绩剔除了包含垄断业绩在内的环境业绩和互作业绩，能更准确地反映高管的努力程度。因此，高管实际业绩的信息含量高于企业 EVA 和表观业绩的信息含量。故本书提出以下假设：

假设 4：与企业表观业绩和 EVA 业绩相比，企业实际业绩与高管薪酬相关度更高。

5.2　数据来源与样本筛选

本书的基本数据主要来源于 CSMAR 数据库和国家统计局等国家部委的官方网站公布的数据。根据 HHI 选择垄断行业和竞争行业，选取上一章提到的5 个行业 2007—2017 年共 11 年的 A 股上市公司作为研究的初始样本，然后按以下标准进行筛选和处理：①剔除了高管薪酬及其他变量数据严重缺失的样本；②剔除了业绩过差的 PT 和 ST 公司；③剔除了同时发行 B 股和 H 股的上市公司；④通过色诺芬数据库、历年的中国上市公司高管薪酬指数报告、UNIDO 数据库、上市企业年报以及和讯网等财经网站对缺失的数据进行填补；⑤在检验过程中，为消除极端值和异常值对研究结果的影响，本书对数据进行了上下 1% 的 Winsorie 缩尾处理，本书最终获得了 184 家样本上市公司的2 024 个样本观测值，其中垄断行业的上市公司 102 家、1 122 个观测值，竞争行业的上市公司 82 家、902 个观测值。

表 5-1　样本选取及筛选情况

行业类型	行业	筛选前/家	筛选后/家	频率
垄断	煤炭开采和洗选业	23	21	0.91
	电力、热力生产和供应业	70	62	0.89
	航空运输业	12	10	0.83
	电信、广播电视和卫星传输运输服务业	15	9	0.6
竞争	零售批发业	84	82	0.98
总计		204	184	0.90

5.3　变量选取与模型构建

5.3.1　变量选取

5.3.1.1　因变量

高管薪酬水平（PAY）：高管薪酬通常包括基本年薪、奖金、股权激励及各种形式的其他薪酬。由于中国资本市场不够成熟，这方面的直接数据比较缺乏，本部分采用 CSMAR 数据披露的高管前三名薪酬总额平均值的自然对数作为高管薪酬水平的替代变量。

5.3.1.2　自变量

（1）企业表观业绩（ROA）。企业表观业绩是衡量企业业绩时的常用指标，可以分为市场业绩指标和会计业绩指标。基本的会计业绩指标有总资产收益率（ROA）和净资产收益率（ROE）等，市场业绩指标包括公司股票报酬率等，由于中国股票市场还存在着投机性，基于企业市值的指标并不能很好反映企业的真实业绩。因此，本书选择了总资产报酬率来衡量企业业绩，用 ROA 来表示。

（2）企业 EVA 业绩（EVA）。EVA 即经济增加值，同其他财务指标相比，EVA 以企业的经济利润为核算基础，注重成本费用，强调了只有股东定义的真正利润才会给企业创造价值，计算方法为：经济增加值＝税后净利－资本成本。

（3）企业实际业绩（APE）。在上一章实际业绩测定中，我们利用生物学BLUP 法原理，将表观业绩中的环境业绩和互作业绩剔除，得到了企业实际业绩结果。

5.3.1.3　控制变量

为控制一些潜在变量对研究对象产生的影响，在回归过程中，我们加入其他对因变量影响较大的控制变量，以考察高管薪酬和业绩之间的真正关系，综合权威研究结果，并结合本书研究需要，选取以下企业特征和治理结构特征变量作为控制变量。各变量的定义及符号说明如表 5-2 所示：

表 5-2　变量定义及符号说明

变量类型	变量名称	变量符号	变量定义
因变量	高管薪酬水平	PAY	LN（高管前三薪酬总额平均值）
自变量	企业实际业绩	APE	上一章根据 BLUP-APE 法计算得到
	企业 EVA 业绩	EVA	使用 EVA 值分析法计算出
	表观业绩	ROA	总资产收益率
控制变量	企业规模	SIZE	LN（企业总资产）
	企业成长性	GROW	营业收入增长率
	股权集中度	TOP	第一大股东持股比例
	两职兼任	DOUBLE	董事长兼任总经理时 = 1，否则 = 0
	董事会规模	BOARD	董事会人数
	年度	YEAR	年度虚拟变量

（1）企业规模（SIZE）。衡量企业规模目前有两种计算口径，一是企业总资产，二是企业主营业务收入，本书采用企业总资产来衡量，在本部分内容中，做回归分析时企业规模的值使用总资产的自然对数。

（2）企业成长性（GROW）。企业成长性衡量通常采用企业市场价值与资产账面价值的比值，研发费用占总资产价值的比重，由于国内资本市场不成熟，这两方面的数据缺乏比较，本书采用营业收入增长率来衡量企业成长性，计算方法为：营业收入增长率=（当年营业收入-上年营业收入）/上年营业收入。

（3）股权集中度（TOP）。用上市企业年报披露的第一大股东持股比例来衡量。

（4）董事会规模（BOARD）。用上市企业年报披露的董事会成员人数衡量。

（5）两职兼任（DUAL）。以虚拟变量表示，若董事长同时兼任总经理一

职，DUAL＝1；若董事长与总经理两职分离，DUAL＝0。

（6）年度虚拟变量（YEAR）：由于时间跨度较大，本书在研究时控制了年份变量。

5.3.2　模型构建

为验证假设1，构建以下所示的模型1（5-1），本书采用垄断行业企业样本组验证假设1a：垄断行业企业表观业绩与高管薪酬存在正相关关系。采用竞争行业企业样本组验证假设1b：与竞争行业企业相比，垄断行业企业表观业绩与高管薪酬相关度更低。

模型1：

$$PAY = \beta_0 + \beta_1 \times ROA + \beta_2 \times SIZE + \beta_3 \times GROW + \beta_4 \times TOP +$$
$$\beta_5 \times BOARD + \beta_6 \times DUAL + \beta_7 \times YEAR + \varepsilon \qquad (5-1)$$

为验证假设2，构建以下所示的模型2（5-2），本书采用垄断行业企业样本组验证假设2a：垄断行业企业EVA业绩与高管薪酬存在正相关关系。本书采用竞争行业企业样本组验证假设2b：与竞争行业企业相比，垄断行业企业EVA业绩与高管薪酬相关度更低。

模型2：

$$PAY = \beta_0 + \beta_1 \times EVA + \beta_2 \times SIZE + \beta_3 \times GROW + \beta_4 \times TOP +$$
$$\beta_5 \times BOARD + \beta_6 \times DUAL + \beta_7 \times YEAR + \varepsilon \qquad (5-2)$$

为验证假设3，构建以下所示的模型3（5-3），本书采用垄断行业企业样本组验证假设3a：垄断行业企业实际业绩与高管薪酬存在正相关关系。本书采用竞争行业企业样本组验证假设3b：与竞争行业企业相比，垄断行业企业实际业绩与高管薪酬相关度更低。

模型3：

$$PAY = \beta_0 + \beta_1 \times APE + \beta_2 \times SIZE + \beta_3 \times GROW + \beta_4 \times TOP +$$
$$\beta_5 \times BOARD + \beta_6 \times DUAL + \beta_7 \times YEAR + \varepsilon \qquad (5-3)$$

5.4　研究结果与分析

5.4.1　描述性统计

利用 STATA 12 统计分析软件，将样本数据分为垄断行业企业样本组（1）和竞争行业企业样本组（2），本书分别就其相关变量的最大值、最小值、标准差和均值进行统计分析，并检验垄断企业与竞争企业各变量指标的组间差异。从表 5-4 中可以看出，垄断行业企业高管薪酬均值为 14.190，最大值为 15.200，最小值为 10.130，标准差为 0.347；竞争行业企业高管薪酬的均值为 13.180，最大值为 15.120，最小值为 10.090，标准差为 0.735，垄断行业企业高管薪酬总体上大于竞争行业企业，且组间差异显著；垄断行业企业表观业绩大于竞争行业企业，而 EVA 业绩与实际业绩均小于竞争行业企业，且组间差异显著。全样本主要变量描述性统计如表 5-3 所示，组间主要变量描述性统计及差异检验如表 5-4 所示。

表 5-3　全样本主要变量描述性统计

变量	均值	标准差	最小值	最大值
PAY	13.741	0.750	10.092	15.122
ROA	0.033	0.067	−0.789	0.817
EVA	8.662e+07	1.107e+09	−4.234e+09	6.086e+09
APE	0.010	0.0149	−0.077	0.080
GROW	0.174	2.271	−1.000	87.480
SIZE	22.642	1.489	18.541	27.150
BOARD	9.609	2.413	0	18.000
DUAL	0.105	0.306	0	1
TOP	38.891	16.310	0.290	84.920

表 5-4　组间主要变量描述性统计及差异检验

变量	数组	均值	标准差	最小值	最大值	均值差异检验
PAY	（1）	14.190	0.347	10.130	15.200	-6.004***
	（2）	13.180	0.735	10.090	15.120	
ROA	（1）	0.033	0.065	-0.754	0.298	0.296
	（2）	0.032	0.071	-0.789	0.817	
EVA	（1）	1.346e+08	1.451e+09	-4.234e+09	6.086e+09	2.396**
	（2）	2.695e+07	3.555e+08	-5.261e+09	2.039e+09	
APE	（1）	0.008	0.012	-0.054	0.056	-7.530***
	（2）	0.013	0.017	-0.077	0.080	
GROW	（1）	0.106	0.262	-0.749	2.744	-1.512
	（2）	0.259	3.389	-1.000	87.480	
SIZE	（1）	23.090	1.562	19.250	27.150	16.517***
	（2）	22.080	1.175	18.540	25.890	
BOARD	（1）	10.290	2.710	0	18.000	15.705***
	（2）	8.762	1.627	0	13.000	
DUAL	（1）	0.079	0.270	0	1.000	-4.076***
	（2）	0.136	0.343	0	1.000	
TOP	（1）	42.740	16.240	0.290	84.920	12.285***
	（2）	34.090	15.100	8.800	75.900	

注：* 表示 $p<0.1$，** 表示 $p<0.05$，*** 表示 $p<0.01$。

5.4.2　相关性分析

在正式进行回归分析前，为了解主要变量间的初步关系，本书对变量进行相关性分析，表 5-5 给出了对变量进行 Pearson 相关性检验的结果。检验结果表明薪酬与表观业绩、EVA 业绩、实际业绩均在 0.001 的水平显著正相关。企业规模、董事会规模和股权集中度与薪酬显著正相关，两职兼任与薪酬显著负相关，但企业成长性与薪酬并没有表现出显著关系，这与预期有差异，不过，这些只是单变量分析的结果，没有控制其他变量的影响，不足为据。相关性分析结果表明，各主要变量间不存在高度的相关性，下面将进一步运用多元回归模型做深入分析，如表 5-5 和表 5-6 所示。

表 5-5　垄断行业企业相关性分析

变量	PAY	ROA	EVA	APE	GROW	SIZE	BOARD	DUAL	TOP
PAY	1								
ROA	0.188 ***	1							
EVA	0.112 ***	0.402 ***	1						
APE	0.135 ***	0.711 ***	0.436 ***	1					
GROW	−0.015	0.162 ***	0.097 ***	0.155 ***	1				
SIZE	0.513 ***	0.042	0.131 ***	0.004	0.016	1			
BOARD	0.182 ***	0.103 ***	0.053 *	0.055 *	−0.020	0.141 ***	1		
DUAL	−0.064 **	0.024	−0.001	0.051 *	−0.026	−0.198 ***	−0.167 ***	1	
TOP	0.076 **	0.245 ***	0.216 ***	0.226 ***	−0.003	0.312 ***	0.022	−0.068 **	1

注：* 表示 $p<0.05$，** 表示 $p<0.01$，*** 表示 $p < 0.001$，下三角是 Pearson 相关系数。

表 5-6　竞争行业企业相关性分析

变量	PAY	ROA	EVA	APE	GROW	SIZE	BOARD	DUAL	TOP
PAY	1								
ROA	0.198 ***	1							
EVA	0.220 ***	0.481 ***	1						
APE	0.192 ***	0.917 ***	0.489 ***	1					
GROW	0.039	−0.004	−0.054	−0.006	1				
SIZE	0.472 ***	−0.032	0.075 **	−0.037	0.100 ***	1			
BOARD	0.079 **	−0.030	0.035	−0.028	−0.053	0.128 ***	1		
DUAL	−0.013	−0.026	−0.046	−0.035	−0.019	−0.145 ***	−0.089 ***	1	
TOP	0.093 ***	0.033	−0.017	0.033	−0.041	0.137 ***	−0.059 *	−0.145 ***	1

注：* 表示 $p<0.05$，** 表示 $p<0.01$，*** 表示 $p<0.001$，下三角是 Pearson 相关系数。

5.4.3 回归结果分析

5.4.3.1 垄断行业企业高管薪酬激励机制设计依据研究：以 ROA 作为业绩指标

本书采用垄断行业企业样本组和竞争行业企业样本组，分别对模型 1 进行多元线性回归，将其回归结果进行整理，得到表 5-7，其中（1-1）为垄断行业企业样本组回归结果，（1-2）为竞争行业样本组回归结果。对于垄断行业企业而言，高管薪酬水平和 ROA 业绩的相关系数为 2.789 2，符号为正，且在 0.001 的水平上显著，这表明高管薪酬和表观业绩呈正相关关系，假设 1a 得到验证；竞争行业企业高管薪酬水平和 ROA 相关系数为 3.851 1，符号为正，且统计显著，观察两者系数，结果表明垄断行业企业的 ROA 业绩与高管薪酬水平相关度低于竞争行业企业，假设 1b 得到验证。从模型整体来看，两者的 F 值都在 0.001 的统计水平上显著，说明两次模型的拟合度都在一个合理的范围内，可信度较高。

表 5-7　表观业绩与高管薪酬水平回归估计结果

自变量	因变量：高管薪酬水平	
	垄断	竞争
	（1-1）	（1-2）
ROA	2.789 2*** （6.54）	3.851 1*** （7.94）
SIZE	0.174 0*** （17.23）	0.241 0*** （12.56）
GROW	−0.057 0 （−0.99）	−0.000 4 （−0.06）
TOP	−0.005 2*** （−4.92）	0.001 5 （1.09）
BOARD	0.025 7*** （4.88）	0.033 2* （2.57）

表5-7(续)

自变量	因变量：高管薪酬水平	
	垄断	竞争
	（1-1）	（1-2）
DUAL	0.048 9 （0.93）	0.103 1 （1.70）
YEAR	Controlled	
Cons_	8.419 2*** （38.26）	6.985 4*** （16.84）
N	1 122	902
Adj-R^2	0.409 7	0.320 3
F	49.46***	27.48***

注：* 表示 $p<0.05$，** 表示 $p<0.01$，*** 表示 $p<0.001$。

5.4.3.2　垄断行业企业高管薪酬激励机制设计依据研究：以 EVA 作为业绩指标

本书采用垄断行业企业样本组和竞争行业企业样本组，分别对模型 2 进行多元线性回归，整理得到表 5-8 所示的回归结果，（2-1）为垄断行业样本组回归结果，（2-2）为竞争行业样本组回归结果。对于垄断行业企业而言，高管薪酬水平和 EVA 业绩的相关系数为 $3.27e^{-11}$，符号为正，且在 0.001 的水平上显著，这表明 EVA 业绩和高管薪酬呈正相关，假设 2a 得到验证；竞争行业企业 EVA 业绩和高管薪酬水平相关系数为 $4.50e^{-10}$，符号为正，且统计显著，结果表明垄断行业企业的 EVA 业绩与高管薪酬水平相关度低于竞争行业企业，假设 2b 得到验证。

表 5-8　EVA 业绩与高管薪酬水平回归估计结果

自变量	因变量：高管薪酬水平	
	垄断	竞争
	（2-1）	（2-2）
EVA	$3.27e^{-11}$ ** （3.16）	$4.50e^{-10}$ *** （7.71）
SIZE	0.163 2 *** （15.57）	0.221 3 *** （11.45）
GROW	0.035 0 （0.60）	0.002 7 （0.43）
TOP	$-0.002\ 4$ * （-2.54）	0.002 2 （1.61）
BOARD	0.031 2 *** （5.76）	0.029 0 * （2.23）
DUAL	0.068 5 （1.26）	0.107 1 （1.76）
YEAR	Controlled	
Cons_	8.606 1 *** （37.51）	7.512 3 *** （18.00）
N	1 122	902
Adj-R^2	0.366 7	0.317 7
F	41.43 ***	27.16 ***

注：* 表示 $p<0.05$，** 表示 $p<0.01$，*** 表示 $p<0.001$。

5.4.3.3　垄断行业企业高管薪酬激励机制设计依据研究：以实际业绩作为业绩指标

本书采用垄断行业企业样本组和竞争行业企业样本组，分别对模型 3 进行多元线性回归，整理得到表 5-9 所示的回归结果，（3-1）为垄断行业样本组回归结果，（3-2）为竞争行业样本组回归结果。对于垄断行业企业而言，高管薪酬水平和实际业绩的相关系数为 8.061 4，符号为正，且在 0.001 的水平上显著，这表明实际业绩和高管薪酬呈正相关关系，假设 3a 得到验证；竞争行业企业高管薪酬水平和实际业绩相关系数为 10.211 8，符号为正，且统计显著，结果表明垄断行业企业的实际业绩与高管薪酬水平相关度低于竞争行业企业，假设 3b 得到验证。

表 5-9　实际业绩与高管薪酬水平回归估计结果

自变量	因变量：高管薪酬水平	
	垄断	竞争
	（3-1）	（3-2）
APE	8.061 4 *** (6.40)	10.211 8 *** (8.42)
SIZE	0.172 1 *** (16.65)	0.243 3 *** (12.72)
GROW	−0.014 2 (−0.25)	−0.000 4 (−0.06)
TOP	−0.003 5 *** (−3.62)	0.001 4 (1.04)
BOARD	0.029 0 *** (5.43)	0.032 9 * (2.56)
DUAL	0.053 6 (0.99)	0.105 1 (1.74)
YEAR	Controlled	
Cons_	8.414 1 *** (37.37)	6.934 3 *** (16.77)
N	1 122	902
Adj-R^2	0.383 9	0.325 9
F	44.50 ***	28.16 ***

注：* 表示 $p<0.05$，** 表示 $p<0.01$，*** 表示 $p<0.001$。

5.4.3.4　垄断行业企业高管薪酬激励机制设计依据研究：基于三种业绩指标的薪酬业绩相关性比较分析

为验证假设 4，本书将三组基于不同业绩指标的薪酬业绩相关性进行比较，对三个业绩指标数据分别进行标准化处理，并重新使用各自模型进行多元线性回归分析，回归结果汇总整理如表 5-10 所示。

表 5-10　标准化的各业绩指标与高管薪酬水平回归结果比较

自变量	因变量：高管薪酬水平					
	垄断			竞争		
	(1-1)	(1-2)	(1-3)	(1-2)	(2-2)	(3-2)
ROA	0.238 4 *** (6.54)			0.322 6 *** (7.94)		
EVA		0.079 1 ** (3.16)			0.318 2 *** (7.71)	
APE			0.354 1 *** (6.40)			0.406 3 *** (8.42)
SIZE	0.290 3 *** (17.23)	0.272 3 *** (15.57)	0.287 1 *** (16.65)	0.328 4 *** (12.56)	0.301 2 *** (11.45)	0.331 4 *** (12.72)
GROW	-0.094 3 (-0.99)	0.058 4 (0.60)	-0.023 8 (-0.25)	-0.000 5 (-0.06)	0.003 6 (0.43)	-0.000 5 (-0.06)
TOP	-0.007 8 *** (-4.92)	-0.004 0 * (-2.54)	-0.005 8 *** (-3.62)	0.002 1 (1.09)	0.003 1 (1.61)	0.001 9 (1.04)
BOARD	0.042 9 *** (4.88)	0.052 0 *** (5.76)	0.048 5 *** (5.43)	0.045 2 * (2.57)	0.039 4 * (2.23)	0.044 8 * (2.56)
DUAL	0.081 6 (0.93)	0.114 2 (1.26)	0.089 5 (0.99)	0.140 3 (1.70)	0.145 1 (1.76)	0.143 5 (1.74)
YEAR	Controlled					
Cons_	-7.479 2 *** (-20.38)	-7.318 1 *** (-19.09)	-7.540 6 *** (-20.11)	-8.259 1 *** (-14.65)	-7.693 7 *** (-13.55)	-8.313 4 *** (-14.81)
N	1 122	1 122	1 122	902	902	902
Adj-R^2	0.409 7	0.366 7	0.383 9	0.320 3	0.317 7	0.325 9
F	49.46 ***	41.43 ***	44.50 ***	27.48 ***	27.16 ***	28.16 ***

注：* 表示 $p<0.05$，** 表示 $p<0.01$，*** 表示 $p<0.001$。

　　我们从表 5-10 中观察到，就垄断行业企业而言，实际业绩的标准化系数为 0.354 1，表观业绩的标准化系数为 0.238 4，EVA 业绩的标准化系数为 0.079 1，且都统计显著，其中与高管薪酬水平相关度最高的是实际业绩，假设 4a 得到验证；就竞争行业企业而言，实际业绩的标准化系数为 0.406 3，EVA 业绩的标准化系数为 0.318 2，表观业绩的标准化系数为 0.322 6，且都统计显著，其中与高管薪酬水平相关度最高的同样是实际业绩，比较三种业绩指标分别在垄断行业企业和竞争行业企业中高管薪酬水平的相关性系数，我们发现竞争行业企业业绩与高管薪酬水平的相关度普遍高于垄断行业企业，这表明竞争行业企业的薪酬激励机制更为有效。

前面以垄断行业企业与竞争行业企业进行对比，用实证分析说明了企业实际业绩与 EVA、表观业绩与企业高管薪酬的关系。研究结果表明，我们有必要以实际业绩作为依据，构建垄断行业企业高管薪酬激励机制。除了实际业绩评估指标外，EVA 虽然相对其他的业绩评估指标来讲，具有突出的优势，EVA 在一定程度上能够克服其他业绩评估的缺陷，抑制高管盲目投资的冲动，将高管的决策导向股东价值最大化。但以 EVA 为基础的企业高管薪酬激励机制有以下缺点：一是与传统的会计科目处理方法不同，它需要对许多会计科目进行处理。而实际业绩评估方法，只要采用的会计科目类别相同，就可以剔除环境和互作方面对业绩的影响。二是很难准确计算资本成本。在 EVA 的业绩评估中，资本成本是通过资本资产定价模型法、套利定价模型法和风险补偿法来估计它的权益资本成本，各种方法各有优缺点。例如，资本资产定价模型法仅仅考虑了一个变量系数的影响，并且假设市场是完全竞争的，显然这与中国目前的资本市场不吻合。三是适用范围有限。EVA 不适合金融机构、周期性企业、风险投资企业、新成立公司等。金融类垄断行业对法定资本有特殊要求，我们不能够把贷款总额全部作为使用资产来计算企业的资本成本，所以 EVA 对金融行业的业绩评估也不准确。周期性行业由于周期性波动较大，用 EVA 分析反而容易使其数据扭曲。目前，对企业业绩的评估标准主要有传统绩效指标（ROE）和经济增加值（EVA），尽管相对于 ROE，EVA 已经有所改进，它将股东价值提升作为企业业绩评估标准。但这些指标并没有将垄断行业企业的垄断优势考虑在内，只关注资本大小，忽略了企业资本的构成和来源。而采用 BLUP-APE 法评估实际业绩，剔除了垄断优势、环境效应和互作效应，充分考虑了垄断行业企业的业绩来源。业绩来源对于竞争行业企业来说可能意义不是很明显，但对垄断行业企业来讲是至关重要的，如果不考虑垄断优势，将严重高估企业高管对企业业绩的实际贡献。垄断行业企业实际业绩包含的信息含量高于 EVA 的信息含量，更高于 ROE 的信息含量。从实证结果看，运用 BLUP-APE 评估实际业绩是可行的，优势高于 EVA 业绩评估。

5.4.4 稳健性检验

5.4.4.1 采用更换业绩指标的稳健性检验

为提高回归结果的可信度，增强研究结论的可靠性，用净资产收益率（ROE）代替前文中的总资产收益率（ROA）作为业绩指标，使用前一章中稳健性检验得到的剔除行业层面影响因素，来作为实际业绩指标进行进一步研究，控制变量选取不变，依然使用多元回归法进行检验分析，得到的回归结果如表 5-11 所示。我们从表 5-11 中观察到，垄断行业企业的表观业绩、EVA 业绩、实际业绩均与薪酬呈正相关关系，并且竞争行业企业实际业绩与高管薪酬相关度高于垄断行业企业实际业绩与高管薪酬相关度，除个别指标显著性水平较低，上述回归结果与前文研究结论没有实质性差异。因此，本书认为前面的研究结论是比较稳健的。

表 5-11　稳健性检验结果

自变量	因变量：高管薪酬水平					
	垄断			竞争		
	(1-1)	(1-2)	(1-3)	(1-2)	(2-2)	(3-2)
ROE	0.216 3 *** (5.26)			0.307 4 *** (6.59)		
EVA		0.079 1 ** (3.16)			0.318 2 *** (7.71)	
APE			0.414 5 *** (3.79)			0.420 7 *** (7.78)

表5-11(续)

自变量	因变量：高管薪酬水平					
	垄断			竞争		
	(1-1)	(1-2)	(1-3)	(1-2)	(2-2)	(3-2)
SIZE	0.273 1*** (15.80)	0.272 4*** (15.57)	0.275 3*** (15.80)	0.302 6*** (11.38)	0.301 7*** (11.45)	0.294 3*** (11.11)
GROW	-0.006 2 (-0.06)	0.058 4 (0.60)	0.016 1 (0.16)	-0.001 5 (-0.18)	0.003 6 (0.43)	-0.002 1 (-0.24)
TOP	-0.004 5** (-2.86)	-0.004 0* (-2.54)	-0.004 1** (-2.62)	0.002 3 (1.24)	0.003 0 (1.61)	0.002 3 (1.22)
BOARD	0.048 2*** (5.35)	0.052 0*** (5.76)	0.049 9*** (5.51)	0.048 0** (2.69)	0.039 4* (2.23)	0.048 2** (2.73)
DUAL	0.100 6 (1.11)	0.114 3 (1.26)	0.099 1 (1.09)	0.112 4 (1.35)	0.145 2 (1.76)	0.115 3 (1.40)
YEAR	Controlled					
Cons_	-7.279 2*** (-19.21)	-7.318 4*** (-19.09)	-7.342 6*** (-19.28)	-7.744 2*** (-13.51)	-7.693 1*** (-13.55)	-7.557 2*** (-13.27)
N	1 118	1 118	1 118	902	902	902
Adj-R²	0.369 2	0.366 7	0.376 6	0.305 9	0.317 7	0.318 5
F	43.18***	41.43***	41.86***	25.76***	27.16***	27.26***

注：* 表示 $p<0.05$，** 表示 $p<0.01$，*** 表示 $p<0.001$。

5.4.4.2　采用模型中加入虚拟变量的稳健性检验

验证假设 1a：垄断行业企业表观业绩与高管薪酬存在正相关关系；假设 1b：与竞争行业企业相比，垄断行业企业表观业绩与高管薪酬相关性更低。设计如下式所示的模型 1（5-4），在模型中加入行业垄断虚拟变量来区分垄断行业与竞争行业，当企业所处行业为垄断行业时，MONO = 1；当企业所处行业为竞争行业时，MONO = 0，引入表观业绩与行业垄断虚拟变量的交互项 ROA×MONO 来表示行业垄断对薪酬与表观业绩相关性的影响，其中系数 β_1 表示竞争行业薪酬与表观业绩的相关程度，系数 $(\beta_1 + \gamma_1)$ 表示垄断行业薪酬与表观业绩的相关程度，若假设 1a 成立，则系数 $(\beta_1 + \gamma_1)$ 应为正且显著，若假设 1b 成立，则系数 γ_1 应为负且显著。

模型 1：

$$PAY = \beta_0 + \beta_1 \times ROA + \gamma_1 \times ROA \times MONO + \beta_2 \times SIZE + \beta_3 \times GROW +$$
$$\beta_4 \times TOP + \beta_5 \times BOARD + \beta_6 \times DUAL + \beta_7 \times MONO + \beta_8 \times YEAR + \varepsilon$$

$$(5-4)$$

验证假设 2a：垄断行业企业 EVA 业绩与高管薪酬存在正相关关系；假设 2b：与竞争行业企业相比，垄断行业企业 EVA 业绩与高管薪酬相关度更低。设计如下式所示的模型 2（5-5），我们引入 EVA 业绩与行业垄断虚拟变量的交互项 EVA×MONO 来表示行业垄断对薪酬与 EVA 业绩相关性的影响，其中系数 β_1 表示竞争行业薪酬与 EVA 业绩的相关程度，系数 ($\beta_1 + \gamma_1$) 表示垄断行业薪酬与 EVA 业绩的相关程度，若假设 2a 成立，则系数 ($\beta_1 + \gamma_1$) 应为正且显著，若假设 2b 成立，则系数 γ_1 应为负且显著。

模型 2：

$$PAY = \beta_0 + \beta_1 \times EVA + \gamma_1 \times EVA \times MONO + \beta_2 \times SIZE + \beta_3 \times GROW +$$
$$\beta_4 \times TOP + \beta_5 \times BOARD + \beta_6 \times DUAL + \beta_7 \times MONO + \beta_8 \times YEAR + \varepsilon$$

$$(5-5)$$

验证假设 3a：垄断行业企业实际业绩与高管薪酬存在正相关关系；假设 3b：与竞争行业企业相比，垄断行业企业实际业绩与高管薪酬相关度更低。设计如下式所示的模型 3（5-6），我们引入实际业绩与行业垄断虚拟变量的交互项 APE×MONO，来表示行业垄断对薪酬与实际业绩相关性的影响，其中系数 β_1 表示竞争行业薪酬与实际业绩的相关程度，系数 ($\beta_1 + \gamma_1$) 表示垄断行业薪酬与实际业绩的相关程度。若假设 3a 成立，则系数 ($\beta_1 + \gamma_1$) 应为正且显著，若假设 3b 成立，则系数 γ_1 应为负且显著。

模型 3：

$$PAY = \beta_0 + \beta_1 \times APE + \gamma_1 \times APE \times MONO + \beta_2 \times SIZE + \beta_3 \times GROW +$$
$$\beta_4 \times TOP + \beta_5 \times BOARD + \beta_6 \times DUAL + \beta_7 \times YEAR + \varepsilon \qquad (5-6)$$

采用包含垄断行业和竞争行业的全样本数据对模型 1 进行多元线性回归，

我们将其回归结果进行整理,得到表 5-12。对于垄断行业企业而言,高管薪酬水平和 ROA 业绩的相关系数为 1.415 0(因篇幅限制,此部分未将垄断行业数据详细列出,下文中模型 2、模型 3 的情况亦如此),符号为正,且在 0.001 的水平上显著,这表明高管薪酬和表观业绩呈正相关关系,假设 1a 得到验证;竞争行业企业高管薪酬水平和表观业绩相关系数为 5.751 2,符号为正,且统计显著,观察两者系数,竞争行业企业 ROA 系数估计值更大,即表明垄断行业企业的 ROA 业绩与高管薪酬水平相关度低于竞争行业企业,假设 1b 得到验证。从模型整体来看,F 值在 0.001 的统计水平上显著,说明模型的拟合度都在一个合理的范围内,可信度较高。

表 5-12　表观业绩与高管薪酬水平回归估计结果

自变量	因变量: 高管薪酬水平
ROA	5.751 2 *** (14.73)
ROA×MONO	-4.336 2 *** (-9.38)
SIZE	0.168 2 *** (17.37)
GROW	-0.106 3 (-1.96)
TOP	-0.002 8 *** (-3.41)
BOARD	0.015 3 ** (2.69)
DUAL	-0.005 4 (-0.18)
YEAR	Controlled
Cons_	8.749 2 *** (43.20)
N	2 024
Adj-R^2	0.316 6
F	56.14 ***

注: * 表示 $p<0.05$, ** 表示 $p<0.01$, *** 表示 $p<0.001$。

采用全样本对模型 2 进行多元线性回归，我们将其回归结果进行整理，得到表 5-13。对于垄断行业企业而言，高管薪酬水平和 EVA 业绩的相关系数为 $0.39e^{-10}$，符号为正，且在 0.001 的水平上显著，这表明高管薪酬和 EVA 业绩呈正相关，假设 2a 得到验证；竞争行业企业高管薪酬水平和 EVA 业绩相关系数为 $4.89e^{-10}$，符号为正，且统计显著，观察两者系数，竞争行业企业 EVA 系数估计值更大，即表明垄断行业企业的 EVA 业绩与高管薪酬水平相关度低于竞争行业企业，假设 2b 得到验证。从模型整体来看，F 值在 0.001 的统计水平上显著，说明模型的拟合度在一个合理的范围内，可信度较高。

表 5-13　EVA 业绩与高管薪酬水平回归估计结果

自变量	因变量：高管薪酬水平
EVA	$4.89e^{-10}$ *** （9.15）
EVA×MONO	$-4.50e^{-10}$ *** （-8.25）
SIZE	0.146 2 *** （14.69）
GROW	-0.047 2 （-0.86）
TOP	-0.002 6 ** （-3.11）
BOARD	0.007 6 （1.32）
DUAL	0.001 8 （0.06）
YEAR	Controlled
Cons_	9.380 *** （45.64）
N	2 024
Adj-R^2	0.278 6
F	46.96 ***

注：* 表示 $p<0.05$，** 表示 $p<0.01$，*** 表示 $p<0.001$。

采用全样本对模型 3 进行多元线性回归，我们将其回归结果进行整理，得到表 5-14。对于垄断行业企业而言，高管薪酬水平和实际业绩的相关系数为 7.127 9，符号为正，且在 0.001 的水平上显著，这表明高管薪酬和实际业绩呈正相关关系，假设 3a 得到验证；竞争行业企业高管薪酬水平和实际业绩相关系数为 9.643 2，符号为正，且统计显著，垄断行业企业的实际业绩与高管薪酬水平相关度低于竞争行业企业，假设 3b 得到验证。从模型整体来看，F 值在 0.001 的统计水平上显著，说明模型的拟合度在一个合理的范围内，可信度较高。

表 5-14　实际业绩与高管薪酬水平回归估计结果

自变量	因变量：高管薪酬水平
APE	9.643 2 *** (14.49)
APE×MONO	−2.515 3 *** (−8.66)
SIZE	0.168 1 *** (17.30)
GROW	−0.092 8 (−1.72)
TOP	−0.002 5 ** (−3.00)
BOARD	0.016 7 ** (2.94)
DUAL	−0.006 0 (−0.20)
YEAR	Controlled
Cons_	8.740 2 *** (43.05)
N	2 024
Adj-R^2	0.319 8
F	56.95 ***

注：* 表示 $p<0.05$，** 表示 $p<0.01$，*** 表示 $p<0.001$。

为验证假设 4，我们将三组基于不同业绩指标的薪酬业绩相关度进行比较，对三个业绩指标数据分别进行标准化处理，并重新使用各自模型进行多元线性回归分析，将回归结果汇总整理，结果如表 5-15 所示。为方便分析，将垄断行业企业与竞争行业企业的各业绩指标与高管薪酬水平的回归结果单独整理如表 5-16 所示。

表 5-15 标准化的各业绩指标与高管薪酬水平回归结果比较（一）

自变量	因变量：高管薪酬水平（PAY）		
	模型 1	模型 2	模型 3
ROA	0.274 1 *** (14.73)		
ROA×MONO	-0.181 4 *** (-9.38)		
EVA		0.551 2 *** (9.15)	
EVA×MONO		-0.496 3 *** (-8.25)	
APE			0.639 2 *** (14.49)
APE×MONO			-0.148 3 *** (-8.66)
SIZE	0.168 1 *** (17.37)	0.146 2 *** (14.69)	0.168 1 *** (17.30)
GROW	-0.106 1 (-1.96)	-0.047 2 (-0.86)	-0.092 8 (-1.72)
TOP	-0.002 8 *** (-3.41)	-0.002 6 ** (-3.11)	-0.002 5 ** (-3.00)
BOARD	0.015 3 ** (2.69)	0.007 6 (1.32)	0.016 7 ** (2.94)
DUAL	-0.005 4 (-0.18)	0.001 8 (0.06)	-0.006 0 (-0.20)
YEAR	Controlled		

表5-15(续)

自变量	因变量：高管薪酬水平（PAY）		
	模型 1	模型 2	模型 3
Cons_	8.857 1 *** (43.85)	9.389 4 *** (45.66)	8.839 2 *** (43.65)
N	2 024	2 024	2 024
Adj-R^2	0.316 6	0.278 6	0.319 8
F	56.14 ***	46.96 ***	56.95 ***

注：* 表示 $p<0.05$，** 表示 $p<0.01$，*** 表示 $p<0.001$。

表 5-16　标准化的各业绩指标与高管薪酬水平回归结果比较（二）

自变量	垄断 ($\beta_1 + \gamma_1$)	竞争 (β_1)
ROA	0.093 ***	0.274 ***
EVA	0.055 ***	0.551 ***
APE	0.491 ***	0.639 ***

注：* 表示 $p<0.05$，** 表示 $p<0.01$，*** 表示 $p<0.001$。

从表 5-15 及表 5-16 中观察到，就垄断行业企业而言，实际业绩的标准化系数为 0.491，表观业绩的标准化系数为 0.093，EVA 业绩的标准化系数为 0.055，且都显著，其中与高管薪酬水平相关度最高的是实际业绩，假设 4 得到验证；就竞争行业企业而言，实际业绩的标准化系数为 0.639，EVA 业绩的标准化系数为 0.551，表观业绩的标准化系数为 0.274，且都显著，其中与高管薪酬水平相关度最高的同样是实际业绩，且竞争行业企业业绩与高管薪酬水平的相关度普遍高于垄断行业企业，这表明竞争行业企业的薪酬激励机制更加有效。垄断行业需要剔除包括垄断业绩在内的环境业绩和互作业绩，并在此基础上以实际业绩作为依据来设计企业高管薪酬激励机制。

使用前面两种方法进行稳健性检验，其结果与之前结果基本保持一致，说明了本次研究结果具有较好的稳健性。

第 6 章
垄断行业企业高管薪酬激励机制设计

美国哈佛大学心理学家威廉·詹姆斯研究发现，普通员工通常仅能发挥
其能力的 20%~30%，而受到充分激励的员工发挥的作用相当于受到激励前的
3 倍至 4 倍，其能力可发挥至 80%~90%。企业高管受到激励后的作用还会比
普通员工要大得多，提高高管努力程度主要依靠激励手段。可见，高管的潜
能具有巨大开发价值，尤其垄断行业企业的高管由于凭借垄断优势而不用太
努力都可获取垄断业绩，其潜能相比竞争行业来说，提升的空间还会更大。
垄断行业企业高管薪酬激励机制，要求具有科学性、规范性和合理性。在前
面对垄断行业企业高管薪酬激励的理论基础、理论框架，垄断行业企业高管
薪酬激励改革进展、问题诊断，垄断行业企业实际业绩测算及垄断行业企业
高管薪酬与企业业绩相关性实证研究等问题进行描述和分析后，我们需要对
垄断行业企业高管薪酬激励机制做出相应设计。

6.1　垄断行业企业高管薪酬激励机制设计的总体思路

垄断行业企业高管薪酬激励机制是激发高管潜力的载体。首先，激发高
管潜力是以薪酬激励机制为载体的，如果没有可操作、可执行的激励的方式
方法，高管薪酬激励就是一句空话，根本无法有效发挥作用。其次，垄断行
业企业高管薪酬激励机制是高管持续、稳定发挥其潜力的保证。因为薪酬激
励机制在一定时期内是基本稳定的，企业高管据此选择其行动以获得最大薪
酬保障，达到利益最大化。因此，垄断行业企业通过设立高管薪酬激励机制
有助于高管潜力持续、稳定地发挥，同时垄断行业企业长期沉淀下来的高管
薪酬激励文化使得高管潜力按照企业目标实现的方向相对规范地发挥出来。

垄断行业企业高管薪酬激励是牵一发而动全身，它涉及众多部门、集团、
个人多方面的利益，困难和阻力较大，需要做好顶层设计和总体规划，结合
垄断行业企业高管薪酬激励多年的改革成效和在宏观、微观等层面上取得的

进展和问题诊断，根据垄断行业企业高管薪酬激励机制的运行机理，结合当前的环境条件，理清思路，从根本上寻求有效的破解思路。

机制设计本质上就是设计一种监督与奖惩的结构，机制受到多种因素影响，存在诸多难点。实践中，垄断行业企业高管薪酬激励构建过程中一个非常重要的问题是如何准确评估高管实际业绩，并且如何把实际业绩与其薪酬激励结合起来，进行恰当的激励。垄断行业企业目标的实现，很大程度上依赖于一套适当的激励约束机制以诱导垄断行业企业高管的行为，包括信息披露制度、规范职务消费、要素市场的完善、实际业绩的测算以及实际业绩与薪酬的有效联结，等等。基于局部的、具体的和微观的传统激励视角，我们只能对有限时空的信息加以规整和利用，而不能从根本上解决对垄断行业企业高管的薪酬激励问题。这个问题解决的关键在于构建起科学、规范、合理的垄断行业企业高管薪酬激励与监管机制，减少信息的不对称性和代理成本，以合理的薪酬激励成本和监管成本获取最大收益，实现企业战略目标和资源的帕累托最优配置，即达成激励兼容。机制设计得好坏，某种程度取决于环境不确定性和信息不对称的程度，即理论假设的前提。如果环境的不确定性和信息不对称性足以影响各方执行薪酬契约的能力和薪酬契约的有效性，则不存在一个机制实现激励兼容。但是，根据经济学上的第三优理论，应尽可能利用已有的信息，系统考虑、重点突破，有计划、有步骤地进行变革（刘东，1998）。企业薪酬激励与监管机制是经济机制的一部分①，垄断行业企业高管薪酬激励和监管机制的构建和实施，在一定程度上改变了不确定性的范围、方向以及信息不对称程度，目的是实现不对称信息下的激励兼容，避免道德风险和逆向选择的发生，使企业高管朝着委托人期望的目标努力，实现

---

① 具体来说，经济机制的设计应包括以下方面：第一，市场机制的设置，包括产品市场、要素市场及资本市场的设置。由于现实经济活动中的三种市场皆为不完全信息市场，因此给政府的宏观调控机制和企业内部治理机制的设计留下了空间。第二，政府的运作机制设置。运作机制设置的主要目标是规范和调节市场秩序，注重市场效率和兼顾公平，为企业创造公平、透明的市场环境，使市场信号能真实地反映企业的经营业绩和发展水平。第三，企业制度的设计。主要是减少信息不对称和责任不对等所导致的机会主义行为，使其所有者和高管之间、高管和部门经理之间、部门经理和员工之间的激励趋于相容。

企业高管自身目标的同时，委托人的目标函数也得到最大化实现。

　　垄断行业企业高管薪酬激励机制是激励主体根据高管创造的实际业绩，着眼于高管需求，给予高管有竞争力的薪酬水平和合理的薪酬结构，依靠制度保障，充分发挥薪酬组合各部分的激励作用，从而实现激励效用的最大化。垄断行业企业高管薪酬激励机制要解决的重大问题是使企业股东与高管的目标函数保持一致，使高管的主观行为所追求的结果和股东目标高度一致。这些要求我们应在企业战略目标指导下制定相应的薪酬战略目标，我们应从薪酬战略目标角度，构建垄断行业企业高管薪酬激励机制。这其中的关键是如何准确评估垄断行业企业实际业绩以及如何与薪酬水平、结构挂钩的问题。基于此，本书建立的激励机制的首要前提就是对实际业绩的准确评估，并以此为依据确定其薪酬激励组合，从而保持垄断行业企业在保证效率的基础上兼顾公平的动态平衡。

6.2　垄断行业企业高管薪酬激励机制设计的前提条件

　　根据薪酬激励的一般过程和运行机理，在设计垄断行业企业高管薪酬激励机制之前，必须注意以下几个方面的内容：委托者能力和积极性问题、高管的市场化选择、识别企业高管的需求、激励目标的设置、企业高管的产出（业绩）考核、实际业绩与薪酬激励的有效联结等。

6.2.1　委托者的能力和自身积极性问题①

　　薪酬决策主体必须承担一定的风险，并应有足够的积极性来履行其职责。

────────

① 垄断行业企业基本是国有企业，与一般企业比较，其存在所有者虚位问题，并且委托代理链条较长，提升委托者积极性的首先应以产权为突破口，使企业所有权"虚位"变成"到位"，同时我们需要缩短委托代理链条，使委托代理的层级结构扁平化。

在国外的上市企业中，所有权和经营权分离，所有者通过建立薪酬激励机制来对企业高管的行为进行规范和引导，以达到其与所有者利益保持一致。作为垄断行业企业高管薪酬激励的决策主体，决策主体本身也处于虚位状态，决策主体本身缺乏决策的动力，并可能对决策后果不负责任或只负部分责任。

垄断行业企业解决代理者薪酬激励问题的首要前提，是解决委托者的能力素质问题。委托者作为垄断行业企业高管薪酬激励机制制定者，其能力素质状况如何，是影响该机制构建的重要影响因素。在委托者能力素质达不到要求的情况下，垄断行业企业高管薪酬激励机制往往会沦为形式。垄断行业企业高管薪酬激励问题涉及面较宽，需要全面系统地进行考虑，委托者如果不熟悉企业内外部的环境条件，就不可能制定出合理的业绩考核目标；如果委托者不能理解企业的各项经营数据，不能从中发现问题，分析和解决这些问题就无从谈起；如果委托者不能掌握现代企业薪酬激励的方法、工具和手段，也不可能建立起垄断行业企业高管薪酬激励机制。所有这些，都要求委托者的素质和能力必须达到相应要求。

解决垄断行业企业代理者薪酬激励问题的另一个重要问题就是，涉及委托者本身的激励问题，特别是对一股独大的垄断行业企业，这个问题尤其需要引起高度重视。仅仅通过完全与薪酬挂钩、委托决策主体分享剩余收益来解决委托者问题的办法，是不实际的。从产权制度层面，产权多元化的推进并引进战略投资者，有利于解决委托者本身的激励问题。其理由是：尽管企业剩余收益不能完全与个人挂钩，但它却是完全与本产权组织利益挂钩的，而作为某一产权组织的代表，委托者必定要关心他所代表的那部分资产收益状况，从而会去考虑对代理者的激励与监管问题，至少不会因委托者没有积极性而影响企业高管薪酬制度安排。

目前中国垄断行业企业大都属于国家控股企业，资本基本属于国有资本，国有资本"所有者虚位""委托者行政化"等问题的解决也一样需要时间，这是国有资本所固有的特征决定的，如果这些问题想要完全得到解决，唯一的途径就是民营资本全部收购国有资本，将垄断行业企业国有资本产权全部变为民营资本产权。这样垄断行业企业高管薪酬激励机制涉及的体制问题就基本解决了。然而应该辩证看待这些问题，其实国有资本"所有者虚位""委托者行政化"并不全都是弊端，这一特征在特定情况下还具有私有产权所没有的优势，只是国有资本一旦处于绝对优势，产生一股独大的情况，其在与代理者关系上的固有弊端就比较容易显露出来了。比如，单一的国有产权不可避免地会扩大行政化因素，但如果我们在这方面采取一定的措施加以制衡，如采用产权结构多元化和引进战略投资者的办法，现在提出的国有企业混合所有制改革就是基于这样的考虑，这样委托者积极性的问题是能够得到部分解决的。同时，国有资本积极引入其他非国有资本实现产权多元化，鼓励各种机构尤其是民营资本参股，使国有资本和民营资本形成相对制衡状态，各种类型资本间具有"平等话语权"。一旦形成这样的机制，国有资本"所有者虚位"和"委托者行政化"问题就可以得到有效的解决，为提升委托者的积极性创造了良好条件。

6.2.2　垄断行业企业高管薪酬激励制度基础

垄断行业存在一股独大问题，除了涉及重大民生和危及国家安全的产业外，所有垄断行业企业都应引入民营资本，并且一股独大的垄断企业也应减持股份，即使上市国有垄断企业也不再保持绝对优势的国有资本份额，各种类型产权相互制衡，实现投资主体的多元化和股权结构多元化，产权得到稀释，垄断被打破，形成了有效的市场竞争机制，企业股东、高管和其他利益相关者形成了"利益均沾、风险共担"的利益联结机制，垄断行业企业高管薪酬激励机制就有了运行的制度基础，增强了垄断行业企业的活力，有利于垄断行业的可持续发展。

6.2.3 垄断行业企业高管的市场化选择[1][2]

垄断行业企业高管通常由上级主管部门任命。某些时候由于选择范围有限、选择的指标不够科学、选择程序不够民主，选择出的部分高管的能力和素质是与岗位要求不匹配的。垄断行业企业高管薪酬激励机制设计得再好，也发挥不了太大的作用，因此，选择合适的高管是首要条件。在经理人才市场，企业即使耗费了较高的成本，也未必能选择到满意的企业高管。由于选择者和应聘者间掌握的信息不一致，选择者掌握应聘者的有关信息数量非常有限，常常处于非常被动的局面。加上选择者常常没有使用正确的选择方法，其选择的企业高管往往不尽如人意。同时经理人才市场上应聘者素质参差不齐，一些无能的"劣质"应聘者也可能混迹其中，而潜在的应聘者对自身条件禀赋有比较清楚的认识，很可能造成劣币驱赶良币现象。本书利用生物学"遗传标记"辅助选择原理，根据应聘者的早期"市场信号"作为"能力标记"来构建垄断行业企业高管选择模型，对垄断行业企业高管进行早期甄选鉴别，克服垄断行业企业高管的任命主要靠行政任命的弊端，从而解决"逆向选择"和"道德风险"等代理问题。

6.2.3.1 垄断行业企业高管早期"市场信号"的选择

能够比较准确反映企业高管早期能力、知识、素质的"市场信号"应具备以下特点：一是"市场信号"在早期阶段，正式聘用某企业高管之前就能被检测到，这有利于对企业高管的早期选择；二是企业高管的"市场信号"与企业高管的能力、知识、素质的相关程度较高。利用标记信息准确地追踪与企业高管能力、知识、素质的相关辅助"市场信号"，在一定程度上提升对企业高管选择的准确性，从而提高了选择反应，解决了"逆向选择""道德风

---

[1] 本部分内容参考了高闯（1997）、刘兵（2001）、程支中（2013）的相关论述。

[2] 企业高管市场化选择可以参照生物育种上优质生物的选择方法，先进行表型选择，即选择符合生物品种特征的候选者，再根据选择性状（不易测定的性状可用相应遗传标记）及其权重建立综合选择指数来进行辅助选种，按照选择指数高低进行选择。袁隆平的超级水稻的育成也是按照这种方法来操作的。本书关于垄断行业企业高管的市场化选择也是参考了生物学的这种选择方法。

险"问题。鉴于此，从以下早期"市场信号"来辅助选择企业高管，为构建企业高管早期选择的模型奠定基础。第一，学历的"市场信号"。高管这一岗位，对能力素质要求是比较高的，企业对众多应聘者的能力水平信息了解极其有限，通常只能从所谓"硬"的方面做出初步判断。从企业的角度分析，企业观察应聘者的实际能力要在实际岗位上才能比较准确地鉴别，显得滞后，并且需要花费一定成本，所以，企业花费的代价是可想而知的。有关生产率的直接研究表明，考试能力与完成特定生产任务之间的相关关系并不显著，有的差距还很大，这需要学校通过多种方式提升学生的实际能力，使学历增值。而通常学历的检验花费相对较低，作为一种能力的"市场信号"，学历检验可作为选择高管的"市场信号"辅助选择之一。第二，高管个人物质资本的"市场信号"。很多学者对企业高管研究得较多，奈特认为企业高管要为自己做出的经营决策负责，熊彼特认为企业高管应该是创新者，这些研究都是从经济学角度出发的，是为了满足构建一般的经济理论体系的需要，但它们对企业管理实践的指导意义不如卡森的理论。卡森在1982年发表的《企业家：一个经济理论》中，论述了企业家是"擅长对于稀缺资源的协调利用做出明智判断的人"，有企业家才能却没有资本的人为"不合格"的企业家，张维迎在1995年发展了卡森的理论，他认为资本是成为企业家的充要条件之一，物质资本可以反映个人的经营能力。张维迎建立了一个隐瞒信息的模型，他试图证明在难以直接观测经营才能的情况下，个人财产作为"遗传"标记可以显示经营才能的作用。企业高管的能力与选聘者的信息处于不对称状态，只有那些有兴趣谋求高管这一职位并且拥有足够物质资本的人才是最佳的企业高管候选人，相对于物质资本较少的高管来说，拥有较多物质资本的高管没有过度扩大企业规模的动机，他必须拿自己拥有的物质资本对自己的经营后果负责，而物质资本较少的高管通常只享受较丰厚的回报，风险和回报相对不成比例。物质资本越多的高管通常具有越强的经营能力，且个人资产越多，预期的经营能力越强。社会现实状况是经营才能和个人财产在整个社会中的分布是不均衡的，有才能的人未必个人资产就丰厚，个人资产丰厚的人经营才能未必一定就很强。这就为这两类人的合作提供了可能性，有经营才能的人成为高管，从事经营活动，而有财产的人成为持股者，有权索取剩余价值并负责挑选高管。张维迎称高管和持股者为"联合企业家"，剩余价值按一定比例在两者中分割。卡森和张维迎的个人物质资本信号理论为解决高管的甄别问题提供了一种重要方法，显然作为高管甄选的辅助"市场信号"也是适合的。第三，岗位经验的辅助"市场信号"。高管只有在经营管理具体岗位上才能掌握经营技能，高管曾经担任的岗位经验有助于内在职业素养和业务能力的提升，更容易在相似岗位上更快地取得工作业绩。因此，在选聘高管时，企业应该考察应聘者过去的岗位经验，也可以把它作为选择高管的辅助"市场信号"之一。第四，历史业绩的辅助"市场信号"。历史业绩是企业高管能力和企业内外环境作用的产物，在一定程度上可反映高管素质能力，企业高管通过合理配置企业内外资源，其能力与历史业绩的相关程度更高，它比学历、个人物质资本更有说服力，所以，它也可以作为选择高管的辅助"市场信号"之一。

6.2.3.2 垄断行业企业高管早期选择模型的构建

高管的经营能力是一种人力资本，人力资本的一个重要特征就是它难以度量，人力资本的质量只能用"市场信号"来间接评估，如学历、个人物质资本和历史业绩等，每一个"市场信号"都显示人力资本的一个侧面。比如，学历表明人受教育的程度，但不代表他的实际经营能力；在同等学力层次上，所有者可进一步考察高管过去的管理经验，特别是他的历史业绩；在相似经历的基础上，还可对高管的物质资本进行观察。一般而言，通过多个"市场信号"的综合评判，可以对应聘者进行初步选择，然后，企业根据考核指标及权重对应聘者的综合选择指数进行计算，按综合指数高低进行最终选择，尽可能地避免"逆向选择"和"道德风险"等问题的发生。

目前企业很少利用定量方法对应聘者进行综合测评、比较分析。应用生物学的"市场信号"选择方法来选拔垄断行业企业高管，其步骤如下：首先，确定测评对象的早期"市场信号"。其次，确定各"市场信号"的权重，一般利用德尔菲法得出权重的判断矩阵，通过两两比较来确定各"市场信号"的权重，根据不同的目的和导向，给予不同的赋权值，比如，选拔高管和考核高管时侧重点不同。最后，计算测评对象的综合选择指数。根据各指标系数值和权重计算各测评对象的综合选择指数，其数学模型为：$H = b_1I_1 + b_2I_2 + b_3I_3 + \cdots + b_nI_n$。其中：$H$ 是测评对象的综合选择指数，b_n 是 n 指标的权重，I_n 是 n 指标的系数值。根据各测评对象的综合选择指数值的大小对其进行选择。

利用以上方法，企业可有效地去除极端意见，根据企业具体需要，更改层次和各层次的权值，能客观、科学地进行垄断行业企业高管的选拔和考核，能有效避免传统方法中过多的主观臆断因素，有利于企业选拔综合能力强的高管。

6.2.4　准确评估垄断行业企业实际业绩及建立与薪酬激励的有效联结

垄断行业企业的表观业绩包含了垄断业绩在内的环境业绩和互作业绩，因而在选择业绩作为制定高管薪酬激励的依据时，我们要将其包含垄断业绩的环境业绩和互作业绩剔除，这样才能真正反映垄断行业企业高管所做出的贡献。

6.2.4.1　准确评估垄断行业企业高管实际业绩

垄断行业企业凭借垄断地位，操控了市场上的产品价格，产品价格一般高于竞争行业企业产品价格。这样垄断行业企业高管可以不用努力也可取得比较高的业绩，因而我们必须准确评估垄断行业企业高管依靠自身努力创造的实际业绩，并将这个实际业绩与其薪酬激励紧密结合起来，从而实现垄断行业企业高管薪酬激励与其创造的实际业绩的联结。企业通过薪酬激励措施以充分发挥垄断行业企业高管的潜能，使其创造更多的实际业绩，形成良性循环。实际业绩评估不仅是实施垄断行业企业高管薪酬激励机制的基础，也是实行其薪酬激励措施的依据。

6.2.4.2　建立基于垄断行业企业实际业绩的业绩评估体系

目前大部分企业的业绩评估体系并不完善，企业高管很轻易获得高额薪酬，造成了高管薪酬水平的快速上升以及薪酬和业绩的弱关联性，由于垄断行业企业特殊的垄断地位，此类问题更为突出。垄断行业企业高管的薪酬激励机制的构建需要搭建一个科学有效的业绩考评体系，作为制定垄断行业企业高管薪酬激励的依据。

企业实际业绩对于企业来说是一个很新的概念。以企业实际业绩为核心指标的业绩评估体系，可以真实地反映企业高管的能力水平与努力程度，是企业高管薪酬激励机制建立的前提和基础。企业通过这套评估体系能够明确高管自身努力程度与贡献水平，可以转化成具体的业绩薪酬，从而达到薪酬激励的目的。以实际业绩为依据建立的高管薪酬激励与监管机制，可以使企业高管与企业的目标函数趋于一致，从而解决了委托代理问题。

6.2.4.3　建立实际业绩与薪酬激励的有效联结

把观察统计到的垄断行业企业即表观业绩剖分为实际业绩、环境业绩和互作业绩三个部分，薪酬激励的依据是高管为企业创造的实际业绩。本书采取 BLUP-APE 法测算了垄断行业企业高管的实际业绩，选择相应企业做参照，通过纵向和横向比较，剔除环境业绩和互作业绩，以此来准确判断垄断行业企业高管的真正贡献，对其实际业绩进行测算，激励机制框架设计的下一步就是实际业绩与薪酬激励的有效联结。在这个过程中，要用正激励措施去强化积极的行为，负激励措施去惩罚消极行为。由于垄断行业企业夸大了高管对企业业绩的实际贡献，若以企业表观业绩作为高管行为的评估标准，将高估高管业绩，导致高管薪酬与高管贡献的不匹配。因此，垄断行业企业高管薪酬激励机制的设计关键在于实际业绩与薪酬激励之间更紧密的联结。

6.2.5　科学甄别垄断行业企业高管的需求

根据马斯洛的需求层次理论，需求可分为低层次需求和高层次需求，低层次需求是缺失性需求，得不到满足会导致疾病或死亡，高层次的尊重需求和自我实现需求是生长性需求，一旦得到满足，外激励会转化为内激励，激励力度会更强。因此，基于马斯洛的需求层次理论，大约低层次需求必须得到满足，但低层次需求得到满足之后不具有持续的激励作用，只有高层次需求被满足才具有可持续增长的驱动力。激励的起点是满足高管的需求，高管的需求存在个体差异性和动态性，只有满足最迫切需求的举措，激励效价才更高，激励强度才更强，这就要求我们掌握高管的最迫切需求和需求的变化趋势，有针对性地采取激励措施，才能收到实效。企业高管的薪酬激励满足后，逐渐转向对职务或职称晋升、声誉的需求，也就是说上升到受尊重、自我表现价值实现的高层次需求上来。薪酬激励在企业人力资源管理中发挥领导、支持和变革诱因的作用，需要建立以高管多样化需求为导向的垄断行业高管薪酬激励机制。

6.3　垄断行业企业高管薪酬激励机制设计流程[①]

垄断行业企业高管薪酬激励制定需要从设计依据标准、体制制度和流程入手。垄断行业企业高管薪酬激励机制设计流程分为确定薪酬战略、薪酬激励目标、薪酬激励方向、薪酬激励强度、薪酬激励时机、薪酬激励频率、薪酬激励文化和实体设计等步骤。

6.3.1　确定薪酬战略

垄断行业企业高管薪酬激励的设计以环境分析为基础，环境以空间为标准分为微观、中观和宏观环境。我们通过环境分析得出垄断行业企业战略目标，以企业总体战略框架下的薪酬战略为指导[②]，建立起科学的垄断行业企业

[①]　本部分内容参考了党曦明（2004）、李中建（2005）、唐廷龙（2005）、程支中（2013）等的相关论述。

[②]　企业战略分为三个战略层次：企业总体战略、企业经营战略和企业职能战略。企业总体战略是关于企业的竞争方向，总体战略又分为发展战略、稳定战略和清算战略；企业经营战略是如何建立和保持相对于其他竞争者的独特优势，分为成本领先战略、差异化战略和聚焦战略，服从于企业总体战略；企业职能战略是对企业经营战略的展开，是对企业经营战略的执行，体现一定的具体战略，分为生产战略、人力资源战略、采购战略、营销战略等，薪酬战略是人力资源战略的一部分。

高管薪酬激励机制，并努力创造垄断行业企业高管薪酬激励的适宜体制和制度条件。薪酬战略是关系到薪酬激励方向的问题，通常说的选择比努力更重要，选择其实更多的是一种方向的选择，方向指的是薪酬激励的方向、发力的方向和竞争优势获得的方向。用系统性、战略性和全局性的理念确定垄断行业企业高管薪酬激励机制，它是薪酬激励机制设计的纲领性文件，为最终实现企业总体战略做支撑。

6.3.2　制定薪酬激励目标

薪酬激励方向是由不同的激励目标构成的，企业在不同阶段，其薪酬战略是不同的，不同阶段对高管的薪酬激励目标就有所差异，薪酬激励方向和强度也会发生变化，薪酬激励需要恰当的薪酬激励时机、薪酬激励频率和薪酬激励文化。

根据薪酬战略再结合高管个人需求，设置垄断行业企业高管激励目标，它是激励机制设计的重要环节。自我实现的需求是人比较高级的需求，是马斯洛需求层次理论里最高层次即尊重和自我实现的需求。高管的物质报酬在一定程度上反映了其对企业价值的贡献，但它不能代替良好声誉激励、晋升激励、控制权激励所带来的自我实现的需求和心理满足。高管努力目标一般包括：一是经济目标，即为企业创造业绩，获取相应经济回报；二是社会目标，即获取良好声誉，得到相应尊重；三是自我发展目标，即事业上取得成功，有成就感。激励目标要以企业战略目标一致，垄断行业企业战略目标具有多重性，既包括生存的目标也包括发展的目标，既有近期目标也有长期目标，既包括社会责任的目标也包括组织自身的目标，等等，激励目标也具有多重性。激励目标可以从上而下设置，也可以从下而上设置，或者高中层与基层共同参与设置。有效的目标跟其他目标一样，应该具备可测量、清晰和可执行等条件，目标确立时还需具备一定的挑战性，要付出一定的努力才能达到，通常较困难的目标比相对容易的目标更有激励作用。垄断行业企业目标具有多样性，企业高管的个人发展目标与企业发展目标应一致或融合，使其垄断行业企业高管的目标达成的同时，垄断行业企业目标又能得以实现。

6.3.3.1 薪酬激励方向和强度

薪酬激励方向是薪酬激励目标的运行轨迹,有时我们很难给高管一个明确目标点,而只能指明薪酬激励区间,薪酬激励方向的选择是以高管需求为前提条件的。薪酬激励强度是薪酬激励强弱程度,用公式表示为:$M = V \times I \times E$,其中 M 指薪酬激励强度;V 指效价,是取得业绩后满足需要价值的大小;I 指工具值,是取得业绩后获得奖励的情况;E 指期望,是经过努力取得业绩目标的概率。对高管进行薪酬激励时,要权衡成本和收益,薪酬激励强度要合适。对高管进行薪酬激励需要付出成本,包括激励成本、监管成本和损失成本,如果激励成本过高,对高管过度激励,会损失股东利益。有效的激励机制必须使上述成本之和最小。当然,如果对高管薪酬激励不足,高管就会离职,或者通过过度的在职消费等来弥补。

6.3.3.2 薪酬激励时机和激励频率

薪酬激励时机是激励机制的一个重要方面,薪酬激励在不同时间进行,其效果差别很大。薪酬激励时机是指为取得最佳的激励效果而对激励时间的选择,激励时间的选择恰到好处,才能取得较好的激励效应,"雪中送炭"和"雨后送伞"的效果是完全不一样的。薪酬激励频率是指在单位时间内激励次数的多少,可以以自然月度、年度或任期内为时间单位,激励频率的高低取决于单位时间内激励次数的多少。根据客观条件的不同,选择不同的薪酬激励频率,使其短期激励与中长期激励结合起来,达到最佳的薪酬激励效果。

6.3.3.3 薪酬激励文化

薪酬激励文化是薪酬激励方向轨迹上激励目标的融合,激励文化强调的是一种内在价值观和认同感,它将企业所提倡和鼓励的先进文化导向反映在薪酬激励机制中。薪酬激励文化的设定应把握薪酬激励的本质内容。薪酬激励文化具有动态稳定性,薪酬激励文化在一定时期内保持相对稳定,但企业内外环境是不断改变的,并且变化的速度较快,变化的幅度也更大,环境的改变引起薪酬激励文化和高管需求发生相应变化，量变达到一定程度必然引起质变，环境变化到一定程度引起薪酬激励机制的质发生了变化，薪酬激励机制与原来的环境不匹配，要做出相应调整。薪酬激励文化是指引高管行为的理念，左右了高管的行事风格和精神风貌，也是企业管理的有效组成部分，是潜规则。优良的激励文化能够调动企业高管的积极性、主动性和创造性。要把握好垄断行业企业高管薪酬激励的黑白分明、奖惩及时原则，树立崇尚型薪酬文化，刺激高管追求实际业绩的积极性，以激励速度和激励强度的非对称性建设作为核心，打造垄断行业企业高管薪酬激励的激励文化。

6.3.4 垄断行业企业高管薪酬激励机制的实体设计

垄断行业企业高管薪酬激励机制的实体设计是薪酬激励机制设计的最为关键的环节，包括薪酬激励主体、薪酬激励客体、薪酬激励目标和薪酬激励支付等内容。

6.4 垄断行业企业高管薪酬激励机制设计的内容

好的机制能够兼顾各主体目标，实现多赢局面。垄断行业企业高管薪酬激励机制设计，应考虑四个方面的基本内容：一是薪酬激励的主体问题，即由谁决定给钱；二是薪酬激励的客体问题，即决定给谁钱；三是薪酬激励的强度问题，即决定给付多少；四是应采取何种激励手段；合理安排高管薪酬的给付策略，即决定如何给付。从理论上讲，"给付多少"取决于高管贡献程度的衡量。"如何给付"取决于企业薪酬支付策略的目标导向和信息结构[1]。

---

[1] 本部分内容参考了郭建军（2016）的论述。

垄断行业基本上是国有企业，其所有者处于"虚位"状态，前面已经分析得出垄断行业企业高管薪酬激励主体应该由董事会下设的薪酬委员会负责，其主要职责为：评估高管实际业绩；制订和监督高管薪酬激励计划；解释高管薪酬。为了避免出现高管自定薪酬的现象，必须保持董事会下的薪酬委员会的独立性。

垄断行业企业存在多层次的委托代理关系，在董事会与高管这个层次上，委托者是董事会，代理者是企业高管，这样薪酬激励客体即激励机制实施的对象是企业高管，同时，激励客体不一定只能被动接受，可以事前、事中或事后与薪酬激励主体沟通，提出对薪酬激励机制设计的建议，参与到机制设计与改进中。

激励标的是激励主体对激励客体进行评估的具体指标，是激励主体对激励客体做出薪酬激励支付的凭据。激励标的不是激励客体，而是激励客体产生的精神、行为、产量、服务，等等。垄断行业应该客观评估高管实际业绩，剔除垄断租金及其他内外部因素影响的环境业绩和互作业绩。垄断行业企业通过对其实际业绩的准确评估，测算出垄断行业企业的实际业绩，可将实际的行业平均业绩作为参照，确定相应垄断行业企业实际业绩基数，从而解决委托人与代理人在确定基数问题中的信息不对称问题。

激励目标的达成通常有强盗逻辑和市场逻辑两条路径。强盗逻辑是指高管通过剥夺企业目标而达成自身目标；市场逻辑是指企业高管通过达成企业目标的同时，自己的目标也得到实现。激励支付是激励主体经过对激励客体的评估，给予激励客体物质和精神等方面的奖惩。比如，某垄断行业企业集团评选优秀高管，按照各企业高管的综合实际业绩排序，设置优、良、中、合格几个等级，其薪酬激励主体、薪酬激励客体分别是企业董事会下设的薪酬委员会和企业高管，薪酬激励文化是做"有实际业绩和有创新精神"的能者，薪酬激励标的是实际业绩目标完成率，薪酬激励支付是薪酬的不同等级。

西方市场经济发达国家已经形成一套成熟的高管薪酬激励制度。相比之下，中国高管薪酬构成主体缺乏中长期激励。"经营者薪酬调查"结果表明，目前采取"基本薪酬+奖金/分红"的企业最多，占被调查者的 67.3%（其中国有企业占 75.7%）；其次是年薪制，占 8.1%（其中国有企业占 5.3%）；实行中长期激励的企业最少，仅占 4.6%（其中国有企业占 3.1%）。而西方发达国家薪酬通常由基本薪酬、奖金、福利计划和股权激励组成。美国规模为 100 亿美元以上的大企业，其 CEO 的薪酬构成是：基本年薪占 17%，奖金占 11%，福利计划占 7%，长期激励计划占 65%（李增泉，2000）。这说明，多数企业高管的薪酬构成中基本薪酬部分比例太高，而与业绩关系高度相关的浮动薪酬较少。以中国目前最具代表性的企业高管的年薪制来说，它以高管在经营年度内完成的业绩为基础。然而大部分企业在采用年薪制时，对短期薪酬激励倒是非常重视，对长期薪酬激励的关注度明显不够。因此，企业在设计垄断行业企业高管薪酬激励的过程中，将短期激励措施与长期激励措施结合，重视长期薪酬激励，以高管的实际业绩目标完成率为依据采取适当的股权激励，使垄断行业企业高管与企业间形成"利益均沾，风险共担"的机制。

从以上章节的研究表明，企业实际业绩与以往常用的业绩指标比较具有明显优势，建立基于实际业绩的垄断行业企业高管薪酬激励机制具有重要的理论和实践价值。企业实际业绩是一个比较新的概念，需要构建相应的实际业绩评估管理体系，加强对实际业绩这一概念的深入理解，并把它融入企业管理理念和企业薪酬文化中，提倡企业以真正的价值创造为导向，促使包括高管在内的员工成长的同时，企业也得到可持续发展。

垄断行业企业高管总体薪酬水平与企业实际业绩同比例增减，实际业绩增加则高管薪酬增加，反之则应同比例减少。垄断行业企业高管薪酬组合是多样化的，垄断行业企业高管薪酬激励支付结构模式是多样的[①]，企业根据实际，采取的模式有"固定薪酬+业绩薪酬+股权激励薪酬""固定薪酬+业绩薪酬+专项奖金"和"固定薪酬+业绩薪酬+专项奖金+股权薪酬"的结构模式，薪酬组合结构中每一项都具有很强的针对性。

　　第一，固定薪酬。固定薪酬是垄断行业企业在特定时间按照劳动定额支付给高管的相对固定报酬，表现出相对刚性和较低的差异性，与企业实际业绩关联度不是很高，它一般是根据行业整体薪酬水平、企业规模、发展阶段、地区经济发展状况、工龄、学历、岗位等级及薪档等因素来决定，垄断行业固定薪酬可以分成能绩薪酬、工龄薪酬和学历薪酬，等等，它是高管稳定的收入来源，有利于保证高管基本需求。能绩薪酬由能绩系数和能级基数确定，能绩薪酬=能绩系数×能级基数。能绩系数主要由其管理能力、以往工作业绩以及考核结果等因素决定，由垄断企业岗位序列分级分档的评定结果确定；能绩基数根据经理人才市场行情、企业表观业绩以及企业核定的薪酬总额预算情况等综合而定。能绩系数的调整由薪级和薪档决定，它通常与高管个人年度业绩的考核结果等因素挂钩。工龄薪酬主要由累计工龄即参加工作后累计工作年限决定，工龄薪酬=累计工龄×B 元/年，其中 B 是指每工作 1 年给予的工龄薪酬基数，学历薪酬是教育投资回报的反映，学历的认可标准是具有国家认可的学位和学历证书，具有双学位证书的高管高定一级学历薪酬，没有学位证书仅有毕业证书的高管则低定一级学历薪酬。业绩薪酬是基于过去一段时间内企业高管的业绩所支付的奖励性报酬，企业通过奖金和其他利润分享的方式，一般与企业业绩挂钩（高洁，2007），以企业实际业绩为基础，反映企业高管能力水平以及努力程度。垄断行业企业高管业绩薪酬根据垄断行业企业实际业绩而确定。企业实际业绩高则高管业绩薪酬相应也高，相反则低。因而它能激发企业高管追求实际业绩的提升。专项奖金是为鼓励高管积极创新、提升经营管理水平，表彰表现突出的优秀高管及团队而设置的，

[①] 世界各国的高管薪酬主要由年薪、奖金、股份薪酬组成，但不同国家高管薪酬结构比例有所差异，市场导向程度较高的国家企业高管薪酬长期激励比例高于短期激励，风险薪酬比例高于固定薪酬。

充分发挥专项奖金在企业生产经营中的激励作用。专项奖励可以具体分为：经营类的重大经营成果奖，生产类的重大生产成果奖，科技类的优秀项目奖和科技成果奖，管理类的重大管理成果奖、质量奖和安全奖，还有优秀企业奖、廉政奖等。股权激励是通过让企业高管持有企业股权来参与剩余收益分配的一种激励方式，股权薪酬是非现金报酬的长期薪酬激励手段，主要是从企业高管的年度业绩利润中提取一定比例作为激励资金再转为股票的形式分配给高管，当满足一定的年限后，高管可以赚取差价。根据实际业绩不同而获得一定比例的剩余价值，是一种带有不确定性的风险收入，包括股票和股票期权，因其一般具有持续期或持续等待期的约束条件，故对高管具有良好的长期激励作用，但由于奖励的滞后性弱化了激励效果，而高管收益一般与股价相关，而股价还受企业业绩以外的很多其他因素的影响，例如，当股市整体持续低迷，会导致股权收益大幅缩水，从而严重影响高管工作的积极性。垄断行业企业根据"高层低保障高激励、中层中保障中激励、基层高保障低激励"的原则，在薪酬预算时，确定各部分结构比例如表 6-1 所示。

表 6-1   垄断行业企业员工薪酬组成部分占薪酬总额比例   单位:%

层级	固定薪酬	业绩薪酬	股权激励	专项奖金
高层	20	50	20	10
中层	40	40	10	10
基层	60	30	0	10

本书选择某垄断行业的 5 个企业为案例样本，以 2017 年的相关数据作为基准数据。企业高管薪酬采取"固定薪酬+业绩薪酬+专项奖金+股权薪酬"的结构模式，固定薪酬由能绩薪酬、学历薪酬、工龄薪酬三个部分组成，垄断行业企业高管薪酬构成和薪酬支付依据具体见表 6-2，垄断行业企业员工学历薪酬标准见表 6-3。

表6-2　垄断行业企业高管薪酬构成和薪酬支付依据

薪酬项	具体构成项	付酬依据
基本薪酬	能绩薪酬	能力
	工龄薪酬	累计工作时间
	学历薪酬	学历
业绩薪酬	业绩薪酬	实际业绩
专项奖励	专项奖励	企业层面或高管个人取得重大成果
股权激励	股权激励	实际业绩

表6-3　垄断行业企业员工学历薪酬标准　　　　　单位：元

学历	中专	大专	本科	硕士	博士	博士后
薪酬	200	400	600	1 000	2 000	2 500

　　能绩薪酬具体计算公式为：能绩薪酬＝能绩系数×能绩基数，其中能绩系数主要与高管的专业技术水平、工作能力、以往实际业绩以及考核结果等因素挂钩，由高管岗位序列分级分档评定结果确定，垄断行业企业能级系数标准见表6-4。能绩基数根据员工经理人市场行情、企业效益情况以及企业核定的薪酬总额预算情况等综合确定。每年高管的能绩基数标准，由薪酬委员会在年初时提出。

表6-4　垄断行业企业能绩系数

项目	1档	2档	3档	4档	5档	6档	7档	8档	9档	10档	档差
12级	17.00	17.80	18.60	19.40	20.20	21.00	21.80	22.60	23.40	24.20	0.8
11级	13.50	14.20	14.90	15.60	16.30	17.00	17.70	18.40	19.10	19.80	0.70
10级	10.5	11.10	11.70	12.30	12.90	13.50	14.10	14.70	15.30	15.90	0.60
9级	8.00	8.50	9.00	9.50	10.00	10.50	11.00	11.50	12.00	12.50	0.50
8级	5.90	6.30	6.70	7.10	7.50	7.90	8.30	8.70	9.10	9.50	0.40
7级	4.30	4.60	4.90	5.20	5.50	5.80	6.10	6.30	6.60	6.90	0.30
6级	3.30	3.50	3.70	3.90	4.10	4.30	4.50	4.70	4.90	5.10	0.20
5级	2.50	2.65	2.80	2.95	3.10	3.25	3.40	3.55	3.70	3.85	0.15

表6-4(续)

项目	1档	2档	3档	4档	5档	6档	7档	8档	9档	10档	档差
4级	2.00	2.10	2.20	2.30	2.40	2.50	2.60	2.70	2.80	2.90	0.10
3级	1.80	1.87	1.94	2.01	2.08	2.15	2.22	2.29	2.36	2.43	0.07
2级	1.40	1.46	1.52	1.58	1.64	1.70	1.76	1.82	1.88	1.94	0.06
1级	1.00	1.05	1.10	1.15	1.20	1.25	1.30	1.35	1.40	1.45	0.05

能绩系数的调整由薪级和薪档决定。薪级的调整与职级对应，与高管实际业绩情况、年度实际业绩考核结果挂钩。上调薪级时，薪档不能超过该级10档；下调薪级时，薪档一般保持不变，如高管有较为严重的过失或恶劣表现，可降为该级最低档。薪档的调整与个人年度实际业绩的考核结果挂钩，考核结果为A级，上调3档；考核结果为B级，上调2档；考核结果为C档，保持不变；考核结果为D档，下调3档，薪档的调整一般在本级1~10档进行。

工龄薪酬主要由累计工龄决定，累计工龄是指员工参加工作后累计的工作年限，具体计算公式为工龄薪酬＝累计工龄×60元/年。

任意选择样本企业中的某一高管张明，学历为博士研究生，累计工龄为12年，目前处于9级5档，个人上年度实际业绩考核结果为B级，薪酬委员会规定能绩基数为1 000。该高管固定薪酬计算过程如下：

个人年度实际业绩考核结果为B级，上调2档，目前处于9级5档，应调为9级7档，能级系数为11.00，能绩薪酬＝能绩系数×能绩基数＝11.00×1 000＝11 000（元）；学历为博士研究生，按照学历薪酬标准，学历薪酬为2 000元；累计工龄12年，按照每年60元的标准，工龄薪酬＝累计工龄×60元/年＝12年×60元/年＝720（元）。固定薪酬＝能绩薪酬+学历薪酬+工龄薪酬＝110 000+2 000+720＝13 720（元）。

第二，业绩薪酬。业绩薪酬以高管实际业绩为基础，主要体现了高管人力资本在企业价值创造上的贡献，直接反映高管工作能力的强弱与工作的努力程度。业绩薪酬一般在企业年度财务审计结束后以现金形式发放。结合本书实证结果，本书选用将剔除环境因素和互作因素影响后的企业实际业绩作为计算指标，采用以下公式来确定业绩薪酬：业绩薪酬＝M×CP×CA×IA，其中，M 代表企业平均单位能级系数业绩奖金，CP 代表高管个人能级系数，CA 代表计奖调节系数，IA 代表高管年度实际业绩指标考核系数。M 具体计算公式为平均单位能级系数业绩薪酬＝本年度企业业绩薪酬总额/∑全企业能级系数；CA 根据在战略实施中的作用、当年重点工作承担完成情况、往年实际业绩表现、经营难度、上年度实际业绩考核结果等因素由薪酬委员会确定；IA 企业实际业绩指标系数根据高管实际业绩排序结果来确定。

考虑到垄断行业的特殊情况，对垄断行业企业高管考核采取"指标评估和排序评估相结合"的业绩评估方式，构建垄断行业样本企业"实际业绩指标系数"矩阵①。评估指标可选实际业绩增长率②、实际业绩值③或者两者综合起来的指标。案例样本企业选取 2017 年的实际业绩增长率为评价指标，根据第 4 章样本企业实际业绩测定结果，案例样本企业以 2016 年实际业绩增长率为基准，计算出 2017 年实际业绩增长率，按照企业数量进行排序，排序是比较样本企业高管各实际业绩增长率高低得出的（见表6-5）。我们结合德尔

---

① 为了更清楚地说明实际业绩测算方法和便于更简单地说明这种方法的运用，本书业绩指标选择中仅仅选择单一财务业绩。实践操作中，我们可以通过以上方法构建垄断行业企业综合业绩指标系数矩阵。根据各业绩指标评估值和权重，计算企业高管实际业绩综合指数，其数学模型为：$G=a_1h_1+a_2h_2+a_3h_3+\cdots+a_nh_n$，其中：$G$ 是企业高管实际业绩综合指数，a_n 是 n 项实际业绩的权重，h_n 是 n 项实际业绩系数值。根据企业高管的综合实际业绩大小，对企业高管的实际业绩做出综合定量评判。垄断行业企业的目标是多元化的，既有财务业绩指标，也有可持续发展能力、企业风险防范指标以及其他社会目标等，不同垄断行业、不同垄断行业企业、不同阶段，其高管考核的指标和指标所占比例是不同的，我们可以用综合业绩目标指数来评估其完成效果。综合业绩目标指数可以根据其年度或任期考核目标来确定相应的指标，目标中的定性指标可根据指标实际完成率，确定指标值从而达到量化目的，按照以上实际业绩权重确定原理排序结果确定相应权重，考核指标所占比例确定指标系数，这样定性考核指标可以数量化。因而，垄断行业综合业绩目标指数 $K=G\times X_0+G_1\times X_1\times Y_1+G_2\times X_2\times Y_2+G_3\times X_3\times Y_3+\cdots+G_n\times X_n\times Y_n$，其中：$K$ 是代表综合业绩目标指数，G 是企业高管实际业绩，G_1 是高管年度或任期考核指标 1 的实际完成率，G_2 是高管年度或任期考核指标 2 的实际完成率，G_n 是高管年度或任期考核指标 n 的实际完成率，X_1，…，X_n 代表考核指标 1 到 n 的考核指标的权重，Y_1，…，Y_n 代表考核指标 1 到 n 的考核指标所占比重。通过综合业绩目标指数的构建，将定性业绩目标与定量业绩目标、财务指标与非财务指标、短期业绩目标与长期业绩目标结合，避免了人为的因素影响，是一种集理论性和操作性的方法。

② 实际上是同一企业的历史比较，即实际业绩的纵向比较。

③ 实际上是同一时期、不同企业的比较，即实际业绩的横向比较。

菲法得出系数的判断矩阵,通过两两比较确定各"实际业绩"的系数,在确定各类"实际业绩"指标系数时还需考虑企业战略目标、生命周期和资源条件等的差异,并按照样本企业实际业绩增长率的排序结果,排序处于中间位次的系数设定为 1.0,建立起"实际业绩指标系数"矩阵(见表 6-6)。样本企业实际业绩排序结果就可得出样本企业实际业绩指标系数 IA。

表 6-5　样本企业实际业绩增长率

项目		中信国安	电广传媒	深圳机场	皖能电力	南方航空
年份	2016	0.001 351	0.001 913	0.007 051	0.013 801	0.003 435
	2017	0.001 571	-0.000 914	0.007 877	0.000 917	0.003 660
APE 增长率/%		16.28	-147.78	11.71	-93.36	6.55
排名		1	5	2	4	3

表 6-6　垄断行业企业实际业绩指标系数矩阵

排序 企业数量	…	10	9	8	7	6	5	4	3	2	1
3									0.90	1.00	1.10
4								0.85	0.95	1.05	1.15
5							0.80	0.90	1.00	1.10	1.20
6						0.75	0.85	0.95	1.05	1.15	1.25
7					0.70	0.80	0.90	1.00	1.10	1.20	1.30
8				0.65	0.75	0.85	0.95	1.05	1.15	1.25	1.35
9			0.60	0.70	0.80	0.90	1.00	1.10	1.20	1.30	1.40
10		0.55	0.65	0.75	0.85	0.95	1.05	1.15	1.25	1.35	1.45
…		…	…	…	…	…	…	…	…	…	…

　　假设 5 个样本企业平均单位能级系数业绩奖金 M 都为 5 万元,各样本企业高管个人能级均为 7 级 8 档,按照表 6-4 查出能级系数 CP 为 6.30,各样本企业薪酬委员会确定计奖调节系数都设定为 1.10,根据 2017 年样本企业实际业绩增长率排序结果,按表 6-6 查出各样本企业高管的 IA 系数,中信国安高管的 IA 系数为 1.20,深圳机场高管的 IA 系数为 1.10,南方航空高管的 IA 系

数为 1.00，皖能电力高管的 IA 系数为 0.90，电广传媒高管的 IA 系数为 0.80。按照业绩薪酬计算公式 $pay_2 = M×CP×CA×IA$，分别计算各企业高管业绩薪酬：

中信国安高管业绩薪酬为：$pay_2 = M×CP×CA×IA = 5×6.3×1.1×1.20 = 41.58$（万元）；

深圳机场高管业绩薪酬为：$pay_2 = M×CP×CA×IA = 5×6.3×1.1×1.10 = 38.12$（万元）；

南方航空高管业绩薪酬为：$pay_2 = M×CP×CA×IA = 5×6.3×1.1×1.00 = 34.65$（万元）；

皖能电力高管业绩薪酬为：$pay_2 = M×CP×CA×IA = 5×6.3×1.1×0.90 = 31.19$（万元）；

电广传媒高管业绩薪酬为：$pay_2 = M×CP×CA×IA = 5×6.3×1.1×0.80 = 27.72$（万元）。

以上例子是为了说明如何应用实际业绩测定结果制定业绩薪酬方案的案例。实际操作中，通常在一个集团内有很多子公司，根据实际业绩的差别，相应各子公司高管的业绩薪酬差异较大。业绩薪酬实行预算管理，我们按照年初确定的预发比例，每季度再根据实际业绩情况调节预发比例来控制管理，主要是根据实际业绩指标完成情况进行调节，企业于次年一季度对企业高管薪酬总额预算执行情况进行清算，按照清算标准与实际预发总额进行清算。

第三，专项奖励。专项奖励主要针对企业生产、经营、管理、人才培养、科技和技术等方面做出重大贡献，直接或间接创造较大效益的专项业绩、重大荣誉以及重大成果而进行的奖励。专项奖励纳入企业薪酬总额统一管理，奖励的具体标准根据成果类别而定。比如，优秀企业奖或优秀高管奖，是针对企业或外部获得各类优秀荣誉表彰的企业或高管而设置的专项奖励，一般奖励的金额根据奖励级别层次高低和获奖难度而定，某垄断行业企业设定的优秀团队和优秀高管奖励标准见表6-7。

表 6-7　优秀团队和优秀高管专项奖励标准　　　　单位：元

奖项	等级划分	优秀团队	优秀高管
国家级	1 等	200 000	40 000
	2 等	150 000	30 000
	3 等	100 000	25 000
省部级	1 等	120 000	28 000
	2 等	80 000	20 000
	3 等	50 000	15 000
集团级	1 等	60 000	16 000
	2 等	40 000	12 000
	3 等	20 000	10 000
企业级	1 等	30 000	12 000
	2 等	20 000	8 000
	3 等	10 000	6 000

　　根据获奖的难度大小，我们可对其奖励标准进行适当调整。团队奖根据获奖团队人数的多少和获奖难度做适当调整。专项奖的设置和奖励标准根据企业业务发展情况、效益情况以及薪酬总额变动情况进行调整。

　　选择样本企业中的某一高管张明，在当年获得国家级优秀高管二等奖，根据以上专项奖励标准，专项奖励 $pay_3 = 30\,000$（元）。

　　第四，股权激励。股权薪酬体现了企业高管对企业创造的长期价值，它将企业发展与高管紧密联系起来，不仅能激励高管为企业创收，也能减少损害企业利益的短期行为。高管股权薪酬主要是以高管能否完成企业年度实际业绩目标作为考核标准；若企业高管没有完成企业年度实际业绩目标就不授予其股权薪酬；若企业高管完成企业年度实际业绩目标，就可以按照一定的比例提取股权薪酬 pay_4。在高管薪酬激励重构中设计一些股权薪酬，可以实现高管与股东的双赢。

　　基于企业实际业绩的薪酬激励设计后的薪酬总额为 pay_1、pay_2、pay_3 和

pay_4 的总和。

垄断行业企业高管薪酬激励还需建立风险内化机制。激励与风险是紧密相关的，同时激励性越大，外部效应也越大，容易引起高管"败德风险"，还能引发"收益私人化，风险社会化"的问题。我们要充分发挥高管薪酬激励的作用，就必须建立相应的机制，将薪酬激励风险内化。一是激励水平要合理。激励不足，不足以吸引和留住优秀企业高管，企业难以成长壮大。激励过度，风险性过大，可能刺激高管铤而走险，甚至诱发各种违法行为，如财务造假、业绩操纵，等等。二是激励工具的组合运用。各种激励工具有其功能和针对性，需组合运用并形成合理的结构，才能实现激励目标。企业应因时制宜、因地制宜地设置好短期和长期激励的比例，以及相应的支付和兑现形式。三是高业绩薪酬说明制度。高管业绩薪酬达到总薪酬的一定比例或者薪酬水平达到一定金额，应向上一管理层级报告，并详细说明理由。四是业绩薪酬的担保机制。高管以其业绩薪酬在任期内，或者任期届满后特定时间内，对企业不能清偿的到期债务要对其进行追责。这种措施可抑制企业高管的短期行为，促使其审慎、负责任地行使经营管理职能。

6.4.4　精神激励

企业在使用垄断行业企业高管薪酬激励措施的同时，也应重视精神激励。精神激励与物质激励是激励的两个方面，经济人以自身利益最大化为原则，经济人的利益追求不仅表现在物质利益上，还包括社会地位、尊重和自我实现等精神需求，需求的多样性决定了激励手段的多样性。"留身靠薪，留心靠情，留根靠梦"，这句话足以说明精神激励与物质激励一样，具有重要的作用。精神激励是相对于物质激励而言的，精神是指人的意识、思维活动和一般心理状态。精神激励是指通过一系列精神方面的内容来满足个体的心理需求，改变其意识形态，激发出工作热情和活力。精神激励具有明显的内在特质，是对物质激励的超越，它能够产生时间更久和更强烈的精神推动力。精神激励包含的内容很多，有事业激励、权利激励、声誉激励、晋升激励和竞争激励等。此外，还有解职威胁激励、道德激励和情感激励等。精神激励的理论依据主要有马斯洛的需要层次理论、麦克利兰的成就需要理论、麦格雷戈的 Y 理论和薛恩的复杂人性假设。以下主要探讨声誉激励、控制权激励和晋升激励三种精神激励。

6.4.4.1 声誉激励

从代理关系来看，垄断行业企业高管如果没有完全的剩余索取权，其机会主义行为就不可避免，高管对声誉的追求可在一定程度上弱化高管的机会主义行为，使声誉激励成为薪酬激励的有益补充。在管理学中，声誉激励被认为是一种重要的激励手段，实质上是一种隐性的激励，它有时甚至与薪酬等显性激励间存在替代关系。因此，如何最大程度利用垄断行业企业高管对声誉的追求，引导其行为朝着企业目标最大化的方向迈进，这是声誉激励的关键所在。

声誉（reputation）是个人信用的基础。企业组织是法定的有形契约与非正规的隐性契约交织的组织。声誉的内容主要表现为显性的能力和隐性的道德品质，它们都得到社会的认可。余鑫（2002）将高管声誉分为政治声誉（政治地位、荣誉）和职业声誉（职业道德、能力业绩和职业地位）。王乐（2004）将高管声誉分为个人能力、个人特质和伦理道德三个维度进行评估。杨水利（2011）建立了高管声誉评估的理论模型，从组织协调能力、创新能力、沟通能力、领导能力、决策能力和财务控制能力六个维度对高管个人能力层面进行评估；从个人品质、职业素质、个人性格和个人特质四个维度对高管个人素质层面进行评估；从社会责任、商业伦理和职业道德三个维度对高管伦理道德进行评估；从社会贡献、外界影响和自身影响三个维度对社会影响层面进行评估。良好的声誉有助于企业获得高管岗位和未来收入的提高，从马斯洛的需求层次理论看，高管在基本的需求得到满足后，就会追求更高层次的需求，与中层和基层不同的是，处于企业高层的高管对声誉的追求相当于最高层次的需求，声誉的获得可以平衡心态，实现心理上的满足。从不同视角出发，声誉激励达到的效果也不同，从一种视角来看，声誉激励可以说是一种激励，从另一种视角来看，又可以看成是约束，高管为了树立良好形象，必然时刻注意自身形象，自觉约束自身的各种行为。

国外学者对声誉激励的研究包括标准的声誉理论、声誉交易理论和声誉信息理论等。经济学自亚当·斯密开始就将声誉作为保证契约诚实执行的重要方式。拉泽尔（Lazear，1979）最早运用博弈论来研究声誉，研究得出"声誉抵押"制度可以遏制高管的偷懒行为。法玛（Fama，1980）的研究表明，在经理市场上，其市场价值决定于"声誉"，即使短期薪酬激励机制不完善，他们也会加倍辛勤工作，这不仅可以使其在经理市场上获得良好的"声誉"，而且可为未来收入的提高奠定基础。霍姆斯特姆（Holmstrom，1982）通过"代理人市场—声誉模型"进一步阐述和深化了法玛的上述思想，并通过了严格的实证。他认为声誉可以激励企业高管加倍为企业付出，至少在企业高管还未获得声誉之前。而一旦获得，如果企业的薪酬激励机制跟不上，高管就有可能透支其原有的声誉、不努力甚至以权谋私，但这种情况通常只会发生一次。由于企业高管的声誉价值信号不只对应于某一特定的企业，声誉成为一种稀缺资源，供求关系的失衡导致不同企业会展开竞争，可使良好声誉的高管获得比自身价值更大的价值即"超额价值"，这就使企业高管为获得声誉而提高努力程度，在兼顾自身利益的同时也使其企业目标得以实现。但声誉这种激励效果的发挥依赖于一定的外部环境条件，一旦环境条件缺失，声誉的激励效果就无法发挥出来。声誉发挥激励效应应具备以下前提条件：首先是要素市场的完善，要素市场提供了一种企业高管声誉的客观评估机制，它是保证企业高管声誉质量的关键。其次是保证企业高管职业发展的长远预期，它是声誉激励形成和发挥作用的基础。由于人力资本投入与产出的时间不同步性，产出有一定滞后性，企业需要给予高管长远预期，他才会不断加大自身人力资本投入力度，提升自身素质和能力，并严格规范自己的行为，提高努力程度，创造更多的实际业绩。最后是声誉激励的有效发挥需建立在相应的薪酬激励基础之上。声誉激励如果缺乏对应性的薪酬激励，声誉就会沦为没有实际意义的"廉价品"，高管会失去对声誉追求的动力。

马克思、恩格斯指出："每一历史时代的经济生产以及必然由此产生的社会结构,是该时代政治和精神的历史的基础。"① 改革开放前后,以集体所有者和生产生活的每一次变革,都会带来思想上观点上的改变,实现精神上的革命。新中国成立后,"大跃进""人民公社"等运动片面强调"平均主义",对正确价值观产生困扰。当时生产力水平不高,收入差距不大,并且收入总体偏低,艰苦奋斗、集体主义和奉献精神深入人心,对精神活动的追求所造成的机会损失不大,同时还可以获得一定的社会声誉,此时对精神财富的追求也就成为一种次优的选择,中国特色的社会主义核心价值观建设迎来新的局面。但在经济转轨的过程中,企业高管的声誉激励面临的环境发生改变,声誉激励的效果受到严重影响。目前中国的要素市场还不完善,垄断行业企业激励主体也试图以授予荣誉的方式来引导企业高管,但由于激励主体自身的积极性问题,其很难有动力对其高管做出准确评估,导致缺乏客观的声誉激励评估机制。在垄断行业企业,即使有良好的个人声誉,高管也不能因此获得更多的经济回报(谢薇,2008)。这对那些为垄断企业创造巨大价值已经获得良好声誉的高管来说,声誉并不能提高其经济收入,这造成声誉的经济价值不高,弱化了其追求声誉的动机。无论是国有企业、民营企业还是其他所有制企业,企业高管的任期都是有限的,有时企业还会出现企业高管的非正常更替现象,因此,高管对声誉的追求往往采取投机行为,其最佳的策略是采取杀鸡取卵的掠夺式经营快速获取短期业绩从而虚证自己的能力突出。同时,企业内部派系林立,权力斗争异常激烈,那些特别迷恋权力、权力斗争经验丰富而实际能力却不强的人最喜欢进行权力斗争,这造成能力突出但不愿意参与权力斗争的人也被迫忙于应战,最终导致出现"劣币驱赶良币"的现象,"位高权重"的高管随时都有可能成为牺牲品,高管没有很好的职业预期,无暇顾及其实际业绩。针对上述情况,完善企业高管声誉激励机制企业应采取如下措施:首先,形成尊重良好声誉的社会氛围,提升企业高管对声誉的需要。在计划经济向市场经济的过渡过程中,企业高管的社会地位得到了提高,但我们还要进一步改变传统的价值理念,形成尊重良好声誉的社

---

① 《共产党宣言》1883 年德文版序言。

会氛围，提升企业高管对声誉的需要。其次，放宽产品市场进入限制，规范资本市场，培育经理市场，构建高管声誉的客观评估机制。再次，改革现行垄断行业企业高管的行政任命方式和确保高管有长远的职业预期。政府主管部门行政任命企业高管存在很多弊端，应实行以市场化的方式选择高管，标准是达到能岗匹配，同时注意确定和保持企业高管合理的任职时间，建立起一个相对稳定的长期预期，只有这样，企业高管才会关注个人声誉。最后，把声誉激励与薪酬激励结合起来，提高声誉的"含金量"。

6.4.4.2　控制权激励

最早研究控制权的是伯利和米恩斯，他们通过实证研究，提出了著名的"所有权和控制权分离"的命题。西蒙（Simon，1950）认为控制权就是一方拥有改变另一方行动的权利。企业史学家钱德勒从经济史的角度印证了"两权分离"的命题，但遗憾的是，他没有明确界定所有权和控制权。大卫·C.梅克兰（David C Meclleland）与其合作者大卫·H.伯恩汉（David H. Burnhan）研究得出，优秀的管理者是致力于通过影响他人建立权力和善于运用权力的人，权力是重要的激励因素的结论。张维迎、周其仁和黄群慧等学者从不同角度对控制权进行了研究，他们认为企业的契约性控制权分为特定控制权和剩余控制权。特定控制权是指在契约中明确规定的那部分权利，包括日常的生产、营销、招聘、培训等权利；剩余控制权则指资产所有者在不违背先前的契约、惯例或法律的前提下可以决定资产所有用途的权利。显然，如果所有的权利在契约中都能规定即契约是完全的，特定的控制权就包括了所有的权利，但信息的多样性和非对称性、环境的复杂性和多变性以及人的有限理性，导致契约一定是不完全的，特定控制权不可能在契约中事先全部规定，必然有部分权力游离在契约之外，这就为剩余控制权留下了空间，剩余控制权的安排就显得重要，这部分剩余控制权被定义为"所有权"。企业的所有者必须掌握一定的剩余控制权，尤其是选聘、监督、更换高管以及重大项目的投资，利用董事会"用手投票"方式来选择或者更换企业高管，而且如对经营不满意则可采取"用脚投票"方式减少投资比例，对企业高管形成有效的监督约束作用。

控制权激励在管理学意义上验证了马斯洛需求层次理论，控制权不仅给高管带来地位方面的满足，而且高管享有其他职位不同的特殊权利。控制权在一定程度上能够激励企业高管，正是源于控制权能够带来控制权收益。根据企业高管创造的实际业绩来决定企业是否授予高管控制权以及授予多少控制权，也就是说，控制权激励的有效性和强度取决于企业高管的贡献和他所获得的控制权之间的对称性。企业高管必须在其位，并不断保持其人力资本的相对竞争优势，取得委托人的信任，否则，控制权激励效果就会减弱甚至消失。控制权为企业高管施展自己的能力提供了条件，使其权利需求、成就需求以及自我实现的需求都得到满足。同时，控制权激励使高管具有职位特权，享受职位消费，为其带来显性报酬之外的隐性报酬，这实际上是一种隐性激励。但企业高管的控制权实质上是企业所有权外延上的扩展，它的最终决定权归属于企业所有者，企业高管控制权稳定与否取决于其创造的实际业绩。如果企业所有者对高管实际业绩不满意，对其高管失望，就会解除企业高管的控制权。从这个视角来讲，与"解雇"威胁捆绑在一起的控制权是能够激励高管发挥自己潜能的，与物质激励和声誉激励相比，控制权激励的作用来得更直接。

控制权激励强度取决于控制权与剩余控制权的匹配程度，企业治理的关键在于控制权的分配。在企业股权逐步稀释的情况下，现代公司制企业衍生出"所有者代表机制""主要股东机制""用脚投票机制""破产机制"和"兼并机制"五种手段来对高管的控制权进行干预，解聘不合格的高管，这五种手段之间存在着相互依赖和层层递进关系。当企业实际业绩不佳时，首先是"用脚投票机制"发挥作用，中小股东为减少可能造成的损失会大量抛售持有的股票，导致企业股票价格下跌，这对高管形成巨大压力，要求高管不断整改。如果企业实际业绩持续下滑，股权较多的主要股东机制将发挥作用，主要股东为保住自己的资产，会通过董事会或股东大会来更换高管，对股权相对分散的企业而言，所有者代表机制将发挥作用，持股机构负责人为保住自己的地位，也会毫不动摇地更换高管。但如果主要股东或持股机构负责人更换的高管不作为或无能，导致企业实际业绩继续下降，兼并机制和破产机制将发挥最后的作用，在破产的情况下，不仅最终企业的高管会被解雇，而且对股东的资产造成重大损失，持股机构的负责人也会被解雇。企业治理机制的核心实质上就是这五种手段发挥作用，其要害是委托者要为挑选的代理者的行为承担风险，企业治理要规避企业高管凭借其控制权为自己谋私利。

从激励效果来看，控制权激励具有直接性和根本性，它是一种事先的激励和事后的认可或惩罚机制。单纯采用控制权激励的效果不够理想，还可能导致高管滥用权力，或是导致严重的委托代理问题。显而易见，控制权激励必须和薪酬激励及声誉激励结合起来，引导高管的行为朝着有利于企业整体利益的目标方向。

企业控制权价值是由美国华盛顿大学曼恩（Manne）于1965年提出来的，他认为控制权是一项有价值的资产。周其仁（1996）是中国国内最早研究企业控制权收益的人之一，他认为控制权收益就是"继续工作权"，张维迎（1999）参照周其仁的思想，他认为国企重复建设和兼并重组的障碍来自控制权的不可有偿转让性，即控制权损失的不可补偿性。针对高管激励的合约必须权衡考虑到高管"控制权私人价值"，即高管借助手中的控制权而谋取私利的价值。如果"控制权私人价值"超过了被激励的价值，高管将会寻求自利行为，通过在职消费、关联交易转移企业资产而侵害企业利益。目前，企业高管的控制权激励可分为两类：一种是显性的特权消费，如免费电话、免费交通费等；另一种是隐性的职权消费，如社会地位和声誉的提高。职位消费是高管凭借职权享有的种种公开或隐秘的消费特权和额外福利，它是高管自利行为的一个集中表现，属于隐性报酬。从数额上看，显性报酬是基于契约的规范化报酬，它是根据企业高管创造的实际业绩来决定显性报酬的多少，在薪酬契约中有明确规定，而隐性报酬与控制权是共生关系，不同职位有不同的隐性报酬，一旦不在某种岗位上任职，该员工就失去相应的隐性报酬。实践中，我们要注意处理好与控制权紧密联系在一起的隐性报酬同实际业绩紧密相关的显性报酬之间的关系。如果显性报酬明显不足，企业高管有足够的控制权手段去谋求合法报酬之外的隐性收入，来实现对自身人力资本的补偿，这种对隐性收入过度的追求会损害企业的利益。隐性收入对企业高管具有重要的激励作用，是整个企业薪酬体系中不可缺少的部分，它对正常的薪酬激励机制有较强的替代作用。在这种情况下，正常的显性薪酬激励机制发挥的作用就受到限制，解决隐性收入问题重在规范监督。

在计划经济体制下，垄断行业企业的控制权实际上是上级各主管部门来行使的。实践已经证明，这种权力安排不能激发高管的潜力，对企业发展不利。现代企业制度下，企业所有者往往游离在企业具体经营管理实践之外，相对企业高管来说，企业所有者是"局外人"，而企业高管作为企业具体经营管理实践者，是"局内人"，"局内人"和"局外人"所追求的目标函数有显著差异，他们各自在追求自身利益的最大化，处理得不好，就有可能损害另一方的利益。其中"内部人控制"是委托代理条件下不可避免的一种现象。随着垄断行业企业改革的深入，垄断行业企业所有者逐渐下放了大部分的控制权给企业高管，这种放权如果没有配套性的监管约束机制，就会出现"内部人控制"局面。垄断行业企业高管薪酬激励和监管机制构建和实施出现问题时，控制权激励自然能够超常发挥，造成严重的"内部人控制"问题。一些垄断行业企业高管在退休前，即将要失去控制权之前铤而走险，大量侵吞国有资产，他们认为"有权不用，过期作废"。这主要是因为中国统一了退休年龄，法人治理结构不健全等因素，造成企业高管心理失衡，促成了"59岁现象"的普遍发生。解决这一问题的关键是建立企业高管薪酬激励与监管机制，实行对等的剩余控制权和剩余索取权，使企业高管目标与企业目标尽可能趋于一致。

根据委托代理理论，垄断行业企业的委托代理关系与竞争行业企业比较，具有其特殊性，它是造成垄断行业企业内部控制失衡的主因，其特殊性主要表现在以下几个方面：①多层次的委托代理关系，最终所有者对高管激励和监督显得力不从心；②垄断行业企业最终所有者理论上属于全体人民，处于"虚位"状态，使垄断行业企业所有者缺乏足够的积极性来关心垄断行业企业的保值增值；③委托链条中除了初始委托方和最终代理方外，其余人员处在链条中的具体委托方和代理方，具有两种身份，他们既是委托者又是代理者，必然造成角色的混乱和错位；④政府主管部门管理职能与其代表垄断行业企业所有者职能划分不清晰使得监管效率不高，甚至出现监管人员与企业高管的合谋现象。委托代理关系的存在，使得公司"内部人控制"问题的出现并使得这个问题变得日益突出，由此影响了企业治理效率及投资人的利益。经济学家认为，代理成本是"内部人控制"问题的集中反映。

与西方发达国家的现代企业制度比较，中国垄断行业企业具有不同的体制背景、形成原因、垄断特征、所有制结构和市场环境条件。因此，垄断行业企业的内部人控制与西方现代企业制的内部控制人具有不同的特征：①中国垄断行业企业的"内部人"在来源上，"内部性"体现得更加明显。与西方股份制企业的高管由严格的市场化手段来选择不同，中国企业的高管不是通过市场化手段来选择的，而是由政府行政任命或者"占位"的方式取得的。②一股独大的垄断行业企业和股权较为分散的企业，根据董事会"非常作为"和"完全不作为"两种极端情况，对应产生企业的"超强控制"和"完全失控"情况。"超强控制"就是董事会过度干预，甚至超越自身职权范围，"完全失控"是所有者缺位，企业完全由高管控制。垄断行业企业"内部人控制"可能致使控制权激励失灵。"内部人控制"不仅使垄断行业企业高管掌握了实际的控制权，而且在事实上但非法律意义上拥有了一部分剩余索取权。在垄断行业企业的经营实践中，控制权激励失灵的问题较为突出，选择的高管不能胜任其本职工作以及垄断行业企业实际业绩不能正确评估等因素都使其控制权激励的效果大打折扣。

根据以上分析，对于垄断行业股权结构过于单一、股权较为集中的企业，应适当进行混合所有制改革，改善股权结构，形成比较完善的企业治理结构。建立高管市场化选拔机制，准确评估高管的实际业绩，并据此为依据授予其控制权，建立企业内外监管机制，使控制权激励约束作用得到最大限度发挥。由此，控制权激励的基本逻辑包括正激励和负激励两个方面。正激励基本逻辑为：控制权需要→控制权收益→满足高管的需要。在此基础上可以衍生出：更大的控制权→更多的控制权收益→更好满足高管需求。负激励基本逻辑为：剥夺控制权→丧失控制权收益→约束高管。

6.4.4.3 晋升激励

晋升激励相当于马斯洛需求层次的最高层次，企业可以采取提拔晋升的办法激励企业高管努力工作。晋升激励机制之所以具有激励功能，是因为晋升能够提供以下几个方面的满足：一是社会地位的提升；二是更大的权力；三是更为宽松的环境。虽然晋升对高管具有一定的激励作用，能刺激高管为追求晋升而努力工作，但这种激励的效果需要同时满足以下几个条件：首先，要存在晋升的空间和可能。企业职位层次呈金字塔结构，越往上，职位的数量越少，企业高管晋升的空间越有限。其次，晋升必须以创造的实际业绩为依据。这就要求垄断行业企业要建立企业高管的实际业绩评估机制，正确评估高管的实际业绩，防止高管为了提高短期业绩寻求短期行为和业绩造假，并做到高管晋升以其实际业绩为依据。最后，高管晋升后留下的职位空缺要有适合的继位者。这就迫使实现晋升的人培养自己的接班人，为企业的可持续发展奠定基础。

垄断行业中大部分是国有企业，尽管当前中国国企旧的行政级别体制已逐渐被摒弃，但仍然保留了高管的行政任命机制，国企高管可以与政府部分互换，政治晋升激励也是当前垄断行业企业高管不可忽视的激励方式，可以把政治晋升作为垄断行业企业晋升激励的特殊方式。这一特殊晋升途径进一步巩固了政治激励对垄断行业企业高管行为的影响[1]。

晋升能在一定程度上缓解因信息不对称所导致的高管不作为问题，同时又能激励高管提高工作努力程度。为了更好发挥晋升激励的效果，企业需要采取如下措施：第一，建立晋升通道。对于不同类型的岗位，应建立不同的晋升通道，建立技术、管理两条线，要防止"因人设岗"，巧立名目扩大企业编制。第二，规范晋升途径。晋升必须坚持公平、公正、公开原则，以实际业绩为依据，严格考核，杜绝在晋升决策过程中的不正之风，规范晋升途径。第三，防止高管掠夺式经营。在晋升成为高管激励的主要手段时，企业高管拥有长远的职业预期，企业把短期业绩与长期业绩结合起来进行考核，能够

---

[1] 本部分内容参考了王晓文（2014）的论述。

防止高管片面追求短期业绩和杀鸡取卵式的经营，加强其对市场、人才和产品研发的投入力度，创造可持续发展的业绩。

物质和精神两方面都具有各自独特的激励效果，物质激励是精神激励的基础，精神激励能有效满足员工精神方面高层次的需求，弥补物质激励的不足，但若单独过分强调某一方面，最终会严重弱化其激励效果。物质激励和精神激励的侧重点不同，所产生的激励效果就有明显的差异。在市场经济条件下，物质激励旨在满足企业高管物质的需求，成为世界各国普遍采用的一种激励手段。声誉激励属于企业高管的自我激励方式，声誉与高管未来的收益密切相关，采用声誉激励，在激励高管的同时又能够对高管起到有效的约束作用；控制权激励与职位是一种共生关系，对能力强和业绩突出的高管具有巨大的激励的作用，反之，能力弱和业绩差的高管就存在被更换的危险，企业高管的控制权被解除，而其也会失去与此高度相关的物质报酬，高管声誉也随之降低；晋升激励也能调动高管的积极性，使其创造更多的实际业绩，但要注意晋升必须要有理有据。声誉激励、控制权激励和晋升激励对企业高管具有较强的激励作用，但要考虑它们各自的局限，如何将这些激励方式与企业高管的薪酬激励有机结合起来也是企业需要重点思考的问题。

根据以上的分析，要使构建的垄断行业企业高管薪酬激励机制更为有效，注意确定合适的激励组合、总薪酬水平和薪酬结构等方面，这些正是薪酬激励机制构建的重要要件。总薪酬水平是达到某种实际业绩水平时高管所获得的总体收入，根据总薪酬水平的高低、企业所处行业、企业所处生命周期阶段、高管的需要与偏好、税收方面的考虑等确定具体的激励组合，进而确定结构比例。

6.5 垄断行业企业高管薪酬激励的制度安排

垄断行业企业高管薪酬激励机制是一个完整体系，需要相应的制度保障。在前面研究的基础上，企业结合垄断行业企业高管的薪酬激励实际，对薪酬激励制度做出整体思考，使其达到最佳的激励效果。完善垄断行业企业高管薪酬激励的制度是一项复杂的系统工程，需要从企业战略、外部竞争、内部公平和企业实际业绩等方面进行全面统筹。

6.5.1 企业战略：建立垄断行业企业高管薪酬激励的导向

垄断行业企业战略是企业总体纲领性指南，垄断行业企业高管薪酬激励机制的设计以垄断行业企业整体战略和核心价值观为基础，建立好垄断行业企业高管薪酬激励制度及配套体系，发挥薪酬激励对垄断行业企业高管的激励效果。这需要从战略层面、制度层面和技术层面上进行系统思考。

第一，战略层面。垄断行业企业高管薪酬激励机制的建立，反映企业的战略并为企业战略的实现做支撑，垄断行业企业高管薪酬激励制度只有与企业战略匹配，才能真正激励高管行为向着企业指引的方向转变并固化，才可能达到薪酬激励的目的。斯奈尔教授根据价值性和稀缺性两个维度把企业人员分为核心人才、通用人才、独特人才和辅助人才。高管属于核心人才，企业成败的关键在于核心人才，核心人才对实现企业战略起着至关重要的作用。当前企业面临的环境变化的幅度较之前更大，速度也更快，企业战略要根据其环境改变而相应调整，其薪酬激励制度也应适应企业战略的变化。因此，我们必须从战略角度来思考薪酬激励问题。在企业高管薪酬政策与企业战略目标之间建立起一种紧密的联系，根据企业战略来制定企业实际业绩指标，并把高管的实际业绩作为薪酬激励的依据，使企业的薪酬激励政策能集中反映企业战略的需求，弘扬以实际业绩为本的企业薪酬文化，实现在保证效率的基础上兼顾公平的分配原则。

　　第二，制度层面。制度是战略、理念和机制落地的载体。在战略引导下，垄断行业企业高管薪酬激励机制构建和实施就有了清晰的方向，无论是垄断行业企业的激励制度、监管制度，还是相关配套制度，最终都是为垄断行业企业正常经营管理提供保障，它们都是为垄断行业企业高管薪酬激励机制保驾护航。企业在构建垄断行业企业高管薪酬激励机制时，要充分考虑各种制度间的协调一致，系统、全面、科学和规范发挥各种制度的整体作用。这就要求在设计垄断行业企业高管薪酬激励制度时，需要满足以下条件：薪酬支付应和垄断行业企业的实际业绩相联系；薪酬制度政策应明确、清楚地表达所支持的价值取向和行为导向，预期的实际业绩目标；企业将期望的实际业绩目标和激励约束内容与相关的高管进行充分沟通，并保证高管能够充分理解和取得一致意见；定期或不定期检核和评估企业高管是否实现了预期业绩目标。制度最终目的是保障垄断行业企业高管薪酬激励发挥整体效能，实现垄断行业企业的战略目标。

　　第三，技术层面。技术层面主要指的是将薪酬战略转换成可实施的激励机制的具体工具或方法。技术是激励制度设计时所运用的方法而不是出发点，具体工具或方法的技术层面没有国界，企业可以引用先进的工具或方法并结合具体实际加以运用。如果企业没有先进的技术就很难设计出科学有效的激励机制，这也会给战略的落地带来困难。垄断行业企业高管薪酬激励设计技术是操作层面的事情，但其前提条件就是企业要从战略层面来思考并采用各种先进的工具和方法来建立高管薪酬激励制度。任何具体的技术性制度编制，如工作分析、工作评估、人员招聘、培训开发、业绩考核和薪酬激励等，都必须以战略为依据。

　　总之，战略、制度和技术是一个不可分割的有机整体，它们是垄断行业企业高管薪酬激励机制构建的系统工具。垄断行业企业高管薪酬激励不是简单的"分蛋糕"，而是通过"分蛋糕"，使得企业今后的蛋糕做得更大，即创造更多的"蛋糕"，形成良性循环。因此，企业在构建垄断行业企业高管薪酬激励机制时，应在企业战略的指导下，统筹、系统地思考垄断行业企业战略，使企业高管薪酬激励机制能够支撑企业战略，而不能仅仅局限于解决企业的个别问题。

6.5.2 外部竞争：确定垄断行业企业高管薪酬水平

垄断行业企业高管薪酬激励机制设计的基点是使垄断行业企业高管薪酬具有一定的竞争力，而这种竞争力最关键体现在薪酬水平与市场薪酬水平的比较上。垄断行业间或者是垄断行业内的不同企业高管从事相同或类似岗位，他们之间会对所获得的薪酬进行对比，企业高管相对于相同岗位或其类似岗位的薪酬水平高低，直接关系到企业高管潜能发挥的程度。垄断行业企业应根据自身薪酬战略目标、高管创造的实际业绩、高管人才市场供求状况、同行业竞争对手高管的薪酬水平，来确定本企业高管的薪酬，制定具有市场竞争力的薪酬来吸引和激励高管。依据各职位的战略价值和对企业战略的重要程度，采取薪酬领先政策、薪酬追随政策、薪酬低位政策。另外，企业应将高管薪酬方案的设计同他们的职业生涯设计紧密结合起来。企业应该至少设置管理类和技术类两条职业发展通道，做到双梯并行，并设计出与其贡献相称的薪酬方案。

6.5.3 内部公平：确定垄断行业企业高管薪酬结构

科学合理的薪酬结构对高管的激励是最持久的，也是最根本的，一般而言，企业的薪酬结构都是多元的，包括基本薪酬、业绩薪酬和股权激励等项目。每个企业对薪酬政策不同，针对高管所制定的薪酬方案也不尽相同，不同的薪酬方案反映出企业的特征和对人才价值取向的差异。企业应根据其薪酬理念、价值观、管理水平和供求状况等的不同，选择不同导向的薪酬结构，并注意薪酬结构的动态调整。

垄断行业企业高管薪酬结构的确定要考虑到公平问题，垄断行业企业薪酬激励制度最为核心的就是公平性问题，具体来说表现在内部公平性、个人公平性和程序公平性三个方面。①内部公平性。薪酬差距是指企业的组织架构中各项职位的相对价值及与其对应的薪酬之间保持多少差距问题。合理的薪酬差距可提高企业高管的努力程度，创造更多的实际业绩。企业按照职位层级可分为基层、中层和高层，不同层次对于岗位价值是不同的，根据岗位价值的重要性程度，确定合理的薪酬差距。薪酬差距涉及企业内部一致性问题，也就是内部公平性问题，但这并不意味着薪酬差距决策就可以脱离外部竞争性。薪酬差距要实现企业内部一致性，至少应该具备以下三个方面的特征：一是薪酬确定根据对企业整体目标实现的贡献大小确定，即根据前面所讲的为企业创造的实际业绩的大小确定。二是完成任务所付出的劳动复杂程度，越复杂的劳动得到的薪酬也就应该越多。三是所处岗位风险越高的，其得到的薪酬就应该越多。企业的薪酬差距线与市场的薪酬结构线之间存在差异，较低层次工作的薪酬低于市场平均薪酬水平，而较高级工作的薪酬则普遍高于市场平均薪酬水平，这样企业的薪酬结构和水平才具有竞争力。根据亚当斯的公平理论，人天生喜欢与周围的人进行比较，并且希望得到公平对待，如果最终比较的结果他认为是不公平的，就会影响到其工作的努力程度以及工作态度，进而影响到其未来创造的实际业绩。建立科学合理的薪酬结构，薪酬结构的各因素之间、薪酬岗位标准的各指标之间都要保持一个适当的比例，特别是要确保薪酬结构能充分体现高管实际业绩、人力资本价值、职责等这些决定薪酬的基准因素。这对高管来说，是最持久也是最根本的激励。企业高管薪酬的内部公平性主要通过以下几个方面表现出来：一是高管和其他员工的薪酬差别是否合理，是否能够反映岗位重要性、人力资本价值、承受风险程度和实际业绩等。二是根据效率薪酬理论，如果给予高管相对较高的薪酬，就会减少高管偷懒行为，使其提高工作效率；事后企业再根据业绩给予适当奖励，又能更进一步激发其潜能，形成良性循环。所以对于包括高管在内的员工应采取事前投资型薪酬和事后业绩奖励型薪酬相结合的方式，而事前投资型薪酬与事后业绩奖励型薪酬的比例是否合理，也是高管和员工评判其是否公平的依据。三是薪酬结构中的固定部分与浮动部分、长期激励的部分和短期激励的部分是否合理。②个人公平性。改革开放以前，中国经济发展水平较低，资金相对于其他资源来说还是短缺资源，而中国人口众多，在人们的观念中，中国从来就不缺人。这就混淆了一般劳动力和人力资本的概念。由于外部环境的变化，人才成为制约企业发展的瓶颈。长期以来，高管的人力资本价值没有得到真正体现。现代企业要实现快速健康可持续的发展，人才必须同时得到成长。实践中，企业必须改变传统观念，实际上人力资本和物质资本在企业发展中都是稀缺资源，理所当然应该享受相应回报。因此，我们应改变传统企业只有物质投资者才拥有对净资产的完全分配权和处置权的思想，打破这种固有的产权结构形式和利益分配格局，改变经典的"资产＝负债+所有权收益"等式。个人公平性还要求科学核算物质资本、人力资本所创造的价值，物质投资者和高管真正能够分别按照物质投入、人力资本创造的价值获取相应回报。③程序公平性。我们不仅应关注薪酬水平问题，还要注意建立垄断行业企业高管薪酬激励机制的程序是否公平，"发钱的依据"比"发钱的多少"更重要。

6.5.4 企业实际业绩：确定垄断行业企业高管业绩薪酬

要发挥企业高管薪酬激励作用，不仅要注重薪酬水平、结构、政策、制度的科学性和合理性，而且要强调计酬方式的公平性，即要将企业高管的薪酬与其实际创造的业绩相结合。结合中国企业制度发展特点，目前中国企业高管薪酬激励方式主要有以下几种形式：贡献分享制（利润分享计划、年度分享计划、收益分享计划）、贡献股份制（股份合作制、职工持股计划、职工持股会）、贡献联合制（股票期权、高管持股与利润分享联合计划，高管持股与股票期权联合计划，利润分享与股票期权联合计划等）。

第7章
垄断行业企业
高管薪酬监管机制

　　垄断行业企业高管薪酬问题不仅是经济问题，还关系到政治和社会的问题，应受到包括政府在内的社会各界的高度重视。垄断行业企业高管薪酬激励机制目标的实现离不开薪酬监管机制的科学构建和实施，薪酬激励机制和薪酬监管机制相辅相成、协调配合，形成合力，在兼顾企业目标得以实现的同时，还能兼顾高管自身的利益。垄断行业企业高管薪酬监管机制的构建主要涉及内部监管和外部监管两部分，内部监管主要是股东大会、董事会、监事会和内部利益相关者方面对企业高管的监管，外部监管主要是政府、市场、行业协会和外部利益相关者对企业高管的监管。

7.1　垄断行业企业高管薪酬监管目标与边界

　　垄断行业企业薪酬监管机制的有效构建，必须要有明确的目标和明晰的薪酬监管边界，只有满足这两个前提条件，监管者才能清楚薪酬监管的方向。

7.1.1　垄断行业企业高管薪酬监管目标

　　企业契约理论认为，企业是一系列契约的组合，构成契约的主体是股东、管理者、雇员、债权人、供应商、销售商等，他们自愿结合进行交易，由管理者负责协调，他们共同受到一系列复杂契约关系链条的约束。企业契约是指各方在平等协商、自愿的原则下缔结的契约，以企业独立经营、自我约束、自担风险为特点的企业自治理应成为企业制度的基本价值。也就意味着，参与企业关系的各方可以自主行使权力，不受外部力量的强制干预。但在实际的企业经营实践中，由于各方并不是势均力敌，并不必然会形成法律意义上各得其所的自发程序。垄断行业企业委托代理关系的链条长、利益关系复杂、各方力量悬殊，如何成功构建垄断行业高管薪酬激励机制就需要相关机构或主体的监管，使谈判各方能够在相对平等、公正及公平的基础上进行协商，促使企业制定出的高管薪酬激励机制在保证效率的基础上兼顾公平。同时要使制定出的垄断行业企业高管薪酬激励机制能够很好地发挥作用，也需要相关机构或监管主体为其提供良好的运行环境，保证垄断行业企业高管薪酬激励与其实施环境的高度匹配。总之，垄断行业企业高管薪酬监管目标是为保证垄断行业企业高管薪酬激励机制的科学构建，并切实保证其能够有效运行，实现激励目标，进而为垄断行业企业战略目标的实现做有力支撑。

7.1.2　垄断行业企业高管薪酬监管边界

在实践中，社会公众对垄断行业企业高管薪酬的关注更多的是薪酬数额本身，他们认为向高管支付高于普通员工薪酬几十倍甚至上百倍的薪酬本身就是不公平的。当然持有这种观点的人固然有一定的理由，但值得注意的是，这绝对不是对高管薪酬进行监管的目的，只要高管确实为企业创造了相应的价值，他就理所当然获取应有的回报，所以垄断行业企业高管薪酬监管的目标不在于限制高管薪酬。合理的高管薪酬激励机制是高管薪酬与高管任职期间的企业实际业绩具有较高的匹配度。由于垄断行业的特殊性，如果仅仅依靠市场对其资源配置显然是不现实的，必须依靠监管来实现垄断行业企业高管薪酬激励的目标。在市场经济条件下，垄断行业企业高管薪酬激励目标实现的最佳途径是市场，监管只是在市场调整失灵或是不足时起着补充作用。科学界定监管在垄断行业企业高管薪酬激励目标的实现中扮演的角色，十分重要。要想达成激励目标，就需要确保和强化垄断行业企业高管薪酬与其创造的实际业绩的正相关性，即实行"按实际业绩付薪酬"，这从另一个侧面确定了垄断行业企业高管薪酬监管的边界问题。合理确定各监管主体对高管薪酬监管的边界，要做到有所为和有所不为。监管是竞争的剩余，凡是竞争机制能够发挥作用的就一定让竞争机制发挥作用，即便是所谓的"市场失灵"问题，也要比较监管付出的代价和获取的收益，如果监管成本大于监管收益，监管得不偿失，"监管失灵"问题就会出现，甚至在某些情况下，监管失灵还可能会导致市场失灵，尤其是政府可能会以加剧市场缺陷的影响而不是解决这些缺陷的方式推动无效率的结果的产生（Viscusi et al.，2004）。垄断行业企业高管薪酬安排本身就是企业治理的重要组成部分，本质上属于企业自治的内容，从理论上讲，市场对资源配置的决定作用可确保企业高管薪酬管理有序地进行。只有在"市场失灵"的时候，才需要相关监管主体对高管薪酬安排进行合理监管，依据实际业绩获取的业绩薪酬，相关监管主体不应该加以限制，各监管主体在监管过度和监管乏力之间寻求一个合适的平衡点以此确定各自边界。如果过度监管，则会导致企业和高管的守法成本过高，往往使监管成本大于收益，造成得不偿失；如果监管乏力，高管就会乱作为甚至可能违法犯罪，侵害企业所有者利益（朱羿锟，2014）。合理界定各监管主体监管垄断行业企业高管薪酬激励的边界，不仅需要保证企业在高管薪酬安排方面拥有足够的自治空间，而且可以矫正"市场失灵"，防止高管薪酬偏离公平交易的模式以及有利于提高激励效率和降低代理成本。

7.2 垄断行业企业高管薪酬监管机制构建

根据监管的概念及相关理论，垄断行业企业高管薪酬监管应该从监管主体的多样性和多层次性出发，采取经济、法律、社会等多种直接和间接手段，建立内部监督机制和外部监督机制，外部监督主体包括产品市场、资本市场、国有资产监管部门、中央政府、地方政府等，内部监督主体包括股东、董事会、监事会以及其他利益相关者。设计合适的监管机制保障垄断行业企业高管薪酬激励构建的科学性、合理性和规范性以及为其提供匹配的运行环境，能够使垄断行业企业高管的行为在满足垄断行业企业自身利益最大化的同时实现社会福利的最大化，因而对垄断行业企业高管薪酬激励的监管关键是要建立起垄断行业企业高管权力的制衡机制。

对垄断行业企业高管薪酬进行监管就是监管主体对企业高管的薪酬决策、设计和实施，以及对其执行相关法律法规、制度规则等的情况进行监督、管理、评估和控制。适时的薪酬监管可以制止套利行为，减少高管薪酬规制的效率扭曲行为，从而提升企业高管薪酬机制的实施效果。对垄断行业企业高管薪酬实施有效监管，必须做好以下几个方面：一是有效的监管要具有信息传递功能。劳伦斯·布兰德指出，监管体系的一个重要作用就是为各决策者提供必要的知识和信息，并通过体系自身将其他单个决策者相互联系起来，使得他们通过体系相互影响和相互作用。而杰弗里·纽曼则认为，"体系结构本身为决策提供信息的范围"。一个有效的监管体系应该能够发挥信息传递的基础作用，为体系中各参与者传递正确的信息，使资源得到有效的配置。二是有效的监管要能够实现公平原则。公平原则浸润于垄断行业企业高管薪酬激励机制具体的构建和运行中。高管薪酬机制必须反映高管在经营管理中的劳动成果及努力程度，将高管薪酬与其在企业的实际业绩挂钩。这就对运行环境提出了更加明确和具体的要求，体现了公平原则。三是有效的监管能够降低交易所需的成本。交易成本是促成薪酬激励与监管契约达成所花的费用。有效的企业高管薪酬激励与监管契约通过界定企业高管选择行动的范围，避免其机会主义行为的倾向，减少交易活动中的不确定性，降低交易成本。四是有效的监管能够发挥正面激励作用。高管薪酬的激励原则是垄断行业企业高管薪酬激励机制确定过程中最重要的原则，充分体现了实用主义思路在企业治理问题上的实践，而对垄断行业企业高管薪酬进行监管正是实现激励原则的具体路径。五是有效的监管的约束功能。不同的监管主体围绕监管目标，规定了"畅行区""禁行区""黄灯区"，企业高管行为在以上区域内选择相应行动，受到一定程度的制约，约束功能使得有效监管能够建立起一定的秩序，引导高管行为，避免其短视行为和不合理行为。

　　垄断行业企业高管薪酬总体水平应随其实际业绩成比例地增减，如果企业高管薪酬总体水平增长速度快于企业实际业绩增长速度，说明企业的薪酬激励或监管机制出现了问题，如果企业高管薪酬总体水平增长速度慢于企业实际业绩的增长速度，说明对高管的激励力度不足。科学、规范、合理的垄断行业企业高管薪酬监管机制的标准是：能够使得高管薪酬激励制定程序和结果显得更公平、更透明和更有效；权衡收益和成本，使其能在最优性价比

范围内实现有效监管；能对企业高管行为有合理的约束，能够与薪酬激励机制配合，从正反两方面引导和规范高管行为，提高其努力程度，创造更多的实际业绩；能为垄断行业企业高管薪酬激励机制的实施创造良好的运行环境，实现薪酬激励目标。

垄断行业企业高管薪酬监管机制的构建是一项系统工程，负责人需统筹兼顾，监管主体需要把握"监管对象要集中，监管权力要分散"的原则。在监管权力设置上，由于中国法律法规不够健全，企业治理机构不够完善以及监管机制本身存在的问题，监管主体很容易被监管客体收买而出现合谋现象，加之垄断行业企业高管所有者处于虚位，在这种情况下，企业通过把垄断行业企业高管薪酬激励的监管权力配置到不同层面的主体——政府层面、市场层面、行业层面以及企业内部层面多管齐下，形成监管的立体网络，可以提高监管效率，增强监管的效果。本书对垄断行业企业高管薪酬监管机制的构建如下：

7.2.1 政府监管：建立政府对垄断行业企业高管薪酬的宏观调控机制

政府监管宏观调控机制主要是通过进行综合监管、完善限薪令、建立薪酬监管长效机制、完善薪酬信息披露制度、强化税收调节机制和实现薪酬问责制等手段来达到宏观调控企业高管薪酬的目的。理论经济学认为"完全竞争市场"资源能够实现最优配置，从而达到帕累托最优状态。然而在实践上，某些资源的配置偏离帕累托最优，表现为垄断、信息不对称、外部性等，为使其资源得到合理配置和维护社会公平正义，才采取非市场手段加以解决。鉴于此，垄断行业企业高管薪酬需要在自身微观决策的基础上建立政府的宏观调控机制，政府应合理界定垄断行业企业高管薪酬监管的边界与范围，实施相应的宏观调控。

7.2.1.1 政府监管应由专业监管机构向综合监管机构转变，充分发挥对垄断行业企业高管薪酬监管的整体作用

垄断行业企业高管薪酬激励公平、效率问题以及薪酬激励扭曲的现实说

明，垄断行业企业高管薪酬监管也应顺应垄断行业整体改革而做出相应调整。应当把政府监管垄断行业企业高管薪酬统一纳入一个监管机构进行监管。鉴于目前中国政府监管部门的设置主要是专业化监管的思路，国务院国有资产监管管理委员会代表国家履行出资人职责，行使其所有者职权，其主要监管职能包括对垄断行业企业高管的管理、对重大事项的管理和对垄断行业企业资产的管理三个方面。其中，对下属企业高管的薪酬监管是其监管的主要方面。政府部门对垄断行业的监督主要通过各个审计单位完成。中央或地方政府特派审计对垄断行业企业进行审计核查。财政部、人力资源和社会保障部、银保监会、证监会等部门都对不同垄断行业企业的高管薪酬进行了不同程度的监管。政府监管机构分得太细，职责交叉，监管部门繁多，形成政出多门、多头审批、多头监管的问题，造成监管费用居高不下，监管效率低下。从成本和效率的角度来讲，综合监管比专业化监管更能体现出优势，统一规范垄断行业企业高管薪酬监管制度和调控机制，彻底打破长期以来政府部门分头监管调控、各行其是的局面，政府监管由专业监管机构向综合监管机构转变。

　　7.2.1.2　发挥法律法规监管优势，保障垄断行业企业高管薪酬激励机制的规范构建和有效实施

　　市场经济国家，其政府的职能之一是规范市场秩序，建立公平的市场竞争环境，使市场能够对资源配置起决定作用，这需要健全的法律法规制度体系。法律法规监管是垄断行业企业高管薪酬监管的前提和基础，法律具有普遍性、强制性、事前性、稳定性和规范性的特点（陈传明，1997）。规范市场竞争秩序，禁止企业实施不正当行为的法律法规主要有《中华人民共和国反不正当竞争法》《中华人民共和国产品质量法》《中华人民共和国商标法》《中华人民共和国消费者权益保护法》《中华人民共和国价格法》《中华人民共和国证券法》等，有关国有资产和企业高管监督管理的法规有《中央企业经济责任审计管理暂行办法》《企业国有资产监督管理办法》及其他有关法规。市场经济是法治经济，市场上的一切经济行为都要在法律法规范围内进行，完善的法律法规既是市场运行的有力保证，又是监管高管行为的重要手段。应当完善《中华人民共和国公司法》中对高管责任的认定和奖惩的规定，

健全相关的民事诉讼制度。当企业高管滥用权力、搭便车和发生机会主义行为给企业造成损失时，企业根据损失多少和性质恶劣情况，给予其相应的责任追究，对其已违法犯罪的行为，追究其民事甚至刑事责任。通过法律法规对垄断行业企业高管薪酬进行规定和约束，保障其薪酬激励机制规范构建和有效实施。

7.2.1.3 完善限薪令，建立垄断行业企业高管薪酬监管长效机制

垄断行业企业高管薪酬管理问题属于企业内部事务，主要由企业自己通过合适的方式来解决。然而金融危机以来，各国企业高管的薪酬问题暴露出来，尤其是垄断行业企业高管薪酬问题成为社会关注的焦点。企业如不采取强有力的举措，则会有可能加剧企业高管的短期逐利行为，甚至其行为可能成为引发企业危机的导火索。当垄断行业企业不能通过内部途径根本解决或者解决高管薪酬问题的成本很高时，企业就会寻求外部力量，政府凭借其成本较低和效率较高的巨大优势，纠正企业薪酬安排治理机制的失灵，防止企业高管滥用权力。

在政府薪酬监管机制中，限薪是最常见的手段，它是对垄断行业企业高管薪酬的直接干预，主要有数量限制和比例限制两种方式。数量限制是对垄断行业企业的高管薪酬设置上限，它是政府监管高管薪酬最简单的一种手段，其政治意义远远大于其经济意义，目的是缩小行业间和企业间的收入差距。但这种手段也受到社会各界的不少质疑。首先，给垄断行业企业高管薪酬设置一个上限标准，缺乏确定的薪酬上限标准。垄断行业与垄断行业间、垄断行业与竞争行业间、垄断行业和竞争行业内各企业间在同一时期内的薪酬差距较大，即使同一企业，在不同时期薪酬都是变化的，薪酬上限标准无法快速适应行业和企业的变化，薪酬上限标准缺乏制定依据。其次，给高管薪酬水平设置一个上限标准，只能是企业短期内的无奈之举，它只能在短期内约束高管薪酬有效，而对高管薪酬的长期影响意义不大，不太可能引导企业高管主动地关注企业的可持续发展。而比例限制是通过设置高管与其他员工的薪酬的比值对高管薪酬进行限制，而非在薪酬水平数额上设置上限，比例限制同样面临着与数量限制一样的问题，其中最难的是比例确定的依据问题。

在已有的研究文献中，关于相对薪酬企业高管薪酬与职工平均工资的比值的研究相对较多，学者们通过相对薪酬的单变量检验来进行推断，并且直接使用相对薪酬的高低来衡量企业薪酬管制程度（陈冬华 等，2005；刘凤委 等，2007；陈信元 等，2009；高文亮，2011；Hu et al.，2012）。

限薪的作用有限，控制不当可能导致行业间、企业间薪酬水平的趋同化，更加背离"按绩取薪"的原则。垄断行业企业高管薪酬激励机制最合理的状态是企业高管薪酬以高管创造的实际业绩作为依据。在市场经济条件下，实现这一合理状态的途径是市场，无论是政府监管，还是其他主体的监管，都只能是在"市场失灵"时进行补充规范，从这个视角来说，对高管限薪也必然受到正当性和有效性的质疑。但这种质疑并非完全否定限薪，这些质疑者认为对于保证生存作用的基本薪酬应当在数量上和比例上同时加以限制，以此保证公平性和发挥业绩薪酬的激励作用。

限薪是治标不治本的短期手段，垄断行业企业高管薪酬激励的目标不是限制高管薪酬，而是通过引导高管根据其创造的实际业绩取得相应薪酬，在实现自身目标同时，推动企业目标的实现。因此，应着力激活企业内生的薪酬决策与监管机制，着眼于长效机制，建立与市场经济体制改革和政策职能转变相适应的薪酬收入分配体系。建立垄断行业高管薪酬监管长效机制需要从以下五个方面入手：其一，实行以实际业绩为基础的激励机制。委托者、代理者间信息的非对称性和目标函数的差异性，导致激励问题的产生，高管是企业核心人才中的核心，对企业发展起着重要的作用，企业应该实行"基层高保障低激励、中层中保障中激励、高层低保障高激励"原则，对高管应该加大激励的力度。对高管进行考核时，剔除垄断业绩，使高管激励所依赖的业绩尽可能地逼近其努力程度的结果，即激励以实际业绩为依据，按实际业绩取得相应报酬，这样可以促使企业高管兼顾短期利益和长远发展，以免其为了短期利益，损害企业的长远发展。其二，充分发挥显性薪酬激励机制的作用。垄断行业企业规模大，其隐性收入不可小视。企业需要做好高管隐性消费的预算管理。预算管理是把被动管理变为主动管理的重要手段，薪酬委员会应严格制定垄断行业企业高管隐性消费的标准，并在年终对其执行情况进行评估和考核,并对执行情况进行相关信息披露,接受社会公众的监督。只有把垄断行业企业高管隐性收入控制在一定范围,显性薪酬才能真正发挥其应有的激励作用。其三,慎重选择制定股权激励的依据。薪酬激励组合中,需要固定薪酬与业绩薪酬、短期薪酬与长期薪酬紧密结合。垄断行业企业的表观业绩中含有环境业绩和互作业绩,如果根据表观业绩实施股权激励,势必造成高管的不劳而获。解决这个问题的关键是建立以实际业绩为基础的股权激励制度为股权激励手段提供依据,并且要确定好股权激励措施的强度,处理好短期激励与长期激励的关系。其四,建立高管薪酬与股东回报绑定及普通员工薪酬联动机制。垄断行业企业的表观业绩包含了实际业绩、环境业绩与互作业绩三个部分,实际业绩是高管带领全体员工共同努力的结果,同时高管业绩考核指标的依据在于企业战略目标。从这两个视角来讲,相应各方应分享业绩成果,实行高管薪酬与股东回报同普通员工薪酬联动机制就是分享业绩成果的保证,它有利于实现企业股东、高管和员工的利益兼容,达到多方共赢结果。高管薪酬增减的比例与股东回报增减比例联动,高管薪酬增减与普通员工薪酬增减联动。其五,薪酬追回制度。薪酬追回制度是近年来美国高管薪酬改革议案中最受关注的议题之一。尽管与垄断行业企业实际业绩挂钩的薪酬激励可以调动高管积极性,但在没有约束的情况下,如果滥用其权力带来的收益高于其所获得的薪酬,高管势必会损害企业利益去谋取私利。在相关薪酬约束方面,美国 2002 年的《萨班斯-奥克斯利法案》和 2010 年的《多德-弗兰克法案》的经验可以借鉴,这两个法案都是通过追回现任或者前任高管从企业获得的不当薪酬来实现对高管的约束。中国虽然没有明确以法律法规形式建立高管薪酬追回制度,但在《中华人民共和国民法通则》中涉及了高管薪酬追回制度的理念。从理论层面讲,基于垄断业绩获取的不当薪酬以及过度在职消费等隐性收入都在追回之列,其追回对象是负有责任的激励对象,包括对企业重大经营事项的决策及对董事会有影响力的现任和前任高管。至于追溯期限,则不应低于 5 年,以免他们抱着侥幸心理。中国应该鼓励垄断行业企业在法律规定的基础上再设置一些更为严格的薪酬追回制度,以对高管实施有效约束,从而实现外部监管与企业自治的良性互动。

7.2.1.4 完善垄断行业企业高管薪酬信息披露制度，从根本上消除垄断行业企业高管选择性披露高管薪酬信息的操纵空间

信息披露一直是监管机构对上市公司高管薪酬进行监管的传统手段，弗里德里希·哈耶克曾经说过"资源的任何配置都是特定决策的结果，而人们做出的任何决策都是基于给定的信息。因此，经济生活所面临的根本问题不是资源的最优配置问题，而是如何有效利用信息的问题"。股东和社会公众对垄断行业企业高管薪酬进行判断的基本前提是能够获得真实、客观、完整的相关信息，决策机制与信息披露的配合是对垄断行业企业高管薪酬进行程序控制的双保险。我国的当务之急，一是要尽快建立起垄断行业企业高管薪酬信息披露制度，使垄断行业企业高管的薪酬接受广大股东和公众的监督和社会公平检验。二是要进一步完善垄断行业企业高管薪酬信息披露机制，我们不仅要改进披露形式，还要拓宽披露的广度和加深其深度，涵盖薪酬制定主体、薪酬政策、薪酬决策程序、薪酬确定标准、现实依据、具体薪酬金额和构成组合等方面。沃克（Walker，2010）认为，深化企业长期价值的高管薪酬监管改革，应该强化对企业高管薪酬信息的全面披露。迪尤-贝克（Dew-Becker，2009）指出，企业应该披露高管所有有关的薪酬信息，不仅包括当前支付的所有薪酬，还包括未来支付的离职金计划、养老金和递延薪酬等。费林等（Ferraini，et al.，2010）指出，企业高管薪酬信息披露不能局限于公开企业高管薪酬方案的更多细节，关键是薪酬信息披露内容要准确、详细，提高对企业高管薪酬激励效率评估的准确性。美国与中国上市公司高管薪酬信息披露监管要求见表7-1。

表 7-1　美国与中国上市公司高管薪酬信息披露监管要求

美国	1938 年	SEC 首次要求上市公司在代理人声明书中披露高管薪酬信息
	1942 年	SEC 开始引入对高管薪酬采取表格披露的形式
	1992 年	将披露信息对象扩展到首席 CEO 及其他四名薪酬最高的高管
	2006 年	确立了以表格披露为主、叙述性披露为辅的高管薪酬披露模式
	2010 年	要求详细披露能够体现高管薪酬与公司业绩之间关系的所有信息

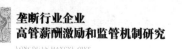
表7-1（续）

中国	1998 年	规定上市公司应当公告高管的姓名、简介及其持有本公司股票和债券的情况
	1999 年	规定公司应当定期向股东披露高管的报酬情况
	2001 年	对高管薪酬的年度报酬总额进行具体的要求，同时披露"金额最高的前三名董事的报酬总额、金额最高的前三名高级管理人员的报酬总额"
	2002 年	披露高管持有公司股票的变动情况
	2007 年	披露高管持有本公司股份、股票期权、被授予的限制性股票数量的变动情况
	2014 年	披露报告期内对高管人员的考评机制，以及激励机制的建立和实施情况

资料来源：根据 SEC Release、《中华人民共和国证券法》、《中华人民共和国公司法》等相关资料整理而成。

通过强制信息披露，一方面，企业股东可以便利地知悉高管的薪酬情况，从而对不合理的薪酬进行有效的监督，降低了股东为监督而搜寻相关信息的成本；另一方面，强制信息披露的压力迫使薪酬委员会认真履职，充分控制企业高管薪酬决定程序，设计出客观和公正的高管薪酬激励机制，从而降低垄断行业企业高管权力寻租的概率、防止其以权谋薪和自定薪酬现象的发生。透明的薪酬激励机制，有助于消除社会大众对垄断行业企业高管薪酬正当性的质疑。在垄断行业企业高管薪酬管理实践中，企业为了规避外部的政治成本（Jensen et al.，1990），或者因为企业薪酬信息泄漏而导致企业薪酬谈判力的减损（Lo，2003），企业自身通常缺乏自愿披露高管薪酬信息的积极性。随着近年来严重亏损或者破产企业高管的解职或离职，高管薪酬激励安排的具体细节就暴露出来（Bebchuk et al.；Bebchuk et al.，2005）。垄断行业企业高管薪酬实践的一些信息还隐藏过深，许多企业高管薪酬的重要信息没有完全披露。因此，强制高管薪酬信息披露已经成为各国政府监管的共同选择。1992 年，美国证券交易委员会提高了企业高管薪酬信息的披露标准，要求企业必须以图表的方式清晰披露高管薪酬的有关内容，并强制将企业高管的长期激励性薪酬列入信息披露的范围。2006 年，SEC 增加了企业高管薪酬信息披露内容，把退休福利、津贴以及薪酬总额等列入披露的范围。金融稳定委员会（FSB）2009 年 4 月颁布了《稳健薪酬实践准则》，同年 9 月又出台了《稳健薪酬实践执行标准》，对建立金融机构薪酬委员会、披露薪酬信息和改革薪酬制度进行全面规范。中国也不例外，自 1993 年的《股票发行与交易管理暂行条例》开始，1996 年又对上市公司的高管薪酬信息披露做出相关规定，中国上市公司高管薪酬信息披露制度历经了 20 多年的发展，建立起主要以法律、行政法规、部门规章和自律规则为基础的高管薪酬信息披露制度。但目前中国的垄断行业企业高管薪酬信息披露制度与发达国家相比，还存在信息披露分散、零乱并缺乏针对性，披露内容粗略，披露方式过于单调，高管薪酬结构披露不够充分，薪酬决策程序缺乏透明度，缺乏高管薪酬与企业业绩之间关联度的披露以及缺乏职务消费的披露等问题。针对中国垄断行业企业高管薪酬信息披露存在的上述问题，实践中企业为了切实提高垄断行业企业高管薪酬激励的透明度，挤压垄断行业企业高管选择性披露高管薪酬信息的操纵空间，提升垄断行业企业高管薪酬监管的有效性，信息披露需要做好以下工作：

第一，在信息披露模式方面。当前中国高管薪酬信息主要采取摘要式的方式披露，相关的薪酬信息较为零乱，在现有披露模式下，众多关键的高管薪酬信息分散隐藏在散乱的披露信息中，不利于相关主体对其进行有效监管。首先，垄断行业企业高管薪酬信息披露应基于整合原则，对相关薪酬信息进行集中予以披露。其次，垄断行业企业高管薪酬信息披露应该及时且持续，在年报中集中披露。再次，企业董事会对垄断行业高管薪酬方案做出重大修改的或制定新的高管薪酬方案的，要以临时公告的形式在企业高管薪酬方案制定或修改后的 10 个工作日之内对外公布。最后，应当拓宽披露渠道，要求薪酬委员会在企业年报的"董事会报告"中专门设置"薪酬分析与讨论"部分，并将图表、摘要式披露有机结合起来，提高管薪酬信息披露的质量。

第二，在信息披露范围方面。薪酬简表作为美国企业高管薪酬信息披露表格的核心，有效反映了高管薪酬信息，中国也应借鉴其要求垄断行业企业在年报中披露包含高管薪酬信息的薪酬简表。薪酬简表不仅包括薪酬总额，而且细化到薪酬总额的具体构成，包含固定薪酬、福利津贴、业绩薪酬、专项奖金、五险一金、年金、股权激励、递延薪酬、退休计划、职务消费以及其他任何形式的报酬。为有效解决垄断行业企业高管薪酬信息的披露内容过于粗略及简单的问题，监管部门应通过强制性披露要求的立法规制，完善股权薪酬的披露制度，说明薪酬支付的业绩条件和薪酬确定依据，阐明薪酬决定过程和薪酬实现条件，提高收入信息的透明度，全面集中披露垄断行业企业高管薪酬信息。针对非上市垄断企业，也要参照上市企业高管薪酬信息强制性披露要求，定期披露高管薪酬制度、薪酬水平、薪酬构成、考核评估结果等高管薪酬信息，督促披露垄断行业企业高管的隐性收入。尽管在操作层面上披露制度的执行还存在很大阻力，在英、美等发达国家，对高管隐性收入的信息披露制度也在探索之中，但对于中国来说，垄断行业所占比重较大，并且高管隐性收入高，拉大了非正常的贫富差距，由此引发了众多社会经济问题。因此，完善垄断行业企业高管薪酬的披露制度迫在眉睫。根据郭建军（2016）的研究，企业可以从三个方向去参考：一是明确职务消费的确定标准和计算方法；二是在年报中增加职务消费的专项披露，最好以薪酬简表的方式列示；三是控制并披露预算方案①。

第三，在业绩薪酬的披露监管方面。高管薪酬与企业业绩的敏感度是企业所有者最为关注的内容。目前，中国对于企业业绩与高管薪酬之间的相关性的信息披露还不明晰。垄断行业表观业绩中含有凭借垄断优势获取的垄断业绩，高管不能凭借表观业绩获取薪酬，获取薪酬依据应是剔除包含垄断业绩的环境业绩和互作业绩后的实际业绩，我们有必要将垄断行业企业高管薪酬决策依据的实际业绩信息纳入法定的披露范畴，并将实际业绩以表格形式进行披露，便于各利益相关者对高管薪酬与实际业绩的相关性做出正确评判。从企业治理角度来看，全面、清晰、准确地披露垄断行业企业高管薪酬与实际业绩方面的信息，有利于缓解垄断行业企业所有者和董事会、高管之间的信息不对称问题，降低他们的信息搜寻成本，促进董事会及其薪酬委员会敬业履职，降低高管薪酬决定过程中高管利用权力寻租的概率，提高薪酬监督

---

① 本部分内容参考了施延博（2012）、黄再胜（2016）、郭建军（2016）的相关论述。

效率，从而最终改善和提升垄断行业企业高管薪酬契约的激励效率（Lu，2003）。

7.2.1.5　运用税收调节机制作为调控收入差距的重要手段

在薪酬监管中，税收政策的运用主要有税收设计和税收征管，它是调控收入差距的重要手段，对企业所得税和高管个人所得税等做出相应的监管，以调整企业的薪酬成本和高管的收入水平，引导垄断行业企业设计出科学、规范、合理的高管薪酬机制以及促使企业高管薪酬水平趋于合理化和正当化，达到调控目的。通常社会大众对垄断行业企业高管薪酬存在质疑的原因主要有两个方面：一方面，垄断行业高管虚高的薪酬水平，垄断行业企业高管的薪酬水平过高，甚至有的垄断行业尽管是亏损的，高管的薪酬也还是高得离谱。另一方面，垄断行业企业高管薪酬与企业实际业绩关联度不高。税收对于第一个方面的调节主要是规定一个认可和合理的薪酬水平，针对超出部分实行征收高额税率或是不享受相关税收优惠。针对第二个方面，税收政策鼓励企业发放偏向某种形式的薪酬，特别是与企业实际业绩相关的薪酬形式，以此来鼓励企业强化高管薪酬与实际业绩的关联程度。同时，企业为了趋利避害、减少缴纳的税金，就会调整企业高管的薪酬结构，提高业绩薪酬的比重。这样税收政策不仅影响企业高管的税后薪酬收入，同时也直接影响了企业税后所得。因此，设计垄断行业企业高管薪酬激励机制时，企业需权衡税收政策对企业高管薪酬和企业所得的税后收益影响，以充分利用综合税收优势、兼顾国家、企业和高管的利益。通常来讲，在企业税后薪酬成本（净现值）一定的条件下，高管薪酬激励机制能够使高管获得的税后利益越多，其综合税收优势就越显著。从监管机理来看，企业高管薪酬契约设计的税收激励及其强度，源自高管薪酬综合税收优势的形成及其显著程度，税收监管高管薪酬的作用方式和范围都是非常特定化的，税收监管只能在特定的范围和程度上对高管薪酬进行调节，单纯依靠税收调控高管薪酬的路子是行不通的。

7.2.1.6　建立薪酬问责制，增强各监管主体的责任意识

实行责权利相统一，有权必有责，行权必受监督，增强各监管主体的责任意识，建立垄断行业企业高管薪酬问责机制。建立主体责任制度，既要增

强垄断行业薪酬委员会的责任意识，也要提高薪酬决策过程的透明度，提升高管薪酬与实际业绩的相关度，实现按绩取酬，使其垄断行业企业高管薪酬激励机制得到科学、合理和规范的构建。对于薪酬激励决策不作为、乱作为的薪酬委员会成员，实行严格的问责制度。同时，由薪酬委员会评估职务消费是否合理，对不当的隐性收入要严加规范，对决策失误给企业带来重大损失的，要根据损失程度，采取不同的责任追究制度。建立垄断行业企业高管责任终身追责制度，不能因为高管工作变动或者退休就免除其责任，对于触犯法律法规的，高管应承担相应的法律责任。对于垄断行业企业高管选择不当，造成重大损失的，要追究政府部门直接领导或相关决策人的责任。在严肃追究责任的同时，要加强案例总结和警示教育，不断完善薪酬责任制度，实现惩教结合、纠建并举方针，建立企业薪酬问责机制。垄断行业企业高管薪酬监管还需进行事前预防、事中控制和事后审计，建立终生责任追究制度，规范对垄断企业的审计监督。

7.2.2 市场监管：建立垄断行业企业高管薪酬的市场监管机制

完善的外部要素市场可对垄断行业企业高管薪酬激励机制发挥有效的监督制约作用。培育要素市场，健全外部约束机制，发挥其对垄断行业企业高管薪酬激励机制的监督制约作用。建立统一开放和竞争有序的现代市场体系，有利于提升市场配置要素资源的能力。资本市场竞争的实质是对企业控制权的争夺，其手段包括合资、分立、资产剥离、并购、联营、代理权争夺及杠杆收购等，如果企业的控制权发生改变，我们就称其为被接管，接管机制就是资本市场的竞争运行机制。这种接管对努力程度不够和能力欠佳的高管会形成无形的压力和威胁，迫使其提升努力程度，监督自己的机会主义行为（李子英，1998）。接管是有效防止高管损害企业利益、制约高管"败德行为""机会主义"和"偷懒行为"的有力手段。资本市场的健全与否可以反映企业经营状况，从而对垄断行业企业高管薪酬起到制约作用。在西方发达国家，广泛采用资本市场被作为监督和激励企业高管的有效手段。经理市场是一种特殊的市场，经理市场的实质是通过高管竞争选聘机制，解决由于信息不对称产生的"逆向选择"问题①。垄断行业企业高管薪酬最终由其自身价值决定，经理市场对垄断行业企业高管的定价机制使垄断行业企业在对其进行薪酬激励时有了具体的市场参考依据。在充分竞争的经理市场，能力不足或者业绩不佳的高管将被驱逐出经理市场之外，这有利于打破垄断行业企业高管行政任命高管的弊端，建立起垄断行业企业高管优胜劣汰的机制。同样，产品市场的完善也对垄断行业企业高管薪酬起着不可忽视的监控作用。产品市场的竞争对企业而言是最基本的，企业生存发展最终需要业绩作为支撑。不管高管内心多么强烈地想追求其他目标，也不管在一个不确定性和高信息成本的世界中找到业绩最大化策略有多么难，不能满足这一准则必定意味着企业迟早将从经济舞台上消失（王欣，1999）。随着产品市场的不断完善，市场竞争成为主旋律，竞争行业企业产品竞争使垄断行业企业产品形成巨大压力，从而可以监督高管努力提升经营管理水平，优化资源配置，提高企业实际业绩。尽管如此，中国产品市场的竞争仍然存在两个方面的问题：一是民营企业与国有企业面临的政策不对等的竞争条件。二是在中国产品市场上，存在较为严重的不正当竞争行为。以上问题影响了产品市场的可信度，我们需通过规范市场、建立公平竞争规则等来逐步解决。

　　充分竞争的外部市场为垄断行业企业和竞争行业企业创造了公平竞争环境，从而给垄断行业企业高管薪酬监管创造了良好的市场条件。竞争机制是一种隐性监督机制，它不同于显性监督，显性监督是通过契约，根据可观测的信息，建立企业实际业绩与高管薪酬的对应关系，从而监督高管行为。竞争可以把不能完全准确观测到的隐性信息反馈给高管，这会形成一种无形约束，有利于其强化自我监督。

7.2.3　行业监管：构建垄断行业企业高管薪酬的行业监督机制

　　法律法规监管存在的一个问题就是其交易成本较高，企业有时会得不偿

---

① 李韬奋等（2006）认为，经营者候选人的能力和努力程度的显示机制，是基于候选人长期工作业绩建立的职业声誉。秦锋和郁英（2000）认为，经理市场竞争机制不仅有助于克服"逆向选择"问题，竞争的压力还有助于降低高管的"道德风险"。

失。为了降低这方面的成本，垄断行业监管对约束垄断行业企业高管方面起着重要的作用，从某种程度上来说，它可以替代法律法规所起的监管作用。垄断行业企业的行业监管主要由企业所属行业的行业协会实施，行业协会扮演的主要角色是信息提供者、行动协调者和行业规范制定者。就信息提供来讲，垄断行业某种具体行业协会组织拥有买卖双方的信息库，具有较大的信息优势，它可以针对行业协会成员的信息需求提供相应的个性化信息服务。就协调功能来讲，它具有抵制不正当竞争、政策游说、联合申诉等协调一致的对外行动和实施行业协会内部的奖惩、降低交易成本、共享政策支持等好处。就制定行业规范来讲，主要是发挥行业协会的自律管理作用，通过制定行业制度来规范企业行为，具体包括行业自律公约、行业监督、行业章程、行业准则等。对行业内企业高管的监管主要体现在行业协会的行业权威、行业信息收集和内部声誉的无形惩戒，以及行业协会章程的处罚等方面，避免企业高管的掠夺式经营以及机会主义行为所造成的问题①。

7.2.4 企业监管：建立垄断行业企业高管薪酬的权力制衡机制

企业监管主要是通过在垄断行业企业产权制度、薪酬激励机制的决定权、规范隐性收入和内部监督上，建立起垄断行业企业高管薪酬的权力制衡机制。

7.2.4.1 企业所有权内涵的延伸，有利于发挥多重治理对垄断行业企业高管薪酬的监管作用②

唯物质资本论认为，企业资本增值目标优于人力资本产出目标，剩余收益的分享是以持有企业的股份多少为依据，而不是靠非物质资本劳动产出获得。而多重治理强调企业的目标要权衡利益相关者的利益，它把企业看成是物质资本和非物质资本的有机集合，它承认物质资本、非物质资本如人力资

---

① 本部分内容参考了樊炳清（2002）的论述。

② 杨瑞龙从企业理论模型出发，通过对"资本雇佣劳动"和"劳动管理型企业"的对比，以及对联合生产、收入分配和企业治理的研究，得出了共享所有权及利益相关者"共同治理"的优越性，从而为利益相关者的参与治理提供了基础，提出了"从单边治理"到"多边治理"（杨瑞龙，2001）。李维安研究的企业治理更多的是从"行政型治理"到"经济型治理"的转型，构建了"经济治理模型"，他认为利益相关者的外部治理是极为重要的一个方面。

本等产权的贡献，资本只要是稀缺的并且价值很大，就可凭借其资本的使用，参与剩余收益的分享。多重治理克服了唯物质资本主权治理、高管主导型治理和劳动雇佣资本的自治逻辑的缺陷，突破了股东至上、资本雇佣劳动的单边契约治理逻辑，同时将垄断行业企业所有权在各利益相关者之间多元配置，激发各利益相关主体对高管的监督积极性，使对其的激励与约束达到平衡，从而提高垄断行业企业治理业绩。近年来，管理层收购（MBO）、管理者股票期权（ESO）等股权激励就是多重治理逻辑在企业治理中的重要体现。企业治理结构主体多元化是现代产权内涵的逻辑延伸，它有助于对垄断行业企业高管薪酬的监管。因此企业治理结构主体多元化是企业所有权内涵的延伸，它有助于对垄断行业企业高管薪酬的监管。

7.2.4.2　构建薪酬委员会来避免垄断行业企业高管自定薪酬问题的产生

企业高管薪酬激励的理论基础是委托代理理论，企业为了降低代理成本，使企业和高管的利益最大化，必然会对高管薪酬水平和结构做出最有效率的安排。垄断行业企业高管薪酬激励安排必须符合以下三个原则：一是董事会下设的薪酬委员会与高管的地位平等，代表企业利益并按照企业利益最大化的原则，坚持企业利益至上原则。二是董事会下设的薪酬委员会在制定垄断行业企业高管薪酬激励方案时不受企业高管的制约，对企业高管薪酬激励机制建立拥有绝对的权力和权威，体现公平、公开和公正原则。三是企业股东能够很好地行使股东权利，监督并促使最有效率的薪酬方案得到真正实施，体现效率原则。董事会由于受到时间、空间、专业等方面的制约，这个任务自然落在董事会下设的薪酬委员会。伊莎美尔（Ezzamel）和威尔逊（Wilson）认为薪酬委员会可解决企业高管内部人控制问题，避免其自定薪酬，确保企业所有者的利益不受侵犯。薪酬委员会是独立于企业经营层面的，它的独立性、客观性和公正性保证了其能对董事会负责，也能被企业高管接受。垄断行业企业高管薪酬激励关注的不应是高管薪酬的绝对水平，而应是重点去看薪酬的支付是否客观、公正和合理。在英美资本市场发达的国家，企业董事会都会下设一个专门的薪酬委员会。这样一来，一方面使得高管支付的薪酬能够符合企业发展战略的要求，另一方面也使得为高管们支付的薪酬公平合理并且有竞争性。

薪酬委员会是董事会按照股东大会决议设立的专门工作机构，主要负责制订薪酬计划并最终执行薪酬计划，它是独立于企业高管的，对董事会负责。薪酬委员会成员的选择，可以是已经退休的管理人员、外部管理咨询顾问、学者、专家、律师、其他公司的管理人员，等等。同时，薪酬委员会成员中独立董事的比例是很重要的，独立性强更能体现高管薪酬治理的公平性和合理性。薪酬委员会的任务极具挑战性，它必须在股东利益和高管利益之间寻求一个平衡，通常设薪酬委员会主席、秘书各一人。垄断行业薪酬委员会的主要职责是负责确定企业高管薪酬理念和政策方向；制订企业高管薪酬激励计划，包括薪酬结构、薪酬水平、薪酬支付方式；设定并定期评估企业高管实际业绩，确保高管的薪酬建立在实际业绩的基础上；负责高管薪酬计划的执行，以及相关信息的公开和披露；指导并监督企业高管薪酬管理实施情况，对薪酬政策和实施过程中的投诉或突发事件进行最终处理和仲裁。

7.2.4.3 严格控制隐性收入和消除灰色收入以充分发挥显性薪酬的作用

对在职消费等隐性收入成因的研究主要集中在两个方面：代理观和效率观。代理观认为，在职消费等隐性收入是高管在实现自身利益最大化时损害企业利益的行为，是代理成本的一部分，是监管机制不完善造成高管权力滥用的结果。经济学研究在职消费最早源于格罗斯曼等（Grossman et al.，1980）、耶森等（Jesen et al.，1976）、耶森（Jensen，1986）等对最优激励契约的分析。国内研究着重于实证分析，他们认为在职消费是一种替代性的收入方式。与代理观不同，少数持有"效率观"的学者认为在职消费可提高经营效率，是等同于薪酬激励的另一种手段，起着正向激励的作用。拉詹和沃尔夫（Rajan & Wulf，2006）首先提出在职消费可以提高管理者的生产效率。赫希（Hirsch，1976）认为在职消费是管理者在企业中地位的象征，代表着"权威"，而"权威"有利于减少企业的交易成本，这可以看成是"效率论"的延伸。实际上，代理观与效率观虽然在理论上是相左的，但实质上是一致的。法玛（Fama，1980）认为在职消费其实是另一类激励补偿方式，对薪酬有替代作用。董事会下的薪酬委员会与高管多次博弈，按照实际业绩的高低对其薪酬激励和在职消费进行相应调整，当激励作用大于消耗带来的成本时，契约是有效的。因而，在职消费的"成本"和"效率"本身是动态变动的。

垄断行业企业高管薪酬过高是企业凭借垄断地位取得的垄断业绩并进行分配的结果，由于垄断行业内攀比以及薪酬增长的刚性关系，仅靠对垄断行业企业的高管进行限薪约束是不够的，关键要打破垄断势力、促进竞争，截断决定薪酬的不合理纽带，并监控行业内薪酬激励的行政调节情况。垄断行业企业高管薪酬监管流程分为事前预防、事中控制和事后审计，建立终生目标责任追究制度，规范对垄断行业企业的审计监督。金融危机后，各国都对垄断行业企业高管薪酬实行限制，出台了相关政策，这些对高管薪酬确实起到抑制作用，但又产生了新的问题：部分垄断行业企业长期保持低薪酬水平，但高管仍然不愿意离开企业，主要原因是高管的控制权收益弥补了显性薪酬的不足，企业高管在职消费等其他收益脱离了监管。实际上高管有足够的条件通过畸形的职位消费等隐性收入或灰色收入达到享受的目的，具体表现在以下方面：一是过度进行职务消费。在职消费是企业高管为履行工作职责而发生的消费性支出以及享有的待遇。垄断行业企业高管竞相攀比，追求超高标准的在职消费，如超豪华办公室、超标准接待、昂贵旅游开支、超标准公款用车、进入高档娱乐会所等，而这些费用最终都由垄断行业企业买单，过度的在职消费降低了垄断行业企业资金有效利用率。二是洗钱。某些垄断行业企业高管利用最终委托者"虚位"造成"内部控制人"成为垄断行业企业的实际控制者，他们利用不合法的手段获取垄断行业企业资产或利润，然后通过各种"合法"途径将其转移到高管个人或亲朋好友的名下。三是寻求职务升迁。部分高管利用职位消费之便，通过行贿等不正当手段腐蚀主管领导，以寻求职务升迁。垄断行业企业高管灰色收入和隐性收入太多，灰色收入和隐性收入对显性薪酬具有很强的替代作用，势必严重影响显性薪酬激励措施的发挥，弱化了薪酬激励措施的有效性。因此，应按照《中央管理企业负责人薪酬制度改革方案》和《关于合理确定并严格规范中央企业负责人履职待遇、业务支出的意见》的要求，健全高管薪酬激励和监管机制，规范垄断行业企业收入分配秩序，保护合法收入，调节过高收入，消除灰色收入，规范在职消费科目，制定量化标准和严格预算管理。只有如此，才能充分发挥显性薪酬的作用。

7.2.4.4 建立垄断行业企业高管内部监管机制，保障垄断行业企业高管薪酬激励机制有效实施

垄断行业企业高管薪酬激励和监管二者缺一不可，缺少其一会使两者都失去应有的效果，只有两者协调配合，才能使激励和监督约束发挥出最好的效果。企业内部监督约束机制是保障垄断行业企业高管薪酬激励机制实施的基础。如果企业监督约束机制无效，企业高管权力不受制约，造成"内部人控制"的局面，企业高管以权谋私难以避免。因此企业内部有效的监督约束机制是企业薪酬激励机制有效运行的有力保障。

（1）完善企业治理结构，合理界定和强化企业股东、董事会、监事的监管职责。企业治理理论研究的核心是促使高管努力工作，能使高管努力工作的途径包括激励和监管两个方面。因此，企业治理理论就是围绕激励和监管两条主线逐渐发展起来的。各监管主体要权衡收益与监督成本之间的关系，选择最佳的监督力度，以寻求最优的净收益。在激励机制条件下，企业同样需要加大监督力度，以避免高管道德风险行为的发生，企业应该选择投入适当的监督成本，以期实现其收益最大化或代理成本最小化。垄断行业所有者的缺位加大了"内部人控制"所带来的代理成本，高管作为利益相关者中的一方，其薪酬计划如何推行、实行的效果如何，与企业治理结构的安排密切相关。如果股东大会、董事会、监事会的约束松散，企业内部控制薄弱，高管权力无限膨胀，那么高管就会倾向于滥用权力以获取私人利益，既然可以轻易地操纵财物，方便公款消费，甚至将企业的资产方便地据为己有，又何必在意辛苦劳动所得的薪酬，薪酬的激励作用就难以发挥作用。股东大会选举产生董事会，董事会选聘高管，它们之间是一个纵向的层层授权关系，每一方的权力和责任都受到《公司法》的保护和制约，任何一方都不允许越界，职责不能错位，更不能滥用权力。

第一，股东大会。企业权力机构是股东大会，股东大会拥有选举和更换董事、监事的重要权限，对企业的监管起着重要的作用。股东大会监管的有

效性很大程度上取决于企业的股权结构，改善垄断行业企业一股独大的局面，除关系国计民生和国家安全的产业外，其他垄断行业企业的一股独大的特大股东应当"减持"，建立混合所有制是一种较好的方式。

施莱弗和维什尼（Shleifer & Vishny）于 1986 年提出了大股东在企业治理中充当重要角色的理论。阿西莫格鲁（Acemoglu，1995）和迈尔斯（Myers，2001）证明了大股东治理面临控制权收益与外部股权集中所导致的内部人激励低下的两难冲突。特别是当处于控制性地位的股东较少时，就会出现监管过度现象。这就需要调动所有股东监管的积极性，形成监管合力，防止大股东侵害和政府公权力的不适当介入。对此，要实现所有股东权力平等，大股东不能搞特殊享有特权，对中小股东应该实行累积投票制，使其有参与监管的权力，并赋予股东平等话语权。在企业薪酬治理实践中，股东可以利用投票权、提议权或起诉权，对企业高管薪酬决定提出建设性的意见，甚至通过向董事会下的薪酬委员会施加影响，对企业高管薪酬激励的具体安排做出相应调整。在企业高管薪酬的决定过程中，提高股东话语权，特别是中小股东话语权，可以加强薪酬委员会与股东的事前交流（Deloitte，2004），促进薪酬委员会更多采用"最佳实践"（Balachandran et al.，2007），着力降低股东行权成本，提高中小股东参与企业治理的动力，从而提升垄断行业企业高管薪酬治理效率。

第二，董事会。董事会是企业治理的核心，董事会直接对其股东负责。威廉姆森（Williamson，1985）认为企业董事会主要应被视为保护股东权益的工具。德鲁克（2009）强调了董事会对高管的控制作用。董事会是决策机构，最主要的是强化其战略决策功能，但决策职能内是否包含监督职能？这就涉及董事会是否需要设置审计委员会以及董事会与监事会的职能分工问题。分析管理学、政治经济学、企业治理等理论，决策内含监督职能，我们可以得出，答案是肯定的。这意味着董事会下设审计委员会，其职能主要是侧重事前监督，与监事会的职能并不冲突。在企业治理中，企业高管薪酬激励安排由董事会下设的薪酬委员会制定，但需经董事会批准。至关重要的是薪酬委员会是否有能力、是否有独立决策权以及能否适时监督。增强董事会及其薪酬委员会的独立性，强化其监管职责①，成为理论界和实务界的共识。董事会是否有必要设置各个专门委员会，要根据具体情况而定，不宜硬性规定。董事会对高管的监管主要是通过董事会规模、独立董事、董事长设置、审计委员会和薪酬委员会来实现。关于董事会规模，大部分研究发现，董事会规模越小，监管效率越低（Yermack，1996；Core et al.，2000）。独立董事对高管行为的监管主要是事前监管，科尔等（Core et al.，2000）研究发现董事会的监管效率依赖于独立董事，董事会中必须要有不少于50%的独立董事。博伊德（Boyd，1994）的实证研究结果显示，独立董事的比例与高管薪酬呈负相关。这证明独立董事的监督作用是一种替代效应。何俊以"内部董事人数占董事会成员总数的比例"，即"内部人控制制度"来分析上市公司董事会的特征，得出上市公司的"内部人控制"问题与股权向国家股东或法人股东的集中有关，随着股权的集中，内部人控制问题越来越严重。企业董事会中，内部人控制程度越高，对企业的监管就显得越困难，监管越趋于无效，特别是在董事长兼任企业总经理、两权合一的情况下，内部人控制现象加剧了董事会对企业监督的无效性。布里克利等（Brickley et al.，1997）和科尔等（Core et al.，2000）研究得出，董事长与CEO的兼任削减了董事会的监督效率，导致了更高的CEO薪酬，实行董事会"集体决策、个人负责"的决策机制，强调董事会的独立性和董事的个人责任。董事会要以外部董事为主，而且选用的外部董事要有企业管理经验，具有相应素质以及相对独立的决策能力。

在垄断行业企业治理模式上，一定要避免两种极端现象，一是政府监管部门与作为监管对象的垄断行业企业高管互换现象（国外戏称为"旋转门"现象）。二是垄断行业之间高管对调现象。这两种做法在中国垄断行业时有发生，完全违背了企业治理的要求。因此，理顺垄断行业企业人事管理是建立

① 开展落实中央企业董事会职权试点，要坚持党的领导，坚持依法治企，坚持权责对等，切实落实和维护董事会依法行使中长期发展决策权和经理层成员选聘权、业绩考核权、薪酬管理权以及职工工资分配管理权等，推动形成各司其职、各负其责、协调运转、有效制衡的公司治理机制。要完善权力运行监督机制，加强和改进出资人监督（节选自2016年12月30日习近平总书记主持召开中央全面深化改革领导小组第三十一次会议讲话）。

规范的企业治理结构的关键，而理顺企业人事管理的关键是企业高管的产生机制。董事会按照市场化原则对垄断行业企业高管进行选聘。高管的经营能力是一种人力资本，这决定了直接准确度量的内在困难，可以采用"能力标记"来达到间接选择的目的。对垄断行业企业高管进行早期甄选鉴别，克服垄断行业企业高管仅靠行政手段主观任命的弊端，从而解决"逆向选择""道德风险"等代理问题。

　　第三，监事会。监事会是代表股东大会独立行使监督职能的重要制衡机构，其监督对象是董事和高管，其监管职能与独立董事不同，监事会对高管行为的监督主要是事中监督和事后监督，其监督职权按《公司法》规定主要包括三项，即检查企业财务；对董事、高管履行职务时违反法律、法规或企业章程的行为进行监督；当董事或高管的行为损害企业利益时，要求董事和高管予以纠正。但实证研究表明，目前企业监事会没有充分发挥上述职能，从而导致企业治理结构失衡。实践证明，企业监事会监督效果有限，企业因此可以考虑在中短期采取加强外派监事的方式，而且坚持"高派"，突破现有监事会"下级监督上级"的局限性。在日本，企业一般设立独立的监督机构，即监察人制度，监察内容主要是业务监察和会计监察，为避免监察人对董事会的依附，保持独立性，其薪酬由企业章程规定或由股东大会会议确定（斯道延·坦尼夫 等，2002）。垄断行业企业应该效仿日本的监事方式，引入独立监事制度，目前还可以采用外派监事的方式。这种制度不仅是对企业高管薪酬的监督，还涉及企业的方方面面，它主要是从垄断行业国有资本产权角度进行监督，有明确的监管范围，但前提是不影响垄断行业企业的自主经营。

　　（2）发挥利益相关者的作用，形成对垄断行业企业高管的全方位监督。利益相关者指向企业投入了资源或由于企业经营活动而受到影响的个人或集团。利益相关者是依靠企业来实现其个人目标，而企业也依靠他们来维持生存与发展，按照多个发达国家 1989 年以来的利益相关者实践，除股东外，利益相关者还包括政府、市场、债权人、高管、普通员工、销售商、供应商、社区等个人、机构或组织、新闻舆论机构①，由于它们与企业的利益密切相关，它们就有动力积极参与到企业的监督中。对于垄断行业而言，如此多的利益相关者介入企业监督，各自发挥不同的作用，能够防止和纠正监管决策信息的扭曲，减少监管者与被监管者间的信息不对称，他们在一定程度上享有企业的控制权，还有利于决策的民主化和科学化，实现企业的共同治理。垄断行业企业不仅要强化股东大会、董事会、监事会等的监督和制约作用，还需要发挥利益相关者对其高管行为的监督作用。

对垄断行业企业高管监管是企业治理的重要部分，主要通过股东、董事会、监事会、市场、政府、国资委、法律等方面来进行监管。股东对高管的监管是通过企业董事会和产权交易市场来行使的。企业董事会和监事会对高管的监管主要是表现在企业经营权的监督上，这需要企业先完善董事会和监事会相互协调的机制。市场对企业高管的监管主要体现在产权交易、产品市场和经理市场上。而利益相关者是通过金融机构和债券持有者等来对高管进行监管的。

7.2.5 监管整合：构建垄断行业企业高管薪酬内部监管与外部监管的协同机制

鉴于垄断行业企业高管薪酬扭曲的现实的特殊性和面对收入分配领域出现的问题，政府、市场、行业和企业该如何界定它们各自的职能，如何创建更有利的宏观、中观和微观环境来为垄断行业企业高管薪酬激励机制的运行提供良好的条件？垄断行业企业高管薪酬监管问题是现代企业理论研究和实践运行的重要命题，以上阐释的薪酬监管基本涵盖了垄断行业企业高管薪酬监管机制构建的诸多内容，归纳起来主要包括内部监管与外部监管两个方面的问题，这些问题环环相扣，紧密相关，势必触及产权结构、治理问题、政府监督制约等方方面面，企业必须多管齐下、系统设计和配套改革。垄断行

---

① 美国次贷危机发生之后，许多得到联邦政府救助的金融企业仍旧给予其高管数亿美元的分红，新闻媒体报道后，此举受到社会极大关注和强烈批评，部分金融企业因而取消了年终分红，这说明新闻舆论监督在一定程度上可以发挥约束企业不当行为的作用。

业企业高管薪酬激励机制的复杂性、动态性、效率性和公平性，决定了监管手段的多样性，而且各监管手段需协调一致，短期限薪手段要与长效监管机制结合，外部监管要与内部监管协同。企业内部监管的不足本身就是高管薪酬激励机制失灵的一个重要诱因，内部监管的不足需要外部监管进行弥补。鉴于外部监管也有失灵的可能，其作用的发挥实际上也无法离开内部监管的有效配合。从这个意义上讲，垄断行业企业高管薪酬监管机制应当体现外部监管与内部监管的互动与协调。强化薪酬内部监管和外部监管的互动和协同性，有利于市场稳定和社会公平，有利于充分发挥微观主体的能动性和创造性，使外部监管和企业自治之间达成平衡，形成彼此呼应和相互配合的格局①。

7.3　垄断行业企业高管薪酬监管制度安排

鉴于垄断行业企业高管薪酬监管机制的不健全，企业需要建立与垄断行业企业高管薪酬监管机制相适应的薪酬监管制度，建立垄断行业现代企业薪酬监管制度是一条可行之路。垄断行业现代企业薪酬监管制度需要以薪酬监管理论为指引，以实现垄断行业企业高管薪酬监管目标为核心，建立适应现代企业制度运行规范，与薪酬制度改革有机衔接的薪酬监管系统。关于垄断行业企业高管薪酬监管制度的构建，主要包括垄断行业企业高管薪酬监管基本制度、薪酬监管组织制度、薪酬监管责任制度和薪酬监管管理制度四个方面。

---

① 本部分内容参考了施庭博（2012）的相关论述。

7.3.1　垄断行业企业高管薪酬监管基本制度和组织制度

薪酬监管基本制度是垄断行业企业高管薪酬监管的基础，是企业高管行为的最高准则，它在垄断行业企业薪酬监管制度规范中决定了企业监管性质和监管主体的一类制度。薪酬监管基本制度主要包括企业的法律和财产所有形式、企业章程、股东大会、董事会、监事会等方面的监管制度和规范，它规定并确立了垄断行业企业利润分配办法、薪酬激励等基本制度。垄断行业企业高管薪酬监管组织制度是企业监管制度的重要组成部分，它是包括企业高管在内的企业全体员工都需遵守的基本规范和行为准则，在实践中，薪酬监管制度通常的呈现形式为章程、条例、守则、规程、程序、办法和标准等。

7.3.2　垄断行业企业高管薪酬监管责任制度

垄断行业企业高管薪酬监管已经成为中国垄断行业全面深化改革的重要方面，对于目前垄断行业间、垄断行业与竞争行业间、垄断行业企业内高管与普通员工间、不同地区薪酬的不合理差距，政府有责任对其实施宏观调控，规范企业高管行为，构建科学、规范、合理的垄断行业企业高管薪酬激励机制并提供与其匹配的运行环境，在保障效率的基础上兼顾公平。需要明确的是，处理好包括政府在内的各监管主体的分工和协作，分工依据是要有专门部门或机构肩负起综合监管的职能，避免群龙无首的问题，即形成以某一监管主体为龙头，其他监管主体在各自职责范围内履行相应监管职责的统一监管体系，切实解决条款分割、职责不清、职责交叉、看似都负责其实又都不负责的问题。建立起各监管主体的协调机制，发挥薪酬监管整体作用。只有这样，企业高管薪酬监管才有监管责任制度的保障，才有良好的监管体制条件。垄断行业企业高管薪酬监管责任制度建立在对企业监管主体合理分工的基础上，进行职责划分的制度，各监管主体明确各自的监管权力、责任以及相互关系，是促进企业发展的动力和制约因素。现代企业大都采用权责统一的责任制度，监管人若不能履行其监管职责，相应的权利则随之丧失。这种责任制度，一方面解决了资产代表监管主体缺位的问题；另一方面也解决了盈亏责任不清的问题。

7.3.3　垄断行业企业高管薪酬监督管理制度

垄断行业企业高管薪酬监管管理制度是企业管理活动中用来监管的针对性制度安排。现代企业薪酬监管主体符合现代企业制度运行规范，按照现代企业制度要求，合理界定政府、企业、市场、行业等监管主体的责、权、利，建立相应的薪酬监督管理制度。调整不适应当前企业高管薪酬监管的法律法规，建立企业高管薪酬监管部门和企业各监管主体的信息共享机制，分析和监测垄断行业企业高管薪酬发展动态，监控高管薪酬激励风险，构建风险性收入预警体系。建立基于企业实际业绩的考核体系，制定具有指导性的垄断行业企业高管实际业绩薪酬标准，确保收入能增能减及调节过高收入的有效制度供给。建立垄断行业企业股东薪酬话语权制度、企业高管薪酬信息披露制度，引入薪酬委员会制度、薪酬追回制度等监管制度。

垄断行业企业高管薪酬监管机制要求建立相应的薪酬监管制度和创造良好的监管体制，也就是说，薪酬监管机制的构建和运行需要监管体制①的支撑和保障。只有建立与垄断行业企业高管薪酬监管机制匹配的薪酬监管体制和薪酬监管制度，薪酬监管机制才能发挥其应有的作用。薪酬监管机制、监管体制与监管制度不是相互割裂的，而是相互关联、相互配合、相互补充和相互适应的。薪酬监管制度可以规范监管体制的运行，监管体制可以保证监管制度得以执行。对薪酬监管体制和薪酬监管制度来说，如果没有一套行之有效的薪酬监管机制来加以保障，再好的薪酬监管制度安排和薪酬监管体制环境的搭建也会变得虚无缥缈，其薪酬监管制度和监管体制也就失去存在的价值。薪酬监管机制、监管体制、监管制度的联动关系取决于三者之间的协调

---

① 中国对自然垄断行业政府监管体系改革的核心问题是对监管机制、监管体制和监管制度的改革，但三者始终呈现相互割裂状态，主要体现在三个层面：一是监管机制先行的背后得不到监管体制支撑和监管制度保障；二是监管制度建设并未充分考量监管机制和监管体制诉求；三是监管体制在监管机制和监管制度之间没有起到有效的沟通与桥梁的作用（刘佳丽，2014）。据此，垄断行业企业高管薪酬监管机制构建需要监管体制条件和相应监管制度。

程度、匹配程度和适应程度。任何一个层面的运作方式被扭曲、无法发挥其正常功能时，都最终阻碍薪酬监管整体效应的发挥。

7.4 垄断行业企业高管薪酬激励与监管机制的协调配合

企业是最有效的组织形式，企业所有者和高管间由于信息的不对称和目标函数的不一致，产生了代理问题。如何在兼顾高管利益最大化的同时使企业利益也得到最大化，解决这个问题的关键是强化垄断行业企业高管薪酬激励和监管机制的协同问题，在激励与监管目标上、在激励与监管引导和约束高管行为上、在准确评估企业实际业绩并与薪酬激励联结上、在控制高管在职消费等隐性收入发挥显性薪酬机制的作用上等，从正激励和负激励两方面形成合力，促使垄断行业企业高管薪酬激励与监管机制的协调配合。

垄断行业企业高管薪酬激励目标的实现是垄断行业企业高管薪酬激励与监管机制共同作用并协调一致的结果。垄断行业企业高管薪酬激励与监管机制的协调并不是两者的简单加总。从内涵上看，两者要协调一致，不仅需要在宏观上垄断行业企业高管薪酬激励与监管机制的各自目标体系的融合，还需要在微观上垄断行业企业高管薪酬激励与监管机制内的各组成要素的协调，机制内各激励与监管机构设置、结构配置、职能分工以及激励与监管工具的设计与实施等因素的相互配合、相互作用与相互促进。与此相联系的概念是配合力，即薪酬激励与监管机制间、机制各构成要素间的相互支撑程度、匹配程度、协调程度和协同程度。薪酬激励与监管机制的配合力高，可以实现企业与高管间的激励兼容，配合力低则表示薪酬激励机制与监管机制间存在非协调性，如薪酬激励缺乏制定依据、薪酬监管机制存在体制障碍，等等，这样不利于企业和高管目标的实现。薪酬激励机制与监管机制协调配合，从而实现薪酬激励与监管目标的同步达成。其中，薪酬激励机制是核心，监管机制为薪酬激励机制提供保障，高管的一切行为均要在既定的激励与监管契约框架内进行，两者并非各自独立，而是在以兼顾高管自身目标的同时使企业目标也得以实现为整体来发挥自身作用的基础上得到统一。薪酬激励与监管机制的各要素高度协调可以获得各自体系功能的改善，协调的最终结果和最高境界是形成核心能力，薪酬激励与监管机制的各要素间形成相互支撑、相互强化、相互促进的局面，薪酬激励与监管机制的协调配合可产生杂交优势，发挥"1+1>2"的效果，进而实现激励与监管目标。

科学、合理、规范的薪酬激励机制对监管机制保障产生自发需求，滞后的或者不完备的监管会在协调过程中根据薪酬激励机制要求进行修改与完善。薪酬激励机制与监管机制协调不但可以取得各种杂交融合的好处，而且可以获得比两者简单相加更大的收益。这种源自市场自发力量和政府的推动，是一种自发与非自发相结合的协调。当薪酬激励机制与监管机制的构建和实施出现偏离时，委托者或监管者应遵循市场经济规律及薪酬激励与监管机制本身的发展规律，依照机制内各因素之间的偏离程度，及时对其进行调整。企业在微观上要避免过多的行政干预，积极运用引导帮助、搭建平台、创造环境等辅助性手段，对薪酬激励与监管机制实现协调一致起到积极的促进和推动作用[1]。

监管机制与激励机制协调配合，保证垄断行业企业高管薪酬激励机制的构建更加科学化、合理化和规范化，同时创造良好的实施环境，使垄断行业企业高管薪酬激励机制与实施环境的最佳搭配，充分发挥垄断行业企业高管薪酬激励机制的效果，也只有这样，垄断行业企业高管薪酬监管机制最终才能达到目的。

我国正处于全面转型期，与成熟的市场经济国家比较，薪酬激励与监管的范围要更广、内容更多、面临的约束条件更大、任务更艰巨。在这种情况下，对垄断行业企业高管进行薪酬激励与监管，更是需要强调系统设计和整体协调推进，企业在步骤、时序、速度、程度等的安排上也要同步实施，必

---

[1] 本部分内容参考了刘佳丽（2014）的相关论述。

须标本兼治，多管齐下，监管各主体要密切配合，政府、市场、行业、企业各方面要发挥作用，努力构建在效率基础上兼顾公平的多层次监管体系，为科学、合理、规范构建垄断行业企业高管薪酬激励机制及其有效运行保驾护航，从而实现薪酬激励与监管目标。

第 8 章
研究结论与政策建议

本书揭示了垄断行业企业高管薪酬激励与监管问题产生的逻辑必然性并剖析了中国垄断行业企业高管薪酬激励与监管改革进展中的问题，对垄断行业企业高管实际业绩进行了准确测算，对垄断行业企业高管薪酬与企业业绩相关性实证分析，构建了垄断行业企业高管薪酬激励和监管机制，得出以下研究结论，并据此提出相应的政策建议。

8.1 研究结论

根据本书研究成果，可以得出这样一些基本结论：

第一，垄断行业企业高管薪酬虚高，腐败问题频繁被曝出，委托代理问题日益严重，垄断行业企业高管薪酬激励与监管机制作为解决委托代理问题的主要方式，解决的关键是促进垄断行业企业高管薪酬激励与监管机制的协调发展。垄断行业企业高管薪酬激励与监管机制作为彼此相互依赖的两个体系，垄断行业企业高管薪酬激励与监管机制协调发展的过程，既是薪酬激励与监管目标协调的过程，又是薪酬激励与监管体系内各种要素相互调整、相互作用、相互适应的过程。通过正反两方面引导并规范垄断行业企业高管的行为，充分激发其潜能，使其最大限度地发挥积极性，提高努力程度，创造更多的实际业绩，强化实际业绩与高管薪酬激励的联结，实现高管自身目标与企业目标的高度融合。

第二，准确评估实际业绩是规范垄断行业企业高管薪酬激励问题的前提，依据生物学上表型值和育种值评估原理，采用 BLUP 法建立了垄断行业企业实际业绩评估模型（BLUP-APE 法），对垄断行业企业实际业绩进行了定量测算，剔出包括垄断业绩在内的环境业绩和互作业绩，得到了垄断行业企业实际业绩测算值，在此基础上以实际业绩为依据设计垄断行业企业高管薪酬激励机制。垄断行业企业表观业绩不仅包含高管贡献，还包含垄断业绩在内的环境业绩和互作业绩。通过比较垄断行业企业与竞争行业企业的实际业绩、企业 EVA、表观业绩测算结果以及分析其与高管薪酬回归结果，我们发现，本书对企业实际业绩的定量测算是十分有效的，与其他业绩评估指标对比，应用实际业绩评估法即 BLUP-APE 法测定并以实际业绩为依据构建垄断行业企业高管薪酬激励机制具有明显优势。实证分析结果表明，企业不应该将企业表观业绩作为垄断行业企业高管薪酬激励的制定依据，而应该把企业实际业绩作为薪酬激励的制定依据。同时，不应该使用"高管薪酬—企业表观业绩匹配度"来衡量垄断行业企业高管薪酬激励机制的合理性，应使用"高管薪酬—企业实际业绩匹配度"来衡量垄断行业企业高管薪酬激励机制的合理性。

第三，通过垄断行业企业高管薪酬激励机制分析，我们发现垄断行业企业中在职消费、薪酬激励机制不合理、缺乏相应监管、企业治理结构不完善等问题仍旧十分严重。垄断行业背景的特定性、体制安排的特殊性及激励监管制度的滞后性决定了在解决垄断行业企业现实存在的问题时，我们需要将其纳入一个统一框架内系统思考。垄断行业企业高管虚高的薪酬成为社会大众关注的焦点，但垄断企业的监管机制却被看成是成本高和收益低的方式而被忽视。中国垄断行业企业内部治理结构的不合理、要素市场的不完善、外部法律法规等不健全使其对高管薪酬激励机制的监管存在问题，企业高管薪酬激励机制缺乏有效运行基础。垄断行业企业高管薪酬激励机制的科学构建和垄断行业企业高管薪酬激励机制的有效运行，都需要有效监管，监管目标不是对高管进行限薪，而是保障企业激励目标的实现。监管垄断行业企业高管薪酬激励机制的关键在于建立企业高管权力的制衡机制。

第四，垄断行业企业高管潜力必须在"最适宜环境中"得到充分表达，最适宜环境除了要有科学、合理、规范的企业高管薪酬激励与监管机制外，还必须要有相应的控制权激励、声誉激励、晋升激励等措施的有机结合，以及其他有利的外部条件，特别是制度建设和体制环境。在市场经济条件下，垄断行业企业高管薪酬激励应该成为企业高管激励机制的最主要内容，它能够兼顾企业与高管各自利益，但薪酬激励的效果却不是无限的，这就要求企业应充分考虑到企业高管需求的动态变化，把薪酬激励与精神激励有机结合起来，发挥最大的激励效果。同时需要有匹配的体制环境和相应的制度条件，垄断行业企业高管的潜能和才能在"最适宜环境中"得到激发，使其创造更多的实际业绩。

8.2 政策建议

根据研究的成果和研究结论，本书对垄断行业企业高管薪酬激励和监管机制提出以下政策建议：

第一，垄断行业在建立现代企业制度的实践中，要特别重视和突出强调企业高管的主体地位和作用。垄断行业与竞争行业不同，在垄断行业企业中，政府既作为企业所有人代表，同时又是行使国家行政职能的一方，在企业治理结构中同高管相比，具有明显的优势。而高管是企业战略的制定者和实施者，也是代理问题的核心。因而，垄断行业企业高管的人力资本价值及权益要求应该得到保护，如何有效激发高管潜能，如何引导和规范高管行为，使高管目标函数与所有者的目标函数保持一致，是企业治理理论经久不衰的核心课题。

第二，完善政府对垄断行业企业高管薪酬制度的宏观调控手段和强化垄断行业企业高管市场化薪酬分配导向。政府应该在垄断行业企业高管薪酬的监管问题方面做到"有所为"和"有所不为"，政府不直接干预企业高管薪酬收入分配，不要采用层层实行行政指令的方式去作为，不应该对高管的总薪酬进行限制，也不能直接使高管总薪酬与一般员工薪酬保持一定比例，但这并不意味着对其完全放任不管，对于承担保证高管生存功能的固定薪酬部分，可以使其与一般员工保持适当的比例，即对这部分薪酬实施限制。同时，在"完善市场评估要素并按贡献分配的机制"上做文章，加快完善人力资源市场等要素市场体系，加大垄断行业整体改革力度，规范市场分配的制度环境，综合运用法律、经济、信息和必要的行政手段进行必要的调控，合理调节初次分配和二次分配，有效解决生产要素配置效率低下和收入分配不公平的问题。而业绩薪酬应当由市场决定，应强化垄断行业实际业绩与高管薪酬间的关系，进一步完善实际业绩考核测评体系和监控体系，把价值创造作为激励和监管的基础，强化垄断行业企业高管市场分配导向，加快推进薪酬激励与监管机制建设。

第三，为垄断行业企业高管薪酬激励与监管机制的构建和实施提供相应的体制支撑和制度保障。垄断行业企业高管薪酬激励与监管机制的构建与运行要有匹配的体制和制度，薪酬激励与监管机制才能在最适宜的环境中发挥其应有的作用。针对垄断行业企业高管薪酬激励与监管机制中存在的体制和制度缺陷，需要企业在以下方面做出努力，使垄断行业企业高管薪酬激励与监管机制的构建和实施具有相应的体制支撑和制度保障。一是进行垄断行业企业产权改革。除涉及国家重大安全问题的垄断行业外，其他垄断行业企业应实现产权多元化，实行混合所有制改革，解决垄断行业最初委托者的产权虚位状态的问题，促使产权主体到位，从根本上解决委托者的积极性问题。二是改革垄断行业现有管理体制。政府作为全民代表和企业所有者代表，分别行使政治权利和财产权利，因此政府的双重职能必须进行明确界定，实现"政企分离""政资分开"，宏观薪酬政策和微观管理职能分离，薪酬监管职能集中统一，政府薪酬监管机构应由专业化机构转向综合监管机构，以降低交易成本和提高管理效率。三是建立现代企业制度，包括基础制度建设和完善企业治理。基础制度建设主要包括企业高管的有效筛选、岗位价值的评定、实际业绩考核与评估，等等。完善企业治理涉及外部治理和内部治理。外部治理是指来自企业外部主体诸如政府、中介机构和市场等的参与激励与监督。内部治理是企业内部流程所界定的利益相关者间的权责利分配和平衡关系的具体内部制度安排。进一步加大对垄断行业企业高管薪酬信息的披露力度，健全薪酬法律法规体系，完善限薪令，建立薪酬问责制，将高管任命方式由行政任命变为市场化选择的方式，建立实际业绩考核评估制度，增强股东的话语权，提高董事会的决策和监管能力，强化薪酬委员会对垄断行业企业高管薪酬激励机制构建和监督的权威性、独立性、科学性、规范性和合理性，建立现代薪酬激励与监管制度。

第四，对垄断行业企业高层实行低保障、高激励，重视满足高管高层次需要。在垄断行业企业经营管理实践中，企业应结合高管需求，选择适合的激励方式。企业应遵循"高层低保障高激励、中层中保障中激励、基层高保障低激励"的人力资源管理原则，在薪酬实践上优化垄断行业企业高管薪酬组合，实行"高层高浮动、中层中浮动、基层低浮动"。奥尔德弗的生存、相互关系、成长需要理论，在揭示各层次需要的内在联系时，他认为当员工低层次需要满足得越充分，他对高层次的需要往往就会越强烈。企业要充分认识到精神激励的重要性，将其与声誉激励、控制权激励和晋升激励紧密结合起来，因为精神激励相对于物质激励来讲，时间更持久。

第五，强化实际业绩与高管薪酬之间的关系，建立与加强基于实际业绩的垄断行业企业高管薪酬激励机制，建议在部分垄断行业企业内做实践验证。基于最优契约理论，高管薪酬应该与其业绩挂钩，但鉴于垄断行业企业表观业绩中包含有垄断业绩的环境业绩和互作业绩，选择将垄断行业企业高管薪酬与实际业绩挂钩更为科学，实证结果也证明了这一点。强化实际业绩与高管薪酬的关联，进一步完善实际业绩考核办法，建立以高管实际创造的价值为核心，强调实际业绩为主要内容的评估体系，把实际价值创造作为薪酬激励的基础，加快推进薪酬激励与监管机制建设。依据本书提出的实际业绩评估方法，试选择某些垄断行业企业作为实践样本，测算出其实际业绩，根据垄断行业不同企业实际业绩测算结果进行排序，建立起相应的高管薪酬激励与监管机制，并追踪其薪酬激励与监管效应，对其进行评估，据此评判其推广价值。

第六，建立垄断行业企业高管薪酬激励与监管互动的协调机制，促进垄断行业企业目标的实现。垄断行业企业高管薪酬激励和监管问题是一个系统工程，它关系到政府、市场、企业、高管等多个层面和主体，涉及众多内外部约束条件和配套措施。我们既不能简单认为"竞争优先"，也不能"监管一边倒"，而应从系统性和协调性的理念，统筹兼顾，协同动作，整体推进，解决垄断行业企业高管的委托代理问题。只有建立符合中国企业实际的、基于中国现实的垄断行业企业高管的薪酬激励和监管互动的协调机制，以企业实际业绩作为垄断行业企业高管薪酬激励依据，明确监管方向，充分发挥政府、董事会、监事会以及股东对高管行为的规范制约作用，才能最大限度激发高管的潜能，有效降低代理成本，实现高管目标与企业目标的融合，保障垄断行业企业的可持续发展。

8.3　研究展望

由于本书所涉及的体制和分配等问题都是一些复杂的制度性或社会性问题，因而研究中没有也不可能就每一问题做出透彻的说明。本书在研究垄断行业企业高管薪酬时，主要研究对象是垄断行业上市国有企业，国有企业高管薪酬的敏感性和未上市企业没有充分披露企业信息，加大了我们采集垄断行业未上市企业高管薪酬数据的困难，本书对这部分企业就没有进行研究，故研究结果只能对垄断行业上市企业有效。如果后续我们能够弥补这一不足，研究结果将更有意义。

本书采用了 BLUP-APE 实际业绩评估方法，建立了相应业绩评估体系，并以此为依据来设计垄断行业企业高管薪酬激励和监管机制。此法能否推广运用到垄断行业企业中，需要实践中进一步验证。

本书的内容是国家社会科学基金"垄断行业企业高管薪酬激励和监管机制研究（14BJY035）"的研究成果，由于课题组成员的研究水平和能力有限，书中存在诸多不足甚至疏漏，但这些不足或者疏漏并不影响垄断行业企业高管薪酬激励和监管机制问题的研究重要性；相反，这些不足或者错误本身为他人的进一步研究提供了空间。

参考文献

RAUDENBUSH，BRYK，2007. 分层线性模型：应用与数据分析方法 ［M］. 2 版. 北京：社会科学文献出版社.

维斯库斯，等，2010. 反垄断与管制经济学 ［M］. 陈甫军，等译. 北京：中国人民大学出版社.

德鲁克，1985. 创新与企业家精神 ［M］. 海南：海南出版社.

蔡莉，单军，2003. 企业经营管理者的绩效评估研究 ［J］. 管理评论，15 （2）：45-47.

蔡艳萍，朱红，2013. 基于 EVA 的中小企业绩效评估研究 ［J］. 求索 （4）：45-47.

曹小妹，2011. 论企业高管薪酬的政府规制 ［D］. 广州：暨南大学.

曾宪文，2006. 基于 EVA 的公司经理人薪酬设计研究 ［D］. 济南：山东大学.

曾湘泉，1989. 经济增长过程中的工资机制 ［M］. 北京：中国人民大学出版社.

曾湘泉，2006. 薪酬：宏观、微观与趋势 ［M］. 北京：中国人民大学出版社.

常英新，2000. 应用动物模型 BLUP 估计育种的简介 ［J］. 北京农学院学报，15 （1）：81-89.

常仲乐，1997. 动物模型 BLUP 法在猪育种中的应用 ［J］. 山东农业大学学报，28 （2）：203-205.

陈冬华，陈信元，等，2005. 国有企业中的薪酬管制与在职消费［J］. 经济研究（2）：92-101.

陈富华，2003. 长沙市商业银行高管人员激励约束机制研究［D］. 长沙：湖南大学.

陈国富，2003. 委托-代理与机制设计：激励理论前沿专题［M］. 天津：南开大学出版社.

陈瑾，2017. 国企福利管理中存在的问题与解决途径分析［J］. 知识经济（9）：146-147.

陈天渔，2001. 上市公司高层人员薪酬制度及期权激励研究［D］. 南京：南京大学.

陈杏梅，2017. 小微企业核心员工激励机制研究［D］. 长沙：湖南农业大学.

陈幼春，许尚忠，贾恩棠，1993. 中国西门塔尔牛产奶量育种值不同估测方法的比较研究［J］. 中国农业科学，26（4）：71-78.

陈钊，万广华，陆铭，2010. 行业间不平等：日益重要的城镇收入差距成因：基于回归方程的分解［J］. 中国社会科学（3）：65-76.

程国平，蔡仕平，王克慧，2002. 经营者综合激励方案设计［J］. 武汉理工大学（信息与管理工程版）人才资源开发.（12）：67-70.

程国平，2001. 高管激励机制研究［D］. 武汉：武汉理工大学.

程郁昕，陈宏权，王治华，2002. 荷斯坦公牛泌乳量育种值的 BLUP 评价及分析［J］. 黄牛杂志，28（6）：1-4

程支中，冉光和，2010. 基于生物学原理构建企业经营者实际业绩评估模型［J］. 财经问题研究（10）：87-91.

程支中，郑景丽，吴博，2015. 垄断型企业高管薪酬激励改革的困局与成因分析［J］. 湖南社会科学科学（1）：128-133.

程支中，郑景丽，2015. 垄断型企业高管薪酬激励改革新进展与破解思路［J］. 现代管理科学（5）：109-111.

程支中，2013. 基于生物"遗传标记"辅助选择原理构建企业经营者早期综合选择指数［J］. 现代管理科学（8）：58-60.

程支中, 2013. 企业高管薪酬激励问题研究 [M]. 成都: 西南财经大学出版社.

程支中, 2016. 我国垄断型企业高管薪酬规制的当下问题与路径构建 [J]. 理论探讨 (1): 91-95.

褚洪生, 2016. 高管薪酬、制度环境与激励效应 [D]. 北京: 对外经济贸易大学.

慈鸿钢, 2003. 股权激励理论在我国民营企业中的应用研究 [D]. 沈阳: 沈阳工业大学.

崔如波, 2005. 国企公司治理: 困境与出路 [J]. 企业文明 (4): 21-27.

戴德明, 王艳, 2004. 经济增加值与传统财务指标的价值相关性研究 [J]. 会计论坛 (1): 1-6.

戴家谊, 2006. 我国商业银行激励约束机制研究 [D]. 合肥: 安徽农业大学.

戴云, 沈小燕, 2013. 垄断企业高管-员工薪酬差距与企业绩效关系研究 [J]. 南通大学学报: 社会科学版, 29 (6): 110-116.

单东, 2007. 加强对国有垄断企业的立法监管体制 [J]. 经济学家 (1): 121-123.

党曦明, 2004. 激励机制设计理论及其应用 [D]. 北京: 北京邮电大学.

丁敏, 2015. 垄断行业国有企业高管薪酬决定问题的研究 [M]. 合肥: 合肥工业大学出版社.

董克用, 2003. 中国转轨时期薪酬问题研究 [M]. 北京: 中国劳动社会保障出版社.

杜雯翠, 2016. 国有垄断企业改革与高管薪酬 [M]. 上海: 中国出版集团东方出版中心.

樊昀, 2007. 海利花园房地产公司员工激励机制研究 [D]. 长沙: 湖南大学.

付静花, 2008. 长江水电公司激励机制现状及改进措施 [D]. 重庆: 重庆大学.

傅娟, 2008. 中国垄断行业的高收入及其原因: 基于整个收入分布的经验研究 [J]. 世界经济 (7): 67-77.

高闯，1997.“逆向选择”与经理能力的信号显示机制 [J]. 管理现代化
（6）：29-31.

高明华，曹向东，等，2018. 中国公司治理分类指数报告 No. 16（2017）
[M]. 上海：中国出版集团东方出版中心.

高明华，等，2017. 中国上市公司高管薪酬指数报告 [M]. 北京：经济科学
出版社.

高明华，杜雯翠，2010. 垄断企业高管薪酬：不足还是过度？[J]. 学海（3）：
162-168.

高明华，杜雯翠，2013. 中国上市公司高管薪酬指数报告（2013）[M]. 北
京：经济科学出版社.

高明华，杜雯翠，2014. 国有企业负责人监督体系再解构：分类与分层 [J].
改革（12）：35-43.

高明华，2011. 中国上市公司高管薪酬指数报告（2011）[M]. 北京：经济科
学出版社.

高文亮，2011. 国有企业薪酬管制研究 [D]. 成都：西南财经大学.

高文亮，2014. 国有企业薪酬管制研究 [M]. 成都：西南财经大学出版社.

高之仁，1984. 基因效应与环境交互作用的分析 [J]，动物数量遗传（2）：8-11.

葛晶，周子栋，2016. 行业垄断、行业特征与行业收入差距：基于多层次线性
模型的研究 [J]. 西安财经学院学报，29（3）：38-44.

顾建平，2006. 战略薪酬-知识高管薪酬激励理论与实证研究 [M]. 南京：南
京大学出版社.

郭倩倩，2010. 基于 EVA 的航运上市公司高管人员薪酬激励研究 [D]. 大连：
大连海事大学.

郭若仪，2003. 我国国有企业管理型员工薪酬激励研究 [D]. 北京：北京交
通大学.

郭淑娟，2013. 我国垄断行业企业高管薪酬制度研究 [D]. 西安：西北大学.

何里文，2008. 公共企业绩效评估指标体系研究 [J]. 广西轻工业，24（5）：
104-106.

贺胜, 2013. 国有垄断企业高管薪酬制度的形成机制研究 [D]. 长沙: 长沙理工大学.

胡钧, 2006. 不对称信息下政府最优监管策略研究 [D]. 武汉: 华中科技大学.

胡天兵, 2004. EVA 在我国企业经营者激励中的应用研究 [D]. 南京: 东南大学.

胡亚权, 周宏, 2012. 高管薪酬、公司成长性水平与相对业绩评价: 来自中国上市公司的经验证据 [J]. 会计研究 (5): 22-28.

黄丹丹, 2018. 基于企业实际业绩的垄断型企业高管薪酬激励研究 [D]. 重庆: 重庆师范大学.

黄路瓯, 王国银, 2011. 国有企业经营者长期激励机制研究 [J]. 中外企业家, (6): 107-109.

黄群慧, 李春琦, 2001. 报酬、声誉与经营者长期化行为的激励 [J]. 中国工业经济 (1): 58-59.

黄群慧, 2000. 企业家激励约束与国有企业改革 [M]. 北京: 中国人民大学出版社.

黄再胜, 曹雷, 2011. 经理薪酬规制研究新进展 [J]. 经济学动态 (8): 122-126.

黄再胜, 2009. 企业高管薪酬规制理论研究: 动因、实践与启示 [J]. 外国经济与管理, 31 (8): 19-27.

黄再胜, 2013. 高管薪酬自愿性披露存在信息操纵吗: 来自中国上市公司的经验证据 [J]. 南开管理评论, 16 (4): 68-79.

黄再胜, 2013. 国外企业高管薪酬税收规制述要与启示 [J]. 外国经济与管理 (6): 33-41.

黄再胜, 2016. 政府规制视角下国企高管薪酬管理制度改革研究 [M]. 上海: 格致出版社.

季红梅, 朱晓梅, 罗彪, 2014. 考虑总部关注的相对业绩报酬契约设计 [J]. 北京理工大学学报 (社会科学版), 5 (16): 82-87.

江丽文，2014. 商业银行全面预算管理绩效评估研究［D］. 贵阳：贵州财经大学.

江琳，2014. 国有垄断行业高管薪酬合理化研究［D］. 武汉：武汉理工大学.

蒋明，陈斌，2013.BLUP 个体遗传评定及其在群体继代选育中的应用［J］. 养猪（6）：44-47.

科斯，1990. 企业、市场与法律［M］. 上海：上海三联书店.

劳动和社会保障部劳动工资研究所，2007. 我国企业薪酬热点问题剖析［M］. 北京：中国劳动社会保障出版社.

雷娜，邓淑红，雷清，2016. 非财务因素对企业绩效 EVA 的影响研究：以中国农业上市公司为例［J］. 会计之友（1）：66-69.

黎春，李子杨，2017. 相对业绩评估对平衡积分卡有效性的影响［J］. 财经科学（6）：94-102.

李宝元，2003. 战略性激励：现代企业人力资源管理［M］. 北京：经济管理出版社.

李冲，2016. 我国上市公司高管薪酬业绩敏感性的研究［D］. 济南：山东财经大学.

李登茂，2012. 我国自然垄断企业绩效研究［D］. 北京：首都经贸大学.

李国良，李忠富，付强，2011. 基于投影寻踪模型的企业绩效评估研究［J］. 运筹与管理，20（4）：170-175.

李慧，2011. 基于主成分分析的企业绩效综合评估：以制造业上市公司为例［J］. 工业技术经济，30（9）：95-99.

李留闯，2015. 相对业绩评估和 CEO 薪酬：基于董事联结的分析［J］. 山西财经大学学报（5）：73-83.

李晓梅，2015. 创新视角下高技术企业绩效影响因素实证分析［J］. 技术经济与管理研究（5）：59-63.

李新建，孟繁强，张立富，2006. 企业薪酬管理概论［M］. 北京：中国人民大学出版社.

李训，杜传桥，代彬，等，2013. 重庆市国有企业高管薪酬影响因素与激励效

应研究 [M]. 成都：西南交通大学出版社.

李训，2007. 激励机制与效率 [M]. 北京：经济管理出版社.

李玉红，佘彭娜，朱德全，2012. 浅谈 BLUP 方法及其三种形式的应用 [J].
吉林农业 (7)：139-140.

李志佩，2008. 企业创新与可持续发展能力绩效评价实证研究 [D]. 长沙：
长沙理工大学.

李中建，2005. 国有企业经营者激励问题研究 [D]. 武汉：武汉大学.

梁俊，2007. 国有商业银行信贷行为与建立机制研究 [D]. 成都：西南交通
大学.

林峰，2014. 行政垄断型行业与竞争性行业收入分配差距与合理化问题研究
[D]. 济南：山东大学.

林浚清，2004. 中国上市公司高管绩效激励研究 [D]. 杭州：浙江大学.

林清霞，2013. 自然垄断行业高管薪酬激励机制研究 [D]. 长沙：长沙理工
大学.

林钲琴，彭台光，2006. 多层次管理研究：分析层次的概念、理论和方法
[J]. 管理学报（台湾）(6)：649-675.

刘兵，2001. 经营者能力的信号显示及其选择机制 [J]. 技术经济 (6)：2-4.

刘华涛，2014. 自然垄断产业的激励性管制研究 [M]. 北京：中国社会科学
出版社.

刘佳丽，2014. 自然垄断行业政府监管机制、体制、制度功能耦合研究 [M].
北京：经济科学出版社.

刘俊，2012. 银行家薪酬监管法制变革及其超越 [M]. 北京：法律出版社.

刘绍娓，万大艳，2013. 高管薪酬与公司绩效：国有与非国有上市公司的实证
比较研究 [J]. 中国软科学 (2)：90-101.

刘世全，2013. 企业绩效影响因素分析：以深市上市公司 2011 年数据为例
[J]. 财会通讯（上）(36)：80-83.

刘文华，任利成，2012. 高管薪酬与企业绩效的相关性：以信息技术行业上市
公司为例 [J]. 技术经济，31 (11)：96-103.

刘小波，2009. 我国商业银行上市公司高管激励研究［D］. 北京：北方工业大学.

刘颖，2005. 证券投资基金管理人员显性激励机制研究［D］. 长沙：湖南大学.

刘颖，2016. 论央企工资总额预算管理制度中的问题及对策［J］. 人力资源管理（6）：79-80.

刘正周，1998. 管理激励［M］. 上海：上海财经大学出版社.

栾树山，2010. 卷烟研发项目管理人员绩效评估与激励体系研究［D］. 青岛：中国海洋大学.

罗宏，等，2014. 我国垄断企业高管薪酬机制研究：薪酬管制的视角［M］. 上海：立信会计出版社.

罗隽，2013. 企业高管与职工收入包容性增长机制探析［D］. 广州：暨南大学.

罗庆斌，1994. 育成期光照和饲养制度对不同品系蛋鸡生产性能的影响及其基因型与环境互作效应分析［D］. 成都：四川农业大学.

马强，2014. 垄断国企高管薪酬业绩敏感性研究［D］. 南京：南京理工大学.

马玉晶，2011. 国有垄断企业高管薪酬影响因素的实证研究［D］. 长沙：长沙理工大学.

毛剑峰，李志雄，2016. 管理层股权激励、研发支出与企业绩效的关系研究［J］. 统计与决策（9）：186-188.

莫旋，阳玉香，唐成香，2018. 分层异质视角下流动人口收入决定研究：基于分层线性模型的实证分析［J］. 财经理论与实践，39（2）：123-129.

彭贺，2009. 人为激励研究［M］. 上海：格致出版社.

彭剑峰，崔海鹏，2009. 高管薪酬最佳实践标杆［M］. 北京：机械工业出版社.

戚聿东，柳学信，等，2009. 自然垄断产业改革国际经验与中国实践［M］. 北京：中国社会科学出版社.

戚聿东，柳学信，2008. 深化垄断行业改革的模式与路径：整体渐进改革观

[J]. 中国工业经济（6）：44-55.

戚聿东，徐炜，2008. 国有独资公司董事会与监事会制度研究 [J]. 首都经济贸易大学学报（1）：7-12.

戚聿东，2011. 垄断行业改革报告 [M]. 北京：经济管理出版社.

戚聿东，2013. 中国垄断行业市场化改革的模式与路径 [M]. 北京：经济管理出版社.

齐进，2004. 山东天元建设集团经营者激励研究 [D]. 西安：西安理工大学.

钱明辉，李天明，何滨舟，2017. 我国中央企业上市公司薪酬差距与管理绩效关系研究 [J]. 软科学（4）：37-41.

邱茜，2013. 中国上市公司高管薪酬激励研究 [M]. 济南：山东大学出版社.

冉春芳，2016. 高管权力、能力与高管超额薪酬 [M]. 成都：西南财经大学出版社.

尚伟伟，2015. 进城务工人员随迁子女的学业成就及其影响因素：基于多层次线性模型（HLM）的分析 [J]. 基础教育，12（6）：78-86.

邵剑兵，2003. 经理报酬中得权利理论及其效应研究 [M]. 北京：经济管理出版社.

盛毅，2010. 用行业集中度确定国有经济控制力的数量界限 [J]. 经济体制改革（6）：15-20.

施廷博，2012. 上市公司高管薪酬监管法律制度研究：美国法的考察和我国的借鉴 [D]. 上海：华东政法大学.

石大鹏，2014. 行业垄断、薪酬管制与高管货币性薪酬 [D]. 杭州：浙江工商大学.

史先诚，2007. 行业间工资差异和垄断租金分享 [J]. 上海财经大学学报，9（2）：66-73.

司徒功云，2014. 转轨时期中国国有企业高管激励和约束问题研究 [D]. 南京：南京大学.

宋常，赵懿清，2011. 中国上市公司高管薪酬激励效果研究 [J]. 商业研究（5）：72-77.

宋晶晶，孟德芳，2012. 国有企业高管薪酬制度改革路径研究［J］. 管理世界
  （2）：181-182.

宋晶晶，孟德芳，2013. 企业工资决定：因素、机制及完善对策研究［J］. 财
  经问题研究（5）：103-108.

宋丽梦，2009. 企业社会责任视角下的绩效评估研究［J］. 武汉大学学报（哲
  学社会科学版），62（6）：810-813.

宋新华，2003. 我国国有企业经营者年薪制方案设计［D］. 南昌：江西财经
  大学.

孙晋，2010. 产融结合的金融监管与反垄断规制研究［M］. 北京：人民出
  版社.

孙兰兰，王竹泉，2017. 供应链关系、产权性质与营运资金融资结构动态调
  整：基于不同行业景气度的分析［J］. 当代财经（5）：115-125.

孙早，刘庆岩，2006. 市场环境、企业家能力与企业的绩效表现：转型期中国
  民营企业绩效表现影响因素的实证研究［J］. 南开经济研究（2）：92-104.

谭瑾，2012. 国有上市公司高管薪酬激励现状研究［J］. 财会研究（6）：51-54.

谭中和，2018. 中国薪酬发展报告（2017）［M］. 北京：社会科学文献出
  版社.

唐廷龙，2005. 国有企业经营者激励机制研究［D］. 长沙：湖南农业大学.

唐欣，2007. 公用事业市场化背景下的政府激励性规制研究［D］. 广州：暨
  南大学.

田芬，2013. 我国上市公司高管薪酬外部监管体系研究［D］. 武汉：华中师
  范大学.

田小华，2006. 上市公司经营者激励机制研究［D］. 昆明：昆明理工大学.

童珍，2010. 平衡计分卡激励契约的最优化研究［D］. 镇江：江苏大学.

万青，陈万明，胡恩华，2012. 基于多层次分析的知识型员工创新绩效研究：
  考虑个人与组织双层面因素的影响［J］. 管理，33（6）：8-15.

汪贵浦，2011. 垄断行业收入与再分配：市场势力的新视角［M］. 北京：经
  济科学出版社.

汪雯, 2008. 工资差别的形成机制 [M]. 北京: 中国经济出版社.

王俊豪, 肖兴志, 唐要家, 2008. 中国垄断性产业管制机构的设立与运行机制 [M]. 北京: 商务印书馆.

王俊豪, 2006. 中国垄断性产业结构重组分类管制与协调政策 [M]. 北京: 商务印书馆.

王俊豪, 2007. 中国垄断性产业的行政垄断及其管制政策 [J]. 中国工业经济 (12): 30-37.

王俊豪, 2009. 反垄断与政府管制: 理论与政策 [M]. 北京: 经济管理出版社.

王丽娟, 李武, 张广民, 2003. BLUP 模型及其在猪育种中的应用 [J]. 黑龙江畜牧兽医 (1): 25-26.

王琴, 2018. 基于心理账户的薪酬激励问题研究 [J]. 中国林业经济 (3): 112-115.

王天夫, 崔晓雄, 2010. 行业是如何影响收入的: 基于多层线性模型的分析 [J]. 中国社会科学 (5): 165-180.

王薇, 2007. 国有企业高管管理者的激励机制的研究 [D]. 长春: 长春理工大学.

王晓文, 2014. 薪酬管制下国企高管激励研究: 纳入"不平等厌恶偏好"的分析 [D]. 济南: 山东大学.

王秀芬, 徐小鹏, 2017. 高管股权激励、经营风险与企业绩效 [J]. 会计之友 (10): 84-89.

王学军, 尹改丽, 2017. 环境不确定性、行业景气度与盈余管理: 基于两种盈余管理方式的比较视角 [J]. 西安财经学院学报, 30 (3): 47-53.

王艳, 姚寅, 2009. 杜邦分析体系视角下我国非寿险业经营绩效评估 [J]. 会计之友 (4): 19-21.

王一云, 2017. 不同市场化程度下企业社会资本对融资能力的影响分析 [D]. 南京: 东南大学.

王哲琦, 杨兰品, 2014. 国有垄断行业分配制度中存在的问题、改革障碍及调

整对策 [J]. 经济与管理研究 (1)：29-33.

魏刚，2000. 高级管理层激励与上市公司经营绩效 [J]. 经济研究，3 (12)：32-39.

温素彬，2010. 绩效立方体：基于可持续发展的企业绩效评估模式研究 [J]. 管理学报 (3)：354-358.

文跃然，2004. 薪酬管理原理 [M]. 上海：复旦大学出版社.

吴丽丽，刘学洪，2003. 一种先进的畜禽遗传评定方法-动物模型 BLUP 法 [J]. 动物育种，11 (11)：48-50.

吴湘红，2011. 垄断行业上市公司高管薪酬激励的研究 [D]. 长沙：湖南大学.

吴育辉，吴世农，2010. 高管薪酬：激励还是自利？ [J]. 会计研究，11：40-48.

吴育辉，吴世农，2010. 企业高管自利行为及其影响因素研究：基于我国上市公司股权激励草案的证据 [J]. 管理世界 (5)：141-149.

武娜，2008. 负债公司及高新技术企业经理薪酬契约结构研究 [D]. 重庆：重庆大学.

武鹏，2011. 行业垄断对中国行业收入差距的影响 [J]. 中国工业经济 (10)：76-86.

夏天，2006. 经理人激励机制研究 [M]. 北京：经济管理出版社.

夏宣炎，2000. 应用动物模型 BLUP 方法估计猪个体育种值研究 [J]. 华中农业大学学报 (4)：36-42.

项荣，2005. 战略性薪酬管理 [J]. 市场周刊：研究版 (8)：119-120.

肖娟，2015. 薪酬差距对企业绩效影响的差异分析：基于垄断行业与竞争行业的视角 [J]. 国际商务财会 (7)：82-90.

肖婷婷，2015. 国外国有企业高管薪酬 [M]. 北京：社会科学文献出版社.

谢彩云，2012. 国有上市公司股权激励有效性研究：基于相对业绩评估理论视角 [D]. 成都：西南财经大学.

谢斯静，2012. 股权集中、行业竞争与薪酬业绩敏感性 [D]. 重庆：重庆大学.

谢作渺, 2007. 最优薪酬结构安排与股权激励 [M]. 北京: 清华大学出版社.

徐广姝, 张学文, 张海芳, 2017. 基于 DEA-ANP 的快递企业绩效评估研究 [J]. 数学的实践与认识, 47 (10): 89-98.

薛爽, 2008. 经济周期、行业景气度与亏损公司定价 [J]. 管理世界 (7): 145-150.

薛艳, 2016. 基于分层线性模型的流动人口社会融合影响因素研究 [J]. 人口与经济 (3): 62-72.

杨春晖, 2009. 我国商业银行上市公司高管激励研究 [D]. 北京: 北方工业大学.

杨东升, 2001. 乡镇企业改制中经营者激励约束机制研究 [D]. 武汉: 华中农业大学.

杨河清, 唐军, 等, 2004. 企业经营者薪酬激励机制研究 [M]. 北京: 中国劳动社会保障出版社.

杨建文, 2007. 政府监管: 21 世纪理论研究潮流 [M]. 上海: 学林出版社, 57-59.

杨菊华, 2006. 多层模型在社会科学领域中的应用 [J]. 中国人口科学 (3): 44-51.

杨青, 黄彤, 2010. 中国上市公司 CEO 薪酬存在激励后效吗? [J]. 金融研究 (1): 166-185.

杨瑞龙, 1997. 论国有经济中的多级委托代理关系 [J]. 管理世界 (1): 106-115.

杨水利, 2011. 国有企业经营者激励与监督机制 [M]. 北京: 科学出版社.

杨秀云, 朱贻宁, 张敏, 2012. 行业效率与行业收入差距: 基于全国及典型省市面板数据 SFA 模型的经验分析 [J]. 经济管理 (10): 41-50.

叶林祥, 李实, 罗楚亮, 2011. 行业垄断、所有制与企业工资收入差距: 基于全国第一次经济普查企业数据的实证研究 [J]. 管理世界 (4): 26-36.

尹惠斌, 游达明, 2014. 研发团队知识冲突对企业突破性创新绩效影响的实证

研究 [J]. 管理学报, 11 (3)：383-389.

于良春，菅敏杰，2013. 行业垄断与居民收入分配差距的影响因素 [J]. 工业经济研究 (2)：31-39.

于良春，2007. 反行政垄断与促进竞争政策前沿问题研究 [M]. 北京：经济科学出版社.

于良春，2011. 转轨经济中的反行政性垄断与促进竞争政策研究 [M]. 北京：经济科学出版社.

余顺坤，武晓龙，刘琳，2017. 基于物元可拓法的子分公司高管绩效管控模型研究 [J]. 管理世界 (3)：182-183.

俞渭江，刘晓明，俞宗源，等. 混合线性模型（两因子有交互作用）在乳用种公牛育种值估计上的应用 [J]. 中国农业科学, 20 (3)：81-87.

岳敏，2010. 国有企业高管人员激励机制研究 [D]. 成都：西南财经大学.

岳希明，李实，史泰丽，2010. 垄断行业高收入问题探讨 [J]. 中国社会科学 (3)：77-93.

岳香，2009. 经营者激励与企业绩效关系研究 [M]. 合肥：合肥工业大学出版社.

张斌，2003. 我国证券公司激励机制研究 [D]. 成都：西南财经大学.

张程睿，黄志忠，2015. CEO 薪酬激励、盈余管理与劳动力市场成本 [J]. 审计研究 (5)：107-117.

张程睿，2017. 国有垄断企业高管薪酬契约的有效性及优化研究 [M]. 北京：经济科学出版社.

张冬梅，2006. 企业高管人力资本及激励方式 [M]. 北京：中国经济出版社.

张敦力，王艳华，2016. 市场进程、高管薪酬与相对业绩评估 [J]. 暨南学报（哲学社会科学版）(3)：117-125.

张雷，雷雳，郭伯良，2003. 多层线性模型应用 [M]. 北京：教育科学出版社.

张宁，2005. 经营者激励机制研究 [D]. 阜新：辽宁工程技术大学.

张世银，龙莹，2010. 我国收入差距扩大的影响因素及其实证分析：以行业收入变动为视角［J］. 经济经纬（4）：20-24.

张维迎, 1995. 企业的企业家：契约理论［M］. 上海：上海人民出版社.

张维迎, 2001. 博弈论与信息经济学［M］. 上海：上海三联书店 上海人民出版社.

张祥建, 王小明, 郭岚, 2010. 国企发行上市、企业绩效与潜在影响因素［J］. 证券市场导报（8）：5-11.

张宜霞, 石大鹏, 2016. 行业垄断、薪酬管制与高管货币性薪酬：基于中国上市公司的实证研究［J］. 会计之友（12）：23-28.

张沅, 张勤, 1993. 畜禽育种中的线性模型［M］. 北京：中国农业出版社.

赵怀军, 2008. S公司核心经营人员激励研究［D］. 北京：华北电力大学.

赵曙明, 2005. 薪酬制度改革换来企业勃勃生机［J］. 人才资源开发（2）：49-50.

赵曙明, 2007. 人力资源管理与开发［M］. 北京：北京师范大学出版社.

郑晶晶, 2011. 我国国企高管薪酬激励机制的现状分析及研究［D］. 天津：天津大学.

周皓, 巫锡炜, 2008. 流动儿童的教育绩效及其影响因素：多层线性模型分析［J］. 人口研究（4）：22-32.

周龙, 2003. 我国高校企业激励研究与机制再设计［D］. 北京：北京化工大学.

周学, 1998. 国有企业改革的关键是建立经营者更换机制［J］. 中国工业经济（11）：28-33.

周亚虹, 贺小丹, 沈瑶, 2012. 中国工业企业自主创新的影响因素和产出绩效研究［J］. 经济研究（5）：107-119.

朱火弟, 2004. 企业经营者绩效评估及其激励机制研究［D］. 重庆：重庆大学.

朱克江, 2002. 企业高管薪酬激励机制研究［D］. 南京：南京大学.

朱品, 2011. 市场化改革与相对业绩评估效应：来自中国上市公司的证据［D］. 南京：南京大学.

朱珊珊，2010. 公司治理结构对高管薪酬：业绩敏感度的影响研究 ［D］. 杭州：浙江大学.

朱晓妹，2008. 基于心理契约的薪酬模式研究 ［M］. 北京：知识产权出版社.

朱萱，2006. 基于人力资本价值的经营者激励机制研究 ［D］. 南京：东南大学.

朱羿锟，罗隽，郑诗斌，等，2014. 高管薪酬：激励与控制 ［M］. 北京：法律出版社.

朱羿锟，2014. 论企业高管薪酬包容性增长机制 ［J］. 法学评论（3）：67-76.

朱羿锟，2014. 收入分配改革与高管薪酬税收调节机制探析 ［J］. 暨南学报（哲学社会科学版），36（3）：25-34.

朱羿锟，2015. 精准选择企业高管薪酬激励标准 ［J］. 人才资源开发（3）：75-77.

左晶晶，唐跃军，2010. 高管薪酬激励过度了吗：基于边际递减效应与中国民营上市公司的研究 ［J］. 商业经济与管理（1）：61-68.

ALDERFER CLAYTON P，1972. Existence，Relatedness and Growth：Human Needs in Organizational Settings ［M］. New York：Free Press.

FAMA E F，1970. Efficient Capital Markets：A Review of Theory and Empirical Work ［J］. Journal of finance，25（2）：383-417.

FAMA E F，1980. Agency Problem and the Theory of the Firm ［J］. Journal of political，88（2）：288-307.

JENSEN MICHAEL C，WILLIAM MECKLING，1976. Theory of the Firm：Managerial Behavior，Agency Costs and Capital Structure ［J］. Journal of financial economics，3（4）：305-360.

JENTER D，KANAAN F，2015. CEO Turnover and Relative Performance Evaluation ［J］. The journal of finance，70（5）：2155-2184.

DEUTSH M，1985. Distributive justice：a socia 1-psychological perspective ［M］. New Haven & London：Yale University Press.

FAMA, EUGENE, MICHAEL JENSEN, 1983. Separation of Ownership and Control for Monopoly-enterprise Executives [J]. Journal of lo w and economics (12): 42-46.

JAKUB S, VIERA B, 2015. EVA K, Economic Value Added as a measurement tool of financial performance [J]. Procedia economics and finance (26): 484-489.

TRIPATHI, MANJU, KASHIRAMKA, et al., 2017. Flexibility in Measuring Corporate Financial Performance, EVA Versus Conventional Earnings Measures: Evidences from India and China [J]. Global journal of flexible systems management (29): 1-16.

CHEN F H, HSU T S, TZENG G H, 2011. A balanced scorecard approach to establish a performance evaluation and relationship model for hot spring hotels based on a hybrid MCDM model combining DEMATEL and ANP [J]. International journal of hospitality management, 30 (4): 908-932.

TSENG M L, 2010. Implementation and performance evaluation using the fuzzy network balanced scorecard [J]. Computers & Education, 55 (1): 188-201.

VARMA S, WADHWA S, DESHMUKH S G, 2008. Evaluating petroleum supply chain performance: application of analytical hierarchy process to balanced scorecard [J]. Asia pacific journal of marketing and logistics, 20 (3): 343-356.

LAU H C W, LAU P K H, FUNG R Y K, et al., 2005. A virtual case benchmarking scheme for vendors' performance assessment [J]. Benchmarking: an international journal, 12 (1): 61-80.

ST - PIERRE J, DELISLE S, 2006. An expert diagnosis system for the benchmarking of SMEs' performance [J]. Benchmarking: an international journal, 13 (1/2): 106-119.

BAKER G, GIBBS M, HOLMSTROM B, 1994. The wage policy of a firm [J]. The Quarterly Journal of Economics, 109 (4): 921-955.

CHEN T Y, CHEN L, 2007. DEA performance evaluation based on BSC indicators incorporated: The case of semiconductor industry [J]. International journal of productivity and performance management, 56 (4): 335-357.

SUN C C, 2010. A performance evaluation model by integrating fuzzy AHP and fuzzy TOPSIS methods [J]. Expert systems with applications, 37 (12): 7745-7754.

KATO T, KIM W, LEE J H, 2007. Executive compensation, firm performance, and Chaebols in Korea: Evidence from new panel data [J]. Pacific-basin finance journal, 15 (1): 36-55.

DENIS D J, XU J, 2013. Insider trading restrictions and top executive compensation [J]. Journal of accounting and economics, 56 (1): 91-112.

AKIMOVA I, SCHWÖDIAUER G, 2004. Ownership structure, corporate governance, and enterprise performance: empirical results for Ukraine [J]. International advances in economic research, 10 (1): 28-42.

ROLL R, SCHWARTZ E, SUBRAHMANYAM A, 2007. Liquidity and the law of one price: the case of the futures – cash basis [J]. The journal of finance, 62 (5): 2201-2234.

PENG M W, SUN S L, MARKÓCZY L, 2015. Human capital and CEO compensation during institutional transitions [J]. Journal of management studies, 52 (1): 117-147.

CHANG W J, HAYES R M, HILLEGEIST S A, 2015. Financial distress risk and new CEO compensation [J]. Management science, 62 (2): 479-501.

HILL M S, LOPEZ T J, REITENGA A L, 2016. CEO excess compensation: The impact of firm size and managerial power [J]. Advances in accounting, 33: 35-46.

HALL B J, LIEBMAN J B, 1998. Are CEOs really paid like bureaucrats? [J]. The quarterly journal of economics, 113 (3): 653-691.

JENSEN M C, MURPHY K J, 1990. Performance pay and top-management incentives [J]. Journal of political economy, 98 (2): 225-264.

KATO K, SKINNER D J, KUNIMURA M, 2009. Management forecasts in Japan:

An empirical study of forecasts that are effectively mandated [J]. The accounting review, 84 (5): 1575-1606.

ZHU J, 2000. Multi-factor performance measure model with an application to Fortune 500 companies [J]. European journal of operational research, 123 (1): 105-124.

RODE J C, MOONEY C H, ARTHAUD-DAY M L, et al., 2007. Emotional intelligence and individual performance: Evidence of direct and moderated effects [J]. Journal of organizational behavior, 28 (4): 399-421.

JENSEN M C, MECKLING W H, 1976. Theory of the firm: Managerial behavior, agency costs and ownership structure [J]. Journal of financial economics, 3 (4): 305-360.

ARROW K J, 1985. Principals and agents: the structure of business [M]. Cambridge: Harvard Business School Press.

DEUTSH M, 1973. The resolution of conflict: constructive and destructive processes [M]. New Haven: Yale University Press.

ZHIZHONG CHENG, 2014. Analysis on Interactive Performance between "Gene Type" and Environment of Monopoly Enterprises [J]. The open cybernetics & systemics journal (8): 1243-1246.

BELONSKY G M, KENNEDY B W, 1988. Selection on imdivdual phenotype and best line unbiased predictor of breeding value in a closed swine herd [J]. Journal of animal science, 66 (5): 1124-1131.

LU X, WU C X, LIAN L S, 2003. Primary Factors affecting the Evaluation Accuracy of Animal Model MBLUP [J]. Acta Genetica Sinica, 30 (1): 35-39.

MART MOLS, 2003. Constraints on Random effects and Mixed Linear Model Predicitions [J]. Acta applicandae mathematicae, 17: 17-23.

GUO G, ZHAO H X, 2000. Multilevel Modeling for Binary Data [J]. Annual review of sociology, 26: 441-462.

TEACHMAN, JAY, KYLE CROWDER, 2002. Multilevel Models in Family Research: Some Conceptual and Methodological Issues [J]. Journalof marriage and family, 64: 280-294.

BEBCHUK L A, FRIED J M, WALKER D I, 2002. Managerial Power and Rent Extraction in the Design of Executive Compensation [J]. University of chicago law review, 69 (3): 751-846.

CHALMERS, K, KOH P S, STAPLEDON G P, 2006. The Determinants of CEO Compensation: Rent Extraction or Labour Demand? [J]. British accounting review, 38 (3): 259-275.

CARPENTER M A, WADE J B, 2002. Micro-level Opportunity Structures as Determinanats of Non-CEO Executive Pay [J]. Academy of management journal (45): 1085-1103.

JAMES G C, MARUA S S, 2003. Managerialist and Human Capital Explanation for Key Executive Pay Premiums [J]. Academy of management review (1): 63-73.

FAMA E, 1980. Agency Problems and the Theory of the Firm [J]. Journal of political economy (88): 288-307.

JENSEN M, MECKLING W, 1976. Theory of the Firm: Managerial Behavior, Agency Costs, and Ownership Structure [J]. Journal of financial economics, 3 (4): 305-360.

LIPTON, MARTIN, LORSCH J W, 1992. A Modest Proposal for Improved Corporate Governance [J]. Business lawyer (48): 59-77.

ARROW K J, 1971. The Firm in General Equilibrium Theory, in R. Marris and A. Woods (eds.) The Corporate Economy [M]. Cambridge: Harvard University Press.

FINKELSTEIN S, HAMBRICK, D, 1989. Chief Executive Compensation: A Study of the Intersection of Markets and Political Processes [J]. Strategic management journal (10): 121-134.

ERRUNZA V R, MILLER D P, 2000. Market segmentation and the cost of the cap-

ital in international equity markets ［J］. Journal of financial and quantitative a-
nalysis, 35 (4): 577-600.

MEGGION, WILLIAM, JEFFRY NETTER, 2001. From State to Market: A
Survey of Empirical Studies on Privation ［J］. Journal of economic litrature
(39): 321-389.

GORDON Y M CHAN, 2009. Administrative Monopoly and the Anti-Monopoly
Law: an examination of the debate in China ［J］. Journal of contemporary China,
18 (59).

ROBERT HASSINK, OLIVER PLUM, ARNE RICKMERS, 2015. On the Impli-
cations of Knowledge Bases for Regional Innovation Policies in Germany ［J］.
Quaestiones Geographicae, 33 (4).

HILL C W L, PHAN P, 1991. CEO Tenure as a Determinant of CEO Pay ［J］. A-
cademy of Management Journal, 34 (3): 707-717.

STIGLER G J, 2006. The theory of economic regulation ［J］. Bell Journal of Eco-
nomics and Management Science, 2 (1): 3-21.

MAO YEN, 2004. Voluntary employer changes and salary attainment of management
［J］. International journal of human resource management (1) 15-19

PAUL FOUR, JIM BROWNE, 2005. A review of performance measurement: To-
wards performance management ［J］. Computers in industry september, 56 (7):
663-680.